現代詩 五~七言 長短句 漁甫四時辭

大陸公程 대륙공정

第一彙

杏園 尹庚爀 詩彙

弘益齋 홍익재

編者紹介

상록수공무원
차문화 고전연구 30년,
고대사 및 어문변천사 연구
한자원류 한시 고전 연구
제1회 차인연제다경연 심사위원장
(사)한국차인연합회창립회원 (현)고문
(사)한국차문화협회창립회원 (현)고문
(사)한국차문화협회 차문화고전 강사
(사)전국한자교육추진총연합회
상임집행위원(현)
(사)어문교육연구회 한자분과위원(현)
한모임 회장, 만시태학당 원장
성신여대, 성균관대 대학원 강사(현)
원광대학교디지털대학 석좌교수(현)
(사)국어고전문화원 이사장(현 원장)

著譯書

이야기 농사(1971)
現代茶生活用語(1989)
茶文化古典(1995)
杏園式 韓子速習(1997)
茶經(1998), 茶賦(1998)
大觀茶論(1998), 茶神傳(1998)
東茶頌(1998), 韓字學原論(1999)
四字小學 五言推龜 신해(1999)
韓詩長篇輯 瑞蔚鄕原(2000)
한시 題號詩集(2000), 茶疏(2003)
한시집 二十四節候循環頌
明心寶鑑 新解(2000)
茶 한시집 櫃茶茗荈茶(2003)
增補 茶文化古典(2004), 국어고정(2004)
인문다사구천년(2005), 천자문 고시(2006)
칠십이후와 차생활(2006)

現代詩 五~七言 長短句 漁市四時辭
大陸公程 대륙공정 第一集

初版印刷 2011年 6月 20日
初版發行 2011年 6月 25日

編著者 尹 庚 爀
發行人 尹 白 鉉
發行處 弘 益 齋
代表電話 (02)2234-0951
傳 送 (02)2234-0952
製 作 金 剛 石
電子郵便 hongikjae@korea.com
hongikjae@naver.com
홈페이지 http://www.wellbeinglife.or.kr
企劃室 서울 中區 新堂洞 405-25
出版登錄 1980년 4월 7일 제15-4호

定價 35,000원

ISBN 978-89-7143-336-2

■ 머리말

조상의 글을 배우고자

단군 가륵 부루, 요 순 우 때에 이미 "널리 사람과 사이한 만물을 풍요롭게" 하고, 당시의 여러 주장과 가르침을 서로 포용하고 교류하면 모두 산다는 "포함삼교(包含三敎) 접화군생(接化羣生)" 사상이 파마루(파미르) 이동의 흔겨레 정도(正道)였다.

그런데 서이(西夷) 동침(東侵) 이래의 3천 년에, 겹친 서양 동침 이래의 2천5백 년 동안 승리에 의한 전리품 도장(盜藏) 폐습이 겨레를 망쳐 놓았다.

천태만상의 외래 종교, 그것도 리해와 포용과 상생이란 개념조차 없는 아집의 족쇄들이 지구 궤멸까지도 불사하는 잠식 생태다. 침략 비대증은 심지어 '동북공정'이라는 마균(魔菌)을 퍼뜨리고 있다. 20세기에 접었어야 할 개역(改易)과 손씨 잔꾀(孫子兵灋)들이 한더위 분봉열(分蜂熱)처럼 권모열(權謀熱)로 되살아나고 있다.

그래서 혼자나마 드러내 살고 싶었다. 개인 사회 종교 국제간이 공정(公程)의 길을 가기 바라며.

나는 글방(書房)에 다닌 적이 없다. 그래서 직장을 그만 둘 무렵까지 한자 사용 실력은 고작 300~400자였다. 그 무렵 광주 지산동 어느 초가를 방문했다. 차(茶)를 주시며 "尹先生! 한자도 우리 국자(國字)입니다"라는 선배의 말씀에 자괴(自愧)롭던 그 때의 기억은 지금도 교편(敎鞭)으로 나를 일깨워 준다.

내 나이 그분이 가신 79세를 넘긴 팔순이다.

한자를 배우고 싶었으나 한문방 한자방이 있다는 말은 듣지도 보지도 못했다. 얼마동안 어려서 보던 『옥편』을 뒤적이며 속습(速習) 방법(方灋)을 찾던 중에 문득 '部首부터!'라는 생각과 '그렇지! 노랫말로, 곡에 맞춰!' 까지 착

안되었다. 이내 집에 있는 『漢韓中辭典』 214부수의 훈음과 씨름하기 몇 달, **부수훈음가**를 발췌 완성하고 맞춰 부를 노래로 '고향의 봄' 곡을 선곡하여 익혔다.

한 일, 가늠 곤, 점주, 삐칠 별 -, 싹 을, 갈 고리 궐 ---(16박)

3년여에, 한자는 그냥 조상들이 4천 년을 써온 글자요, 한자(漢字) 한문(漢文)은 중원의 한대(漢代)에 쓰던 것임을 알았다.

거북딱지와 뼈에 긁어(丯) 쓰던 껍뼈글(甲骨契=甲骨文=殷墟書契=韓歌契, =훈가글=韓哥契=韓哥契⇒韓字⇒韓字. 漢字×)은 서쪽 겨레의 갈래 나라(支那)인 주나라 무왕의 중원 초토화로 인몰하고, 긁어 쓰던 갑골문을 옻칠로 쓰며 뒤에 주문(籒文)이니 대전(大篆), 심지어 창힐(蒼頡)이니 결승(結繩)이니 하는 망발을 교순(敎馴)하기까지 했으나 19세기 말에 발굴된 한가글(殷墟書契)로 문자 기원 실체가 드러났다. 다행히 국어(=周魯齊晉鄭楚吳越의 八國史, 漆書)와 대쪽글(简書, 契)을 통합 정리한 진대(秦代)의 소전(小篆)이 붓글씨(毛筆)로 획수(劃數)를 확정하여 오늘에 이른 경위를 알았다.

조선(韓鮮⇒韓鮮,=간선⇒한선)과 은(殷)나라 조상이 발전시키며 써오던 동이 문자를 우리는 정조(4133. 公元1800) 때까지 본형(本形) 본음(本音) 본의(本義)를 지켜 왔으며 중원은 구어체(口語體)의 성운(聲韻=聲音)으로 변용, 일본은 초 중성을 기준 'ㄴ' 종성만으로 써오고 있음도 알게 되었다.

본자(本字)인 소전을 함께 익히고 부터는 하루에도 몇 십 몇 백 글자가 해득되었다. 신기했던지 茶자리를 늘 함께 하던 尹 尹 庾 金의 4인이 요청하여 『한자속습』 교재를 출간하고 함께 배우기로 했다. 2년여에 석사과정을 공부하던 일곱 사람이 함께 해서 만시태학당(晩始太學堂, 종로 오피스텔)을 열었다.

10년 동안 만시태학당에는 부수노래가 끊이지 않았다. 각종 자사전(字辭典)과 력대(歷代) 운서(韻書)를 거의 갖추고 『四字小學』에서부터 『詩經』까지를 본자 중심으로 공부했다. 좁은 글방은 콩나물시루처럼 복도까지 수강생이 넘쳐났다.

40여 글벗의 요청과 자진납부한 기부금으로 社團灤人 國語古典文化院으로 발족하여 7년이 되었다. 그동안 다 읽지는 못했으나 중원도 몽만(蒙滿)도 동국(大韓)도 집권자에 의해서 씌인 사서(史書)란 전조(莿韡)의 실사는 물론 문화까지를 상당히 왜곡(竵曲 歪曲)시켰다는 것, 더구나 권력 편승에 의한 붕당(朋黨) 패습(悖習)은 관변 문헌까지 오염케 했음을 알게 되었다.

선인들의 교재인『설문해자(說文解字)』와『강희자전(康熙字典)』, 그리고 한두 권의『운서(韻書)』를 잘 검색해 보면 **소전=본자 사성=절운(四聲切韻) 절운=자의**를 쉽게 체득할 수 있다.

상용한자 5천자만 익혀도 천지 자연의 리치가 넘쳐나는데, 한자가 마치 꼴글자(象形字)인 양 가르치는 호도(糊塗) 학풍으로 조상의 글자가 아닌 중어문자를 암기 강요하여 재미없는 공부 대상이 되고 말았다.

卄 姬 寶 朙 會 況 涼 囱 考 解 譌 豐 鄰 閒 館 등 자전의 본자를
++ 姫 寳 明 會 况 凉 窓 攷 觧 訛 豊 隣 間 舘 등의 속자로 강요하는 현실이다. 조선 후기 서당 훈장의 오류 답습이다.

장단음(長短音)의 백치화, 가해어(加害語)와 피해어(被害語)의 무차별 난용, 각종 경기의 전쟁 용어 취향, 불륜 지향의 무계촌어, 더더욱 황당한 고위직과 교원 등의 공공 발언까지 포력어 리항어 어릿광대어의 람용은 차마 들을 수 없을 정도다. 국제 망신이다.

우리만 목줄로 끌고 다니는 어문 횡포가 두음 변조 기록이다. 두음법이란 미명으로 두음 기록을 강요하고 있다. 고유 성씨와 지명, 력사어까지도 바꾸라 한다.

라(羅) 렴(廉) 로(盧) 류(柳) 리(李) 림(林) 등의 앞소리를 나 염 노 유 이 임 등으로, 종**로** **노**변 전**라**도 **나**주라 하고, 직장에서는 미스터 미쓰 다음에는 본음으로 성씨를 부른다. 러시아 런던 로마는 너시아 넌던 노마로 쓰지 말라 한다. 우리 역사 영역 도시인 북경 집안 료녕을 베이징 지안 랴오닝이라 강요한다. 동방 7국 중에 우리만 고유어음 변조요 배조(背祖)다.

동방의 력사는 주권국의 첫 조건이 자국 년호(秊號=年號)인데 국내에서조차 국제공원(國際公元), 서원(西元)을 서기(西紀)라 하여 속국이나 부용국을 자처하고 있다. 명대에는 명나라 년호, 청대에는 청나라 년호, 일침시에는 일왕 년호라니, 중근세는 피압박 처지였지만 지금은 자발적으로 우리 년호를 버렸다.

공원(公元) 21세기에는 독선과 아집류의 종교와 리념까지도 껍질을 벗고자 동서 교류가 활발한데 남북마저 국호도 어법도(저들은 봉건 회귀, 우리는 두음 고립) 괴리(乖離)되어 굳어 간다. 곤충의 우화(羽化) 탈피(脫皮) 차단(遮斷)이다.

동방의 공통분모인 한자 문화와 음차생활문화(飮茶生活文化)의 진수를 찾고자 옛글 꼴(文形⇒小篆), 글소리(古音=切韻), 글 뜻(訓詁)을 자습했다.

사무사(思無邪)한 『시경(詩經)』을 다시 보며 우리들의 국풍 민속과 어음이 모두 시경에서 비롯됨을 새삼 깨닫고 용운(用韻)과 평측(平仄)을 익히기에 둔종(臀腫)을 몇 번 앓고서야 오언(五言) 칠언(七言) 장시(長詩) 가(歌) 사(辭) 를 짜맞추다 보니 2千여 편을 몇 권에 묶어 펴내게 되었다. 로둔(老鈍)한 이목구심(耳目口心)이나 이제부터는 내 뜻을 운문으로 그려낼 것 같은데, 아직 5千6百 韻의 장편 해석 중압감이 놓아 주지 않는다.

이 1千3百여 편의 '대륙공정' 정리도 국문원 대구지부(리천 일기 동원 세경 완지 등)와 서울본원의 설비 청람 목유 미하 등 원료(院僚)의 직접 도움과 원근 친소의 많은 붕우 문료가 내 삶을 효모(酵母)처럼 살찌워 주고 시(詩)가 되어 주었다.

시(詩), 특히 격시(格詩)의 리해란 독자의 몫이다. 탐자 색구에 치태 끼, 오탈자 등 미숙한 곳은 접어 주기 바라며, 버려야 할 구점(口占)까지 모아 묶는 로한(老漢)을 리해하시기 거듭 바란다.

기원 4344년 오월그믐께 杏園 尹庚爀 삼가 씀

일러두기

1 이 시집의 제1집 제1편은 한시(韓詩)를 자습할 무렵까지 휴대 수첩과 일기장에 적어 두었던 현대시 중에 눈에 띈 구점(口占)들이다.

2 제1집의 제2・제3・제4・제5・제6편 450여 장 중에 5언 장편은 율시, 7언 장편은 고체시이다.

3 제1집 제7편은 고산(孤山) 윤선도(尹善道)의『어부사시사』41장을 운문으로 한역(韓譯)하여 당시의 자음과 사성을 표시했다. 랑송(朗誦)의 고저 장단은 시경이나 초사와 같이 4성에 충실토록 했다.

4 두음법은 가급적 한자문화권 공통의 본음(초성)으로 적었다.

5 제2집 제8편의 800여 장은 모두 7언 율시이다.

6 제2집의 말미에 자필 소전과 해설을 몇 편 실어 관심 있는 이의 참고가 되게 했다.

7 제1・제2집에 실린 '대륙공정(大陸公程)' 400여 장은 단촌(單邨) 록구(綠球)를 성감(星瞰)하며 금후를 살자는 내 삶의 드러냄이다.

8 제3집『대한차문화사(大韓茶文化辭)』2700여 운은 염제신농씨 이래의 대동이 중심한 '음차생활문화사'의 운사(韻辭)이다.

9 제4집『중원차문화사(中原茶文化辭)』2800여 운은 염제신농씨 이래의 중원을 중심한 '음차생활문화사'의 운사(韻辭)이다.

10 가급적 자전의 총집인『강희자전』의 본자(本字)를 가려 쓰고자 했다. 불가피한 경우 기본 서체인 명조체의 컴퓨터 인식 한계로 굴림 또는 견고딕, 해석은 한양해서체로 했다.

목 차

第一篇 現代詩 바람 속에서

第二篇 五言絶句

第三篇 五言律詩

第四篇 七言絶句

第五篇 五言長篇

第六篇 七言長篇

第七篇 漁甫四時詞

第一篇 現代詩

바람결 속에서

바람이 불지 않으면 그늘에 자리한 잎은 볕을 쬐지 못한다.
横횡의 潤滑윤활은 생물에 있어서 열량 충족의 자리바꿈이다.
바람결 1

바람이 없으면 동물은 질식한다.
특히 바다는 산소 공급을 위해서도 늘 물결쳐야 한다.
바람결 2

山이 불러

산이 불러
산에 올라
언젠가는 산에 살
내 마음 물에
산을 누이고

산 위에
바위 되어
청산 몇 세상 살리.

J 少女에게 소녀를 위한 소상 其一

湖深호심처럼 맑고 푸른 바탕에
가난을 무늬 놓아 사립 위에 펼쳐 놓고

저무는 흙마루에 걸터앉아
우러러보잖니?

노을 비낀 산 숲에 와 줄 테면
날 위해 네 드레스랑 마련하지 말자.

이 가을의 과학은 또
젊은이를 물 잘 들여 거리로 몰고
거리는 유인으로 철철 넘어

네 사이 비좁은 시야에서
착하디착하게 눈을 닦고
그 눈에 비춰 사랑보다 곱게
꿈을 새기고

심야의 꽃망울 따라
부풀어 가자.
4287(54년 11월)

그 다음 J에게 소녀를 위한 소상 其二

하늬바람이 좀 거센 여름밤의
그 눈이 준 인상만큼
해 지고 구름 이는
가을 하늘 한 편에
푸른 내 憧憬동경의 못

물 속에 별이 간다
소녀가 간다
물 위에 바람이 일며
흩어지는 것들

소녀를 보면
못 둑에 내가 섰다
소녀가 날 보면
물 아래

내게 밀어를 주는 네 입술
내게 매달리듯 기대오는 네 귀

나만 꼬옥 아는 네
이마 볼 양미간
그리고 속눈썹이
날 물 위로 걷게 한다
널 따라 걷게 한다.

재롱둥이 J 其三

열두 살이라고 생각하다
열한 살이라고도 생각한다

그리고 내 어린 날의 아름다움을 골라
네 생활을 꾸며 본다

내가 누른 옷을 벗으면 넌 때때옷을 벗고
네가 교복을 벗으면 또
제법 턱수염이 자랄 거고

난로에 붙앉아
내 하루를 정리하는 자정이면

쬐그만 책상을
잘도 가져오는 재롱둥이

성숙해 버릴
네 얼굴 미소 고요를
마주쳐도 서로 모를 테지

열하나 열둘 열셋 열넷 열다섯
열여섯 열일곱 열여덟 열아홉 스물.
4289(1956)년 12월

胎萅 태춘 其一

양지쪽 산턱에만
눈이 녹았다

비둘기가 볕을 쬐기엔
아직 발이 시린 밤나무 가지

솜옷이 꺼시시한 떠꺼머리가
비탈을 오르는데

고드름 아래
덧문을 열고

쇤네가 기지개 켠다.
강원도 춘성군 사북면 신포리 4291(58. 2 .3) 수첩에서

여름과 二十代의 막바지에서

솜안개 산등을 어루자
비갠 들녘 교수가 비껴간다

들 나루 냇가 엽록소 훠훠 쓸고
엽록소 쓸어간 메아리 없는 말들

수수 잎에 이는 것 잎 지며 퍼지는 것
기다림에 지쳐가는 계절의 소요

푸르름에 억찬 숨결 숙이며
샘가엔 소녀가 물에 어려 서고
샘물에 드리운 하늘마냥
내 맘엔 파란 소녀가 괸다

그 하늘에 구름을 타고
호사스리 떠가는
이루지 못한 이야기를

서른을 주춤 물러서 너를 보는
물 끼인 언덕 수수로움아!

여름이 기우는 록황색 들녘
널 훨 훨 날게 하고
널 훨 훨 날게 하고

내려 보며 넘는 이십대의 막바지
뇌어 보는 가을 젊음.
4292 (59). 8

胎萶落書 태춘락서 其二

가슴 깊은 어딘가에
아침이면 허리 안개
사위고

거기
우짖는 종달새

가슴에
앞산에
봄은 자꾸 흩어져 간다.
4291 (1958.2)

노을 길

두륜산 낮 안개와 마주 보며
온 길 십리 갈 길도 십리

남촌 산골이 하마 어스름 추워 오고

누나 집엔 아직
늦은 내 점심상에 파리가 꿀 텐데

노을 몰고 가성골 도는 남촌지
제방에 앉으면
식어 버린
가슴이 훈훈하다

바람이 지난다
호반의 들국화가 흔들린다

들국화 옆에 소녀가 가다 말고
수면에 바람이 지난다
내 마음 어디에 흔들림이 인다

노을 진 못물이
더 곱고 깊다

못 둑을 걸으면
물 아래도 산이 가고
물 아래도 산 아래 구름이 간다

들국화를 꺾어 가슴에 꽂으면
가슴에도 그 미풍이 인다

남촌지를 지나면 화촌 어귀
어디랄 수 없어도 그 소녀가 따른다

화촌 어귀 지나서 마고 앞
스산한 바람이 밤을 달고 넘어오는
이름도 없는 고개 마루턱에
노을과 못 오는 소녀와 내가 간다.
4289(1956. 10. 22)

胎萶 태춘 其三

노을이 자고 이는 릉선
버들강아지 부플게만
실바람 일고

지치도록 나긋한
햇살에
녹아나는 산허리

저 길 모롱이 노송엔
또 하나
년륜이 기나 보다.
4289(1956. 2. 25)

舣鄉頌 사향송

빗소리 色情屋색정옥에
젊음이란
송두리째 전당해 놓고

썩어가는 고깃덩이가
아까울 것도 없이
그 세대의 건망증은 슬한 문화의 오산이라야 했다.

이 분 전에 받은 키스가

불행을 예고하는 위조형이었던들

청춘은 그저 즐거웠고
무턱 따르는 계집의 능숙은
촉감을 잘 구슬렸다

남의 나라 땅처럼
서먹해진
저무는 충장로 네거름 길목에

내 고향
분노로 묶은 시체를 파묻으며
병사는 향수의 사생아였다.
4288(1955년) 「젊은이」 7-8월호

56년 6월 2일 화요 수첩에서

나도 함께 그와 가 버리고
오늘은 감옥에서 지난날의
정리부를 헤아리는
누계란

내일은 물 위에
씨를 뿌리고
이별을 하고

우린 다시 만나자 여기
너 아닌 너와
나 아닌 나와.

離鄕 리향

슬퍼도 돌아갈
본향이 있어

밤마다
여윈 손등에 잠을 부으며

지친 내 생활의
번뇌를 묻자
오늘을 묻자.
4289(1956. 10.)

十月이 온다

그렇게 사는 길만이 네 식구의 호구책인 듯
15도 경사와 마주 씨름했던 우리
원조로 사는 백성
원조를 끊으면 죽어야 할 몸들

다섯 살의 堣우를 개울 가재와 놀게 하면
세 살의 苑원은 숲에서 울며 자라게 하던 때

가난에 찌든 팔을 괴고
산가 곁방에 누어 쉬노라면
짙푸른 여름도 훠훠 타는 늦가을도 아닌
十月은
산비탈 비끼는 노을에 무르익던 날들

겨울 봄여름 없이 젊음은 가도
우리만의 참상이 아니라는
둘 다 아직은 끓는 피가 있어
잉여물의 간식에 배를 불리면
파고 갈고 심고 가꾸는 날들

유실목 한 주 심으면
꿈도 한 줌 심고
씨앗과 함께 꿈도 뿌려

처마 위 별들이
이야기를 나눠 달밤이면

지그시 눈을 감고 설계하는 미래도 있어
가꾸는 꿈은 더욱 쉽지는 않는 것

넷이 짝짜꿍하다 원이 자면
셋이 동요를 부르다 우가 자고
둘만의 이야기에도 지쳐 아내마저 자면

풀벌레가 묻혀 흐뭇이 안겨 주던
그 十月
실과는 없어도 장래가 있고
작물은 신통찮아도 또 뿌릴 봄이 있어

황변하는 산과 밭
그것들이 또 한 번
익어갈 시월이 온다.
4295(1962. 9.)

週末 주말

풍향이 도는 들
糊熟호숙(풀익음)한 穀波곡파에 실려
보채는 향수

락엽을 서두르는
록지대에서
너는 千리구나
또 청산봉
구름을 넘어
피는 동경

향수를 달래며
우러른 뭇에
철새가 간다

이 주말은
철새만 간다.

九月이 다 가도록

나뭇가지 사이로 푸른 하늘
솟구쳐 날고 싶은 가슴
마주 바라면
대화는 없어도 흐뭇한 것
청공을 비춰 보는 눈이 없어
이 구월이 다 가도록 가을이라고
싫잖은 역겨움이 있다

땅거미 지는 잔디 길을 오며
이삭 줍듯 모아본 시구들을 뇌이면
노래도 없이 산비탈에 메아리치는 알 수 없는 음향
솔 사이로 빠져 달아난 길 끝엔 그리움이 서린다

미풍에 소름 치는 참나무
침엽수가 젖어가는 벌레울음에 밤이 묻어 오면
푸시시 가슴을 떠나는 무엇이 있어

잔디에 팔을 짚고 못내 아쉬워지는 시선
湖渓호심엔 별과 시간이 고인다.
4295(1962. 9. 5)

歲暮 세모

세모의 밤
소리 없이 눈이 쌓이는데

가로등도 없는 길 위에

두 줄기 타이어 자국이
슬픔을 잣는다

흰 눈길에
두 줄기 자국

어쩌면 보람 없이 지나온
제 과거와도 같은 것이
가로등도 없는 길에 뻗쳐 가는데

4295년 세모의
자정을 덮어 눈은 쌓인다

타이어가 지나간 두 줄기 자국에
내 과거 위에.
4295(1962. 12. 30)

春色춘색 남자의 것

눈길을 산책하기엔
아직
접어 놓은 회상들이 있습니다

나긋한 햇살을
갸웃이
쳐다보는 비둘기

바람 잔 골짜기
맘만
설 때

가만한 입김에
묻어나는
그리움이 있습니다.
4290(1957. 12.)

春色 춘색 女人의 것

세시가 지나는데 잠을 깬 이유를 생각한다
또 한 번 닭이 울었다

허전하게 돌아 누우며 쌍꺼풀이 되는 눈
오 분이 십 분이 십오 분이 지난다

머리에서 정돈되는 무엇이 있나 보다
이불깃에 잔기침을 적신다

우릿한 가슴 깊은 한숨에
마주 설움이 솟는다.
잃어버린 것들을 펴들면 양미간이 찌푸려지고
30분이 한 시간이 세 시간이 지난다

탁상에 벨이 운다
여인은 행복한 설움을 옷고름에 만다.

示範地域遍歷 시범지역편력

비 젖어 엿새
낮이면 보리밭에
곰팡내를 맡고

交付申請교부신청한 댓새
밤으로만 등잔불에
졸며 끝냈어도

중점지도 교육원 강의
S지역 H지역 가고 오는
차창 밖엔 신록이 푸르러만 갔고

4-H 農改농개 生改생개
발가락이 헐도록 돌다 보니
한 달포 하루같이 가고 말았다

밀리고 남아 가는 일감들
어쩌다 오늘은 인쇄물 배부
이런 거야 뭐 랑만스런 일

윗마을 다녀오는 냇가 언덕에
종달새가 마지막 울어도 주고

재 넘어 방머리는 걸어 넘는 산길
먼저 와 고개 위에 기다리던
피로와 마주 앉아 쉬어도 가는데

발 벗고 건너는 시냇물에
고적함 따라와서
손 맞잡아 준다

슬프지도 않는 지도편력을
아는 이 산그늘에 저 뿐이라선가
뻐꾸기 저리 우는 겐지.
4296(1963. 6)『농촌지도』 9월호

해남군산업교육원의 노래

해조음 은은한 두륜의 서기 아래
푸른 생명 가꾸는 성장의 터전
한 알의 씨앗이 부강을 약속한다
우리의 신천지가 바로 여길세
후렴
피땀으로 캐어낼 새 지식의 보고
아! 장하여라 해남산업교육원

庫千巖고천암 큰 배미에 두륜산 물을 잡고
5만정 산굽이를 골고루 파헤쳐
임성해 怒濤聲노도성을 충무공 교훈삼아
더 맑고 더 밝게 새 얼 기르세.

母國 모국

만 년을 두고
녹슨 땅을

천 년을 병들어 야윈 농부가
소를 몬다

주리면 하늘만 우러러
조상을 원망치 않는다.
4296(1963. 5.)

華源 화원 常綠學院 상록학원의 노래

일성산 솟은 뜻을 태백에 펴고
서해의 성난 파도 時下시하에 재우는
그 기상 그 슬기 천년을 가꿔
서종사 종소리에 울려 퍼져 보내며
동트는 화원에 새살림을 펼 우리
상록학원 이름 아래 힘을 기르자.
4297(1964. 3.)

三月의 대지를 밟아

二月의 산야가
철 철 철 녹아나도록

산에도 들에도 가슴에도
싹이 나도록

겨우내 맺혀온 뜻을
겨우내 별러온 맘을
소리쳐 봄을 부르고

봄을 딛고 나는 싹들의
억센 숨결에 철 철 철
우리 가슴을 녹여
가난의 冬穴동혈에 묻자

그리하여 얼었던
삼월도
농민도
꿈틀거리면

농촌지도를 멍에 메고
밭을 갈자, 아니
논을 갈자, 아니
조국을 갈자

삼월의 대지를 밟아
마을로
들로 질주하는
골마다 틈틈이 파고드는
하늘빛 순환에

철 철 철 녹아나는 이월과 함께
빈궁도

무지도
녹아나게 하자
삼월의 대지를 밟아…
4297(64년)「농촌지도」4월호

장마 뒤

비가 개었다
뒷문에 다가온 산이
구름을 이고
등을 내민다

구름 뒤엔
아흔 날 장마를 거두며
열리는 하늘

엽록소랑 마시며
언덕에 앉아
들풀처럼 쳐다보면

내 이마에도 햇살이 비치더니 어서
언덕으로 나가자 아니
들로 나가자.
4296(1963. 9.)

그 일 몫 다는 못해도

-고 임순일 형의 순직 부음에

「흙 속의 별」고 임순일 선생
별은 지고
별 묻힌 흙에 봄빛 나도
40인의 벗이 덩그렇게 외롭다
다 가고 남은 수처럼

못내 아쉬워 돌아보는 록지대

수련소의 형이 혜성처럼 찬란했던 것은
그 많은 경험을 감추어 질던 눈썹
매섭게 자중하던 큇날에
무겁게 다문 입 후릿한 키에 시원하게 걸으며
미리 다 아는 듯 웃던 눈의 모습들

여름 밤 바다의 미풍처럼
흐뭇하던 인간미와
풍파만장한 社海사해를 넘어 온
다목적적 숙련이러니

마을마다 봄을 바라는 소문에
우리 다 묵은 밭에 나와
흙 속에 묻힌 별의 넋을
봄 싹을 파보듯 호미질 하노라면

仙雄山선웅산 허리 안개에도
장고개 노을에도
눈을 감아도
서언히
우리 대열에 아직 형을 보오만

오늘도 馬鳴山마명산 넘나다
두륜산 저녁놀에 일몰을 보고
또 켕기는 형의 몫 일들을
형이 먼저 끊어버린 경기의 종점으로
아! 슬퍼도 지쳐도 질주할밖에

흙 속의 별 고 임순일 형의
그 일 몫 다는 못해도…

六 月

九月이 十月을 부르듯
五月은 六月을 몰아
포플러를 스쳐 가로를 달린다

六月이 스쳐가는 언덕에
뭄비는 록음을 조금만 닫고 서면

가슴에
이마에
여름이 맺히고
여름이 사위고

파-란 호심에
구름이 흐른다
五月을 싣고.
4297(1964. 6. 6)

두륜산 입구 소묘

첩첩 울울창창한
골마다
동백이 氣焰기염스럽고

九曲구곡의 물소리
매미 소리
엽록소에 숨이 가쁜
나뭇잎 소리

고요인지 소요인지
모를 침적을
황조가

날며 울며 금을 긋는다

수목을 비비 뚫고
달아난 길
우러르면
한눈에 부서지는 하늘

대흥사 새벽종
물오른 숲

해와 달과 별들이 건너간
새벽 봇물
피는 안개

파르르
또
산새가 난다.
4296(1963) 대흥사 입구「연구와 지도 춘계호」

사모

서럽도록 목이 길어
애인이 없네

먼 산만 보고 사는 순한 눈에
사위는 안개

못 그리워 야윈 볼
귀밑이랑
달빛에 시달려
고개 숙인

어진 날이 그리워
앳된 양미간

이마에 숨결 스쳐
눈물짓고 안긴다.
4297(1964) 가을

J少女 其四

서러운 까닭도 알지 못하고
벅찬 가슴을 어쩌지 못해도
다만 내게 떠나지 않는 속삭임 있어
거짓도 불행도 매임도 아니라고 하는
사념의 피안

흰 방석에 그리는 검은 무늬가 오점이면
왜 이리 숭고하냐
서럽도록 침전하는 성실함이여

움직여 못본 맘의 녹슮을
닦아 온 보람

억겁을 쪼개어도 어쩌지 못해
못 잊음 뉘게 주지도 못해
어기찬 집착에 사무친 보람

오늘도 펴고 누워
하늘을 본다.
4297(1964) 가을

재롱둥이 其五

비 맞아 씻긴 새 잔디 한 잎 따서
너는 말하지 않아도 다 아는 밀어를 적어
시내에 던진다
조약돌에 부딪치면 노래 되어 흐르리니

제비가 지나가는 가을 하늘 건너에 워어이
소리치고 싶은 맘을 깨물어 가만한 고뇌를
뱉어 보자
처얼썩 구비치는 엽록소에 씻기면
내 이마 위에 거품을 씻으리니

내 가슴을 훔쳐 내어 비인 곳에 그리움만
채워 주고 너는 훨훨 청산에서
산 노래를 불러라

난 못 들어도 산 노래를 불러라
이젠 아닌 재롱둥이야.
4297(1964) 가을

華嚴寺화엄사

물소리 어지러워 숲길 가오니
騷擾소요 騷擾소요 騷擾소요
매미소리

푸르름에 숨 막혀 쳐다본 하늘
백관 쓴 老姑壇로고단이
천왕봉을 가리옵고

풀 수풀 나무 숲
구름 뭉게 뭉게 구름

覺皇殿각황전 큰 마루에
千년 묵은 許久허구 어른

대웅전 맴돌아
북소리를 굴리옵고.
4298(1965. 8. 2)

들길에서

마음 한숨 가득히 불어내어
줄 끊긴 애드벌룬처럼 띄워 올리자
가을 하늘에

十月이 다가선 파-란 설렘에
땅에서 맺혀 오른 밀어를 속삭이게 하자
가을 하늘에

구름 한 점 흘러라 실어 보내자
바람 한 줄 불어라 흘러 보내자
마음 무거운 마음

가을
맑은
하늘

소녀와 쳐다보는
벅찬
푸
르
름.
4298(1965. 9.30)

가을 한철

록음의 산골 지나 오더니
네 치마폭은 사뭇 갈잎처럼 흔들리고

하늘 따라 그 깊은 눈망울이
맑아진다

더워진 숨결에선
익은 과일의 냄새

내 곁에 너는
가을
한
철.
4289(1956. 9) 강원도 춘성군 사북면에서

山邨指導遍歷 산촌지도편력

비 개이고
맑은 산기슭

노을이 비껴 앉아
뻐꾸기를 울린다
열두 일 아홉 마을에
부리고 오며

경적 따르릉
숨찬 고요를 쫓다 보니

아카시아 꽃냄새가
길을 가로막는다

산새 한 마리
골 건너 날리곤

장화 속 물 부른 발이
유업인양
페달을 밟는다.
4296(1963)

징검다리

먼 산만 보아
순해진
쌍별 초롱

못 그리워 야윈 볼
귀밑이랑
달빛에 시달려
고개 숙인다

어린 날이 그리워
앳된 양미간
이마에 흐르는 내

도요가
새벽을 데리고 건너는
징검다리 밑
고요를 휘젓고
아침처럼 손을 맞는
주인

삼호지역 야간집회

喪輿상여가 지나간 뒤
참외가 썩고

姙娠婦임신부가 따 먹은 감나무엔
열매가 안 열린다

명산에 묘를 써서 가물다는
奧地오지 八個里팔개리
우리도 잘 살아보자는 뜻을 모아
농촌진흥 종합 강습회를 열었다

농부 아낙 아이들 모두 七百이 넘는 성황에
사투리만 통하는 기술 강의는
'주갱이 건지고 소독해서
촉 틔워 씻나락 치고
초바닥 갈고 생가래 뜨면
참망옷 허치고 무쟁기 넣어
섭수 도까 심는디…'

차례를 기다리는 강사와 아이들이 조는 틈에
자정은 살며시 한 시를 마련했다

첫닭이 울자 마감인사에 쏟아지는 박수
그래도 남은 순서 하나는
잘 곳이 있나 없나 눈치 보는 것

멍석 편 방을 두엇 치우고
남녀 지도원 일곱이 잘 수는 있지만
래일을 핑계삼아 귀로 8킬로에 피로를 끌자

소란과 분망 속에 고독을 묻고
벅찬 듯 돌아가는 여름밤 한 샘

1킬로를 지나서 오양이 주저앉고
2킬로를 딛고 또 닭이 울자
미세스 鄭정도 미스 李리도 사양턴 자전거에 매달린다

개 안개 오르는 해안길 4킬로
펑크 난 자전거에
기대 쉬어 부르는 夜曲야곡의 여운에
조금 남은 새벽이 아쉽게 밀린다

갈 곳도 없이 남은 십리 길
잠자듯 밤을 가는
밤 가듯 길을 걷는

남은 십리 길.
4297(1964. 5)

산골 늦가을

산바람
산구름 몰고 가는
산골
늦가을에

들 하나
냇 하나
품에 안은
산

들 보고 내리다
하늘 보고 솟고
하늘 보고 오르다
들 보고 내린다

워어이!
소라치는 소름에
우루루우
갈잎이 진다.
4398(1965. 11. 23)

낮별

슬렁이며 떠나는 바다로
바위들은 나가고
내게는 하나도 없는 별

돌아온 바위들이
조금은 어두운 빛에 얼굴을 씻으면
강 건너가 길 잃은 아이들

늘 푸른 나무숲
새들 모여
눈은 내리고

바람들 둘러앉아
꽃을 가꿔

십년쯤 지나는
세월들에 입혀

당초의 별들과 바위들과
바람 속의 세월들처럼
알몸이라 그것들 옷 입으니

나만 어리고
바다의 엄마에게서 낮별로
그대로 별로 있네.
4307(1974. 12. 24)

락 엽

바람들이 싸늘해지자
상기되어 배낭을 챙기리니

흘려버린 시어들과
만나선 배회하고

못 가리는 輪月륜월 위에
여행 같은 女人

바람이 자면 바람소리
돌아와 앉으면 물소리

가고 없는 목로집 어귀
한동안 내 그 목소리…

오 월

살구꽃 동네 어귀
꿀벌 울고 간
마지막 마당

방정맞은 아카시아
洋香 양향으로 비질하는

발머리
사랑에 죽은
메비둘기 무덤아

추상성 민화의
바래 가는 화냥기와

어린 열매 부풀리는 산몰
뉘엿한 늦바람에

솔 꽃 좀 날리려마
별 터
달 기운데.

산속에

몇 잎 빌붙었던 가을이

회오리치며 떠나고
갈잎 소리마저 없다 하나
낙엽 굴리던 바람들
아직 서성이는데
어딜 재촉하는 거요

한결로 봐주던 별들
겨울에도 살아 쉬는
크고 작은 숨소리들
푸성귀 다람쥐
늙은 솔잎에 떨며 겨울 지새는 물소리
땅속 속속들이 수 없는 약속들

그러나 그보다는
내가 아직 걸을 수 있어
가고 싶은 곳 있으면 갈 테요

그 때 못 걸어도
그맘때의 각오 없이
누가 이곳에 살겠어요
부질없는 꿈이라도 좋소
나를 달래지 마오.

4307(1974) **12.4**

그 몇에게 그러했듯이
이 몇에게도 말한다

성시에 북적이던 시간보다 많은
철시의 거리에 남은 시간들이…

목 련

누인 무명 속 앓음
알리는 사연들

잎파랑이 한 올 걸입지 않고
한겨울 참다 트며 여는 귀

무지개 또 한철
휘파람 무등 타고
울어 지는 목련.

목련 거리

셋 둘 하나
못 가도록
가고픈
거리

뉘우침
적셔 참는
아픔.

망각의 숲

망각 숲 내밀한 곳
마지막 촛불을 켜면
칠흑 밖으로
떠나는 별 그림자

망각 숲 내밀한 곳
마지막 촛불을 켜면

칠흑 밖에서
떠오는 별들

별들 하나로 다가오는
촛불 곁에 바람은 잠들지 않고
지나는 길에.

어머니

강낭콩 칭칭 감긴 수숫대
초저녁 달빛 헤젓고

종종 앞치마에 담아 온
가난 조무래기들을

열사흘 달 뉘엿토록
함지박 나막신까지 채우고

칠남매 틈 틈에
꼭꼭 끼워 주시더니.

길

사공이 가던 길로 사공이 오고
세월 가던 길 세월 오다

내 시간 가던 길로는
누구의 시간이 오나?

그림자의 길

이 길에는 발자국이 없다
봄가을 바람이 지나고

눈 아래 눈 위에도
해와 달 달과 별들이
지나는 것뿐
나는 내 그림자뿐인.

바람에

솔바람에 눈 감기듯
솔바람에 눈 뜨이고

안개 위에 가듯
안개 아래 오른

바람 속 속속들이
시간의 섭렵이어

웃는 표정 슬픈 얼굴
이 길목 어디쯤
너를 세우랴?

산

산이 불러
산에 올라
언젠가는 산에 살
내 마음 물에
산을 누이고

산 위에 바위 되어
청산 몇 세상 살리라.

頭倫 두륜

鳴梁峽명량협 울음에
頭倫두륜은
화석이 되어서도
볼 붉혀 저물고

기다림 가슴으로
기다림
강 흘리고

메아리마저
돌아오질 않아
구름으로 피우는…

눈 오는 날

눈으로 말하듯
날리네
푸른 소나무

불결에 언 가슴
우는 소나무
쌓일수록 타는

처녀귀신 울음
오랑캐 필까봐
눈은 쌓인다.

淡水魚 攝生 담수어 섭생

수면에 입을 내밀어
산소를 조금 마시고
연안 기다림
바람이듯
내 생 치부책
적자 루계를 본다

너무 먼 곳에 나들다
집 잃고 새 집 마련한.

농 게

담수어의 섭생으로
공기 중의 산소를 조금씩 마시며
때로 전당포에 나를 잡혀
다시 시작하는
농게 나들이.

여 명

작은 죽음에 깨임이
아이들에게 신이
열매에 생명이
바위에는 영혼 있어라

탈선보다 어려운 길
몇 세월 실어 보내고
또 한 세월 저무는
노 젓는 강 소리.

못 울고 나는 새

물 오는 강
물 가는 소리
한철 못 울고
나는 새.

삶이

동전 몇 닢 땜에
입 열고

동전 몇 닢 땜에
입 다물고

저물어도
기어들 줄 모르는
풍편 서러운
빈사의 친구야

바보스러워 초연한
삶이야.

바람길 1

허리 꺾이도록 올라
앓는 로송
솔 소리.

바람길 2

이야기들이 다 꽃씨로 떨어져
꽃씨들이 다 꽃으로 핀
꽃잎들의 이야기에
열어보는 말없는 어휘들.

백일몽

봄이 비운 집
제철 누리고 간
엽록소들을 따라
빌붙은 숨이
비인 가지에 남은 의미

벌레 먹은 거죽
풍기는 악취
그 떫은 성상에
너는 완숙의
네 우주를 빚고 있었다.

李東柱 리동주 형 보내고

분노마저
눈웃음에 감추고

생쥐 눈 쇠주잔에도
멍석만한 달은 뜨는데

우리들 담배 연기
호수만한 달은

늦봄 다람쥐 집
위에서 떨어져 갔습니다.

잃어버린 력사

횡액리 방관병글
눈 날리는 길을 걸으면
칼날 세우던 시절
파란 싹들 돋는다

이 거리 어느 년대에도
우리들 조상은 살지 않았고

이 년대 어느 거리에도
세울 우리들은 없다.

죽지 못한 신

육신들과
또 다른 영혼들을 위해
신은 죽지 못하고

신은 피를 흘리고
우리들이 죽는 날까지
또 다른 우리들이
태어날 때까지.

만월

나들이 깃 속에 잊혔네
문명 질환으로 초막은 앓고

어제는 비구름 위 떠 있다가
역겨움에 휘청거려.

菊香 국향

바위틈 굵어 띄운
동승 함지박의
장지문 틈
두레질 소리
그 달을
밤 이슥 앉아
혼자 읽네.

임오 유한

소낙비 오던 초가을
죽으려도 못 죽어
살아 돌아 온 죽음들

열다섯 누나의 빨래는
새끼줄에서도 샘물 흘러

아홉 살 누이의 바구니
마른 쑥 잎에
새벽 별 같은 삶이.

回路 회로

문명 시험관
빈사의 강을 잘도 퍼 올려
성장하는 시신들

어디로 어떻게 와서
어느 세기 이 거리에
육신은 생장할거나

천험을 더듬는
회로.

眉月 미월

이야기 꽃
오랑캐 언덕
별 없는
달 한 쪽.

外雪岳 小描 외설악 소묘

허리 꺾이도록 올라
앓는 솔 울음

정봉을 노려
저무는 한..

蘭 란

미동으로 좌선으로
한 번씩 말하고

그 다음
란도 바위도 말이 없다.

冬柏 동백

白梅백매를 기다려
동백 타는 볼

채 터지는 백매

신을 향해 오른 새
뜰로 오다.

눈멀어

마지막 봉우리
눈멀어 선 늙은 나무

목 부러진 종소리를
밤새워 듣는다.

丹楓 단풍

한철을
짙푸른 하늘에 담겨도
저리 붉게 터지는가?

바랜 잎
잎 얼굴
열은 가을 아지랑이.

송아지

노을 울어 지우고
옆집 외양간을 기웃
들 찔레 여무는 결에
국화 열려

삶

꽃잎에 묻어와
잎파랑이에
스며 자라는.

띠집

안개 위
한 칸 띠 집
한줄 강물
씻어 보낸 한.

한적

물가에 낚대
한적 탓
뉘
손
길.

반간 구름

석조
종소리
내리는
달.

만월

어제는 구름 위
오늘은 역겨움
휘청휘청 오네.

돌아갈 자리

한 세기를 모였다
흐트러진 자리에

오늘을 다시 모인
우리들 돌아간 자리

매화 몇 송이 진
비인 가지에도
남은 의미가 없어
우리들 돌아갈
하늘이 없어.

울음

기다림이 기다려
남은 기다림

초조가 초조로워
남은 초조로움

울음이 울어
남은 울음.

너

난무하는 합리
파시의
웃는 얼굴
슬픈 표정으로
너는
이 길목
어디쯤 와 있는가?

有相 유상

엽록소들을 따라
빌붙은 숨이(命)가 떠나다

제철 누리고 간
그 봄이는 오지 않고

또 다른 봄이가
어제 지운 화장끼처럼

너는 어제 날고 오늘 날리는
무상 밑바닥
응시하는 유상.

바람이 되리

인고를 꺾이는
로송이 되리

갯벌 뿌리 위
흔들리는 갈대 되리

생명 같은 것 물 뿌리
부초나 되리
그마저 탈속한
안개일거나

두루 살피는
바람이 되리라.

달빛

열 곳 나가 얻은
열 곳 앓이

로송 한 가지
이는 바람

새 모습 돌아가는
달빛.

빈 마음에

푼돈 모아
집 값 못 추리고

돌아오는 길
빈 마음에

때 아니
차오는 富부여.

가을 꽃(홍시)

벌레 먹은 거죽
떫던 우주
네 완숙의 의지

세 철
푸른 하늘
초록빛 잎 빛어도
저리 붉게 피어
바랜 잎
잎 얼굴
덮는 아지랑이.

가는 것들

꽃바람 밑 累累루루한
흙의 말 - 이 아니어도

언덕마다 바람 자락이 남아
펼치고 누굴 부르는 여유 같은

산은 스스로의 무게로 앉고
바위는 또 제 위엄으로 버틴
그 위에

한 오락 타고 남은 그리움으로

우주를 잃을 그 사내를
산처럼 세워

나뭇잎 스쳐 듣는
준령 딛고 넘는
훨훨 구름 한참

몇 달을 기울여도
산은 산
해 타던 길 달은 야위고
해매임 없이 엽령은 윤회하고

오식 없는 기록으로 펴고 앉아
찾다가 마지막 한 곳
산에 오르면
이곳에 없노라고 펼쳐 준 가을
훨훨
날고
가는 것들.

부엉이 섭생

형기를 시작하는 마음으로
형기를 마치는 마음으로

하늘을 향하면
햇빛이 너무 따사로워
눈감고 살아가는
부엉이 과의 섭생이어!

夜行 야행

사냥꾼 버리고 간

젖은 수건을 짜며
주책없이 목은 타고

별 하나의 빛도
드리우지 않는
인색한 바다로

탈선보다 힘겨운
밤길

동굴에 버린
못 자란 詩語시어의 새끼
새끼들 울부짖음이어!

茶의 계절

못 드리우고 챙긴 볼기
젖무덤에

곡우 물 젖어오는
여체

立夏립하의 기지개
小滿소만의 새벽을

곰처럼 안아
터질 듯

불 발에 차오는
진국인 물

그 女人녀인은
까락 속 은밀한 골
種종을 간직하리.

第二篇　五言絶句

人畜食語 인생 가축 식언

飼食非化畜　　聖賢知行者
吠人易役獒　　何若己門嗷 4228季 豪韻

사료를 먹어도 가축이 되지 않고
사람이 짖어도 개 역할로 바뀌랴

성현은 실행할 것을 아는데
어찌해 문에서 떠들기 몸소 하랴?

乙亥元旦祈願 을해 원단 기원

萫雩冬睡乙　　屬養金生亥
炑實嬰霖光　　季盈繼吉祥 4328. 1. 1 陽韻

봄꽃은 겨울에 자던 싹이요
가을 열매는 여름 장마와 햇빛으로

온갖 것 길러 시월에 내는 황금 穀波곡파
한 해 가득 길상으로 이으리라.

旱魃 가뭄

歲蘼重季旱　　絶聞南耕夫
高屋溢溫湯　　來賓看畫長 4328季 陽韻

한겨울 거듭 가뭄 계절에
높은 집 따뜻한 물이 넘쳐

남녁 노부의 소식 끊겼는데
오신 손은 오래 그림만 보네.

甲乙旱魃 갑술 을해년 가뭄

南道長乾旱　　絶聞鄕恨息
高家溢爇湯　　扁額浪流汒 4328季 陽韻

남도 긴 가뭄이라는데
고층 집엔 열탕 넘치고
소문 끊긴 한스러운 고향 소식
방안 액자 질펀히 흐르는 물결.

理程 偏食 결치는 길 편식

蜂蝶爲偏食　　一生狂愛寶
蜜甹涽索行　　金篋不旬榮 4328季 庚韻

벌 나비는 편식을 하며
꽃 꿀을 찾아다니며 산다
한평생 寶貨보화 찾아 광분하나
황금 상자는 열흘의 영화에 불과.

理程 天然 결치는 길 천연

鹹海基魚類　　水空汚染輩
淡川歃聖凡　　占住一生詀 4328季 咸韻

바닷물은 물고기 류의 터요
민물은 성인도 범인도 마시는데
물과 공기를 오염시킨 무리는
일생을 속이며 차지해 산다.

理程 甘雨 결치는 길 감우

烋冬遲鼂魃　　三夜忽霡廳
渴國聞雩牢　　不瞑鄕想忉 4328季 豪韻

가을 겨울 동안 가뭄 지연에
나라가 갈급해 기우제 소문인데
한밤중 홀연히 들리는 소나기
근심하던 시골 생각에 잘 수 없어.

奉天居 봉천동 살이

半夜懸檐望　　奉天人月洞
午時昜自炊　　竊盜久停斯 4328季 支韻

밤에는 처마에 보름달 걸리고
한낮엔 양지에서 자취하는
봉천동 달동네 사람들과
도둑 없는 여기 오래 살리라.

映像 其一 영상 기1

新風竊適學　　姑舅移居處
再嫁偶洋探　　孫曹擁狗談 4328. 6 覃韻

새 바람에 맞는 배울거리 없어
다시 시집 가 양풍 찾아 짝한다
시부모는 거처를 옮기는데
손자들은 개를 안고 말한다.

映像 其二 영상 기2

昆重家業耗　　第次三男妹
弟輒貨奔探　　怨親事惡談 4328. 7 覃韻

맏이는 가업을 없애고
아우는 번번이 돈 찾기 바쁘다
그 다음 남매들은
부모 원망하며 악담 일삼아.

然然 천연 자연

葉不高低競　　親慈釋美醜
雲潛藝淺沁　　拄逝未貪心 4328. 7 侵韻

잎은 높낮이를 겨루지 않고
구름 더럽고 천해도 스미고 잠긴다
어버이 사랑 자식 미추 가림 없고
있다 가는데 탐내지 말자.

文歷 문자 력사

伏犧初八卦　　[illegible]哲完經聚
夷族契堯君　　悉全東舜文 4328. 8 文韻

복희씨는 팔괘로 시작
이족의 요임금 글을
밝게 써 경전 모으니
온전한 동이인 순임금 글.

飛行觀音 보고 듣고 비행하며

窗靑天白混　　降滑飄楊柳
俯地每邨紅　　觀音舊笑同 4328. 9 東韻

창에는 구름 섞인 청천
숙인 땅은 마을마다 단풍
활주로 내리니 버들 나부껴
보고 듣고 예와 같은 미소.

變移仲秌節 바뀐 중추절

市價登三倍　　全䕯舊習恨
人情失跬鄰　　滿月笑顏彬 4328. 9. 9 眞韻

물건 값이 세 배나 오르니
한 발짝 이웃의 인정도 잃고
옛 풍속이란 서운토록 전무해
보름달만 웃음 갖춘 얼굴.

謹賀丙子 삼가 병자년 하례

大盜羣心昧　　躑雩迎丙子
微財怒厺秊　　家國璨尊揃 4329. 1. 1 先韻

큰 도둑은 군중 맘을 어둡게 하고
작은 재물은 가는 해를 원망한다
진달래는 병자년을 환영하고
가족 국인은 눈앞 존자를 찬양.

忘恩鴅兒(布穀) 은혜 잊은 뻐꾸기 새끼

吸濁猶蓮秀　　待匏霒徹夜
𨶑中鶯美啼　　鴅卒不巢棲 4329. 齊韻

탁수 마시는 연꽃 오히려 수려하고
온갖 소리 중에 꾀꼬리 소리 곱다
박꽃 밤을 지새워 기다려도
뻐꾸기는 끝내 집에 깃들지 않네.

瞢霞 봄 노을

訪迹行幽谷　　岸厓鵑未見
遙霞著卯瞢　　談友笑情親 4329. 眞韻

찾던 발자취 깊은 골 가더니
먼 노을에 2月 봄 완연한데
벼랑에 진달래 보이지 않아도
얘기 벗 친근한 정다운 웃음.

瞢分 춘분 절기

𤓹䎶午度睡　　庭踏瞻梅笑
暮木出如何　　際今躑節過 4329. 歌韻

아침 추위 졸리는 낮 더위
초목은 얼마쯤 돋아나는지
뜰 밟으며 피는 매화를 보니
지금은 철쭉꽃 계절도 지나는.

小庭 작은 뜰

陛梅鵑醒灼　　後發萎遑急
纁躑滿連翹　　木蓮向北夸 4329. 灰韻

섭돌 매화 두견화 활짝 잠깨고
분홍빛 철쭉에 개나리 만개하니
늦게 황급히 피었다 시들어 가며
목련꽃 북쪽 향해 벋었네.

故園 옛 동산

屬里恖離國　　故園葩幾接
一瞑鼎不夢　　因起友憧瞳 4329. 冬韻

멀리 떠나온 고향 생각에
혼잠 꿈꾸지 않을 수 없네
옛 동산 몇 차례나 꽃피었는지?
연달아 이는 그리운 벗들 눈동자!

足扇閒餘 부채로 족한 여유

屬事成完璧　　俊賢凡俗慾
單期否僩疏　　吹扇足閒餘 4329. 魚韻

온갖 일 완벽한 성취라도
단기간 간소함 거부하며
뛰어나게 어질되 범속하고자
부채 부치며 잠깐 짬에 흡족.

經舊 봄 지나며

階梅鵑醒灼　　後發遑遑落
纁躑木蓮開　　專忠曷杜哀 4329. 3 灰韻

섭돌에 매화를 두견이 활짝 깨우고
분홍빛 진달래 목련이 피더니
뒤에 피어 황급히 떨어져 버린
오롯한 충심을 어찌 두견화만 슬프리.

送仲呂 사월 보내며

戶外濡皐月　　故游何愍卹
離愁閾聽霳　　耆旣近昏夢 4329. 4. 30 東韻

문밖에는 5월이 젖어드는데
이별 슬퍼 문 닫고 뢰성 듣는다
예전에 놀던 일 어찌 걱정인가
이미 늙어 혼몽이 가까운데.

授髙妙藥 글로 준 묘약

少季愉至季　　妙若光陰嗇
耆老惻過時　　前途晃晃摛 4329. 4. 30 支韻

소년은 오는 계절을 즐기고
늙은이는 지난 때를 측은타 하네
젊어서 광음을 아낄지니
앞길이 환하게 열리리라.

巨嶽崩 큰 산 무너지다

巨嶽崩巖壁　　壞隅常小事
霤轟未損岡　　㔉罪折千梁 4329. 5 陽韻

큰 산 바위벽이 무너지는데
천둥소리 언덕 손상 않고
모퉁이 무너지는 작은 일은 항상
죄 없이 일천 들보도 꺾이느니라.

少秊耆老 소년과 늙은이

童秊迎至季　　少若非虛歲
老境憶經時　　前途晃晃垂 4329.4. 30 支韻

아이들은 오는 계절을 맞이하고
늙어서는 지난 때를 추억하네
젊어서 세월을 허송치 아니하면
앞길이 드리워 환하게 펴지리라.

萅候 봄 천후

萅播望蒼嬰　　苦收冬至俟
暴炎待結秌　　㵐酷慕暄流 4329. 尤韻

봄 뿌리고 푸른 여름에 보며
폭염에 가을 결실 기다리면
수고로이 거두어 겨울 기다리고
혹독한 추위에는 따스한 때를 그린다.

泥生荷 진창의 련

一季泥中實　　熟朞燰谷子
千季不死荷　　衆生解愚茶 4329. 5 麻韻

한 계절을 진흙 속에서 결실
천년을 죽지 않는 련
한 돌에 따스한 골짜기에 익어
중생의 근심을 풀어 주는 茶.

日還天安講 하루 천안 강의

下盞行擔出　　天安三百里
盡藍洗腦旻　　一日往來鄰 4329. 眞韻

찻잔 내리자 가방 메고 나서
진 쪽빛 하늘에 뇌를 씻고
천안 삼백리 길이
하루에 갔다 오는 이웃.

低流 낮게 흐름

大水凡低處　　禽魚飛泳世
氣流虛極穹　　人鬪掬土終 4329. 東韻

큰물은 무릇 낮게 처하고
공기 흐름은 빈 하늘 끝까지
새 물고기는 헤엄치고 세상에 날며
사람은 싸우고 땅에서 끝끝내 움킨다.

五月過金陵 오월에 금릉 지나다

淡綠豐山野　　待誰斑染髮
虛空無一禽　　悠遠望壑岑 4329. 5. 23 侵韻

엷은 록빛은 산야에 풍성하고
빈 하늘엔 새 한 마리 없다
누굴 기다려 머리카락 꾸미고
멀고먼 골 봉우리를 바라보네.

肇夏際 첫 여름 때

稻種臨中節　　五月鄕溢綠
看看戮力人　　曇天未玄賓 4329. 5. 23 眞韻

벼 심고 중간쯤에 임하여
찬찬히 힘 모은 사람들
오월 시골 초록빛 일렁이고
흐린 하늘 검은 손 오지 않았네.

客鄕 객지 고향

立國三千境　　望生流輩客
南邦已晩萅　　情著愛鄕人 4329. 5 眞韻

나라 세우고 3천년 무렵인데
남쪽은 벌써 봄이 저물었네
삶을 바라보던 류배된 손이
정붙여 시골사람을 아끼느니.

夓氣 여름 기운

夓氣充盈地　　暫忘緣起事
涼風一握吹　　飄散負煩悲 4329. 支韻

여름 기운 땅에 가득한데
서늘한 바람 한 움큼 불어오니
잠시 인연으로 인 일 잊고
번거롭고 설운 부담 흩날린다.

過立夓 립하 철 지나며

時哉過立夓　　擧世溢私黨
不解事覲廷　　何雄惺晦冥 4329. 5. 7 庚韻

좋은 때 립하를 지나는데
조정의 일을 해득치 못해
세상 온통 사사 무리 넘치니
어느 영웅 어둠 밝혀 깨우리.

送旾 봄을 보내며

一刻藤香醉　　歲流糵緩促
長旾日暮夢　　人徑輾跳矇 4329. 5. 18 東韻

일각을 등꽃 향기에 취해
긴 봄날 저물도록 꿈꾸었지
세월 흐르기 더딤 빠름 없는데
사람 지레 어리석게 동동거린다.

夗五月 大邱行 죽은 오월 대구행

流江糶久月　　小智爲人理
雁燕列非飛　　汚天免刺譏 4329. 5. 23 微韻

흐르는 강물 오래도록 달 없고
기러기 제비 줄짓되 날지 않네
작은 지혜로 사람 다스리면
하늘 더럽히고 나무람만 면해.

夜雨 밤비

半夜聲簷扣　　寓居多衆處
麥炑憧慕家　　何輒少時嘉 4329. 6. 10 麻韻

한밤중 처마 두드리는 소리에
보리가을의 초가를 그리워한다
붙여 살아온 많고 많은 처소에
어찌 문득 어릴 적이 좋은지?

炑風嶺 추풍령

晴暮炑風嶺　　長霖霎瞬麗
每峯斜照雲　　卑麓洗重勲 4329. 6. 27 文韻

개다 흐리다 추풍령은
봉우리마다 빛 비낀 구름
긴 장마 곱게 개는 순간
산자락 은근히 거듭 씻겼다.

濃霧 짙은 안개

濃霧遮剷道　　綠林如陷溺
軌車穿疾馳　　疏雨請辛辭 4329. 6. 27 支韻

짙은 안개 앞길을 막았는데
열차는 질주하며 뚫는다
푸른 숲은 함정과 같은데
성긴 비 어려운 말을 청해.

貪利寺門 大興寺 山門 탐리 절문 대흥사 절 문

欲步林間道　　戰陳如哨者
韝醒山口剷　　防立气觀錢 4329. 8. 16 先韻

숲 사이 샛길을 걷고자 하여
아침잠 깨자 산 입구 앞에 가니
전장진지의 보초 선 자와 같이
막아 서며 돈을 바라는 기세.

向甫吉船上 보길도행 선상

甫吉王師迹　　颱風斜日幷
諸孫覲見行　　雲薄海濃淸 4329. 8. 16 庚韻

보길도 왕의 스승 족적을
여러 자손 찾아 뵙고자 가니
태풍은 기운 날 아울러 자고
엷은 구름에 짙푸른 바다.

甫吉離船 보길도 떠나는 배

水面如琉版　　　旻青霽一點
漁船似厖螻　　　後尾幾翔鷗 4329. 8. 17 尤韻

바닷물은 유리와 같은데
고깃배 달리는 땅강아지 같아
푸른 하늘엔 구름 한 점 없고
배 뒤에는 몇 갈매기만 비상.

山水鏡 산수 거울

一葉依風向　　　從天山水久
千季釣世情　　　背理不歸行 4329. 9 庚韻

잎 하나 풍향에 의지하여
천년의 세상 정을 낚는다
하늘 따라 오랜 산과 물에
리치 등져가고 돌아오지 않네.

霧谷 안개 골짜기

霧谷紅烌色　　　嶂陰浮一葉
山禽久主翔　　　彼岸止烌光 4329. 10 陽韻

안개 낀 골에 가을 깊은데
산새 주인의 비상이 오래
가파른 그늘 한 잎이 떠올라
피안에 가을빛으로 머문다.

展示館道 전시관 길

暴䨮紛紛散　　市街冰上滑
行人滿面怡　　車速匐遲龜 4329. 12 支韻

폭설이 흩날려 어지러운데
행인은 만면에 기쁨이라
시가지는 미끄러운 얼음판이요
차량 속도 느린 거북이 기어가듯.

呫文化院開院 귀엣말 문화원 개원

昴設文諿室　　已然知面衆
除私促公尋　　脣習耳邊音 4329. 12. 6 侵韻

昴靈묘령이 설립한 문명실에
사삿일 제치고 찾아가길 재촉
이미 그러그러한 여러 면목이
익숙한 입술 귓속말 소리 들려.

訪書堂谷 서당골 방문

九屛如熟古　　問處[illegible]堂谷
幽麓改局歐　　窮婆指堵周 4329. 12 尤韻

아홉 둘레는 익숙한 예와 같은데
깊던 산자락 서구식으로 바뀌어
서당골짜기 처지를 물었더니
궁색한 할미 담 둘레 가리킨다.

獸態滿肥 짐승처럼 살만 가득

失珏居時代　　性人陷外物
末根値轉非　　獸態滿今肥 4329. 12 微韻

쌍옥을 잃은 시대에 사노라니
뿌리 끝까지 그릇되게 구른 값
사람 성품이란 외물에 함몰하여
짐승 짓으로 이제는 살만 가득하다.

崙門 험준한 배움 문

杏雩飛涉野　　竹蟹行千里
雁鶴越崑崙　　況人遠學門 4330季 元韻

살구꽃 들 건너 날고
안학은 곤륜을 넘는다
게걸음 대숲 千里를 가는데
사람 하물며 학문 멀다 하랴?

圓湖 趙雲錫 題號 둥근 호수

時局圓海古　　天地然循理
空裏小丸珠　　物形抱靜湖 4330季 虞韻

둥근 바다 옛적에 어찌 알았으며
허공중에 둥근 구슬 작음도
천지의 대자연은 순환의 리치
물형은 고요한 호수에만 안긴다.

時岈 柳必淳 題號 빈 골짜기

時局棼棼說　　格人𪎩壽短
櫝荼茗荈茶　　眞路有吾谺 4330季 麻韻

극지적 가치의 說 분분한 때의
가 도 명 천 차라
격인은 장수도 단명하지도 않아
참 길은 나를 비우는 데 있느니.

元理 근본 리치

山越躔霞彩　　東浮啚洄溺
海歸燦曉天　　宇宙味僊僊 4330. 2 先韻

山 넘어 노을 고운 해 길 돌아
돌아와 찬란히 새벽을 밝히며
동에 떴다 서에 잠겨 지는
우주는 한결같이 仙仙선선하는.

因山 源堂㑌 鄭元宅 題號 山으로 말미암아

天生因地養　　存在猶超越
羊豕各山家　　陰陽本二椏 4330. 2 麻韻

하늘이 낳으시고 땅이 기르시니
羊양과 豕시는 산집 어디에도 있다
존재는 초월과 같아서
음양의 두 가지 근본이듯.

然雩 李贇慈 題號 꽃은 저절로

北里南邨帀　　人間隨變化
四時皆自**然**　　百歲屬差**緣** 4330. 2 先韻

동서남북에 마을 둘렀고
춘하추동이 다 자연이라
인간만이 변화를 따라
천차만별에서 백세의 인연이라.

蓦咊 鄭鐘燮 題號 풀의 조화

兎蓦平咊象　　實同存善惡
樹猿理想**鄉**　　何異扗身**量** 4330. 2 陽韻

토끼와 풀은 평화의 상징이요
나무와 원숭이는 리상향이라
실체와 함께 선악은 존재하니
무엇을 달리 몸소 헤아리랴?

幽處 깊이 삶

霧雲休越遞　　江水沈鳴鶴
松老百秊**青**　　釣竿烌色**停** 4330. 2 青韻

안개 구름 쉬다 가는 곳에
늙은 솔 백년을 푸르러
강물엔 우는 학 가라앉고
낚싯대에 머문 가을 빛.

早萅 이른 봄

遠嶺陳殘霙　　昨昏聞雀吵
鄰籬始笑**梅**　　冬柏競紅**開** 4330. 3 灰韻

먼 산마루엔 잔설 펼쳤는데
울타리 가에 매화 웃기 비롯해
어제 저물녘 참새 지저귀더니
동백이 붉게 열리며 겨룬다.

忘恩鵏 은혜 잊은 뻐꾸기

吸汚蓮卻秀　　待匏雩徹夜
鼠中鶯美**謳**　　鵏卒不歸**幽** 4330. 4. 2 尤韻

오니 흡수한 련꽃은 오히려 수려하고
온갖 새 중에 꾀꼬리 노래가 곱구나
박꽃은 밤새도록 기다리는데
뻐꾸기 끝내 깊은 소에 오지 않네.

白木蓮 백목련

雩月盫牆宇　　丹心姿仰禱
裸枝靡一**縷**　　專繫北望**頭** 4330. 4 尤韻

꽃피는 달에 담집 안은 따스해도
벗은 가지 한 올 실조차 없는데
일편단심 우러러 기도하는 자태
오로지 소복단장 북쪽 바라보는 머리.

臨津水 임진강수

澹澹臨津水　　不知何歲月
悠悠雚鷺飛　　南北各鄕歸 4330. 5. 6 微韻

담담히 임진강 강물에
유유히 나르는 황로야!
어느 세월일지 알 수 없어
남북 각각 고향으로 돌아갈.

櫻咢槿咢 벚지꽃과 무궁화

灼灼櫻齊麗　　蕣蕣開落槿
欣欣數日紅　　窈窈百聯充 4330. 5 東韻

화들짝 곱게 일제히 핀 벚지꽃
싱싱하게 며칠 동안 곱더니
아침마다 피었다 지는 무궁화
요조히 100일을 가득 잇는다.

日往來馬山 마산 일일 왕래

馬山千里道　　遇界㷠蕣望
當日欲回歸　　高巢噪鵲飛 4330. 5 微韻

마산 천릿길을
당일에 돌아오고자
경계에서 만난 아침안개 바라는데
높은 소에서 까치가 날며 짖는다.

歸家 귀가

近麓霋來雨　　周周南歪逷
遙靑帶白雲　　晼晼夕陽熏 4330秊 文韻

가까운 산자락에 오던 비 개이고
멀리 청산에 흰 구름이 둘리었다
둘린 남쪽 물러가며 질주하니
뉘엿뉘엿 저녁노을이 물든다.

叱弟子省 제자 반성을 바라

叱弟其回顧　　一過皆有感
唯差未熟師　　多善倒亘恖 4330. 6. 5 支韻

제자를 꾸짖으며 돌이키게 함은
오직 미숙한 스승의 어긋남이라
한번 지나가되 모두 맘에 두면
많은 선에도 생각부터 뒤집힌다.

惟人心 오직 사람 마음

水族非飛陸　　但人三界委
禽流未海中　　抂世積何功 4330秊 東韻

물고기는 륙지를 나를 수 없고
새들은 바다에 들지 못하나
단지 사람에게 삼계를 맡겼으니
세상에 있으며 무슨 공을 쌓을지.

離天安京都向 천안에서 서울로

始醉京都向　　薄疲昏睡逼
袂分悤友朋　　夢半顯如燈 4330季 蒸韻

취하자 곧장 서울로 향하며
소매 놓던 붕우를 생각한다
가벼운 피로에 졸음 몰려와
꿈속에 등불이듯 어렴풋 드러남.

假地平 가 지평선

假地平空線　　未天非俗界
長雲暫望看　　洹夢海游安 4330季 寒韻

공중 직선의 가 지평선
긴 구름 바라보기 잠깐
천계도 속계도 아닌
잠결에 헤엄치는 안도의 바다.

跬意 金龍子 題號 반걸음의 뜻

困不平生事　　生知天命一
九泉連負儋　　人學二間三 4330季 覃韻

곤고함 평생 할일 아니고
구천을 잇는 부담이리니
삶의 지혜는 천명의 시작
배움은 定정과 그 사이 무리.

安枝 成浩榮 題號 **한 가지에 편히 쉬다**

盅汲韓江水　　濜時多事擔
遑奔晚播墝　　安息一枝**巢** 4330秊 **肴**韻

동이로 한강물 긷다가
황망 분주히 마른땅에 늦뿌린다
다 된 때에 짊어진 많은 일
한 가지의 새집 안식이어.

夕雲 丁海得 題號 **저녁 구름**

乾坤朙暗黑　　焚濜中天色
燒己扗洋**東**　　夕陽雲裏**紅** 4330秊 **東**韻

건곤을 밝다 흐리다 검다
몸 살라 바다 동녘 있더니
다 사른 중천 빛
석양에 구름 속 붉히네.

晚翠 李眞妗 題號 **늦게 푸름**

晚播長遲樹　　澗松高後翠
皁收黹焦**尋**　　成敗一專**心** 4330秊 **侵**韻

늦뿌려 더디 자란 나무
조급히 거두려 애태워 찾지 말라
냇둑에 솔 고고히 늦게 푸르니
성패는 한결같은 오로지한 마음.

淸門 李東完 題號 맑은 문

有山何濁內　　統治權門國
淸水曷遐江　　知新道德邦 4330季 江韻

맑은 산은 있는데 물 속은 어찌 흐리며
청수는 어찌 먼 강에만 있는가
통치는 권문의 나라요
溫故知新온고지신은 도덕의 나라려니.

白承 宋永宰 題號 白手로 잇다

霎雨來淸夜　　三更承十載
勤夫厺漢經　　百接不轢涇 4330季 靑韻

비 개이자 맑은 밤 오니
근부야 漢한 經書경서 떠난들
삼경 지나기를 십년 잇고
온 접물을 통하지 않음 없으려니.

大氣與禽人 대기와 금수와 인간

大水凡低處　　禽魚飛泳別
氣流虛極穹　　人鬪掬貪終 4330季 東韻

큰물은 대저 낮은 데 처하고
기운은 빈 하늘 멀리 흐른다
새 물고기 따로 날고 헤엄쳐
사람은 탐욕 움켜 다투다 죽는다.

賀李鐘德君 李眞領孃婚
리종덕과 리진령 양 혼인 하례

善僚天命選　　夫婦融非絶
恒一不隨**從**　　子㞢義育**恭** 4330季 **冬**韻

좋은 동료 하늘이 가려 주지 않고
항상 한결같이 따르지도 않는다
부부란 단절할 수 없는 융화요
자식을 낳아 공손 양육의 의무라.

冬柏 其一 동백 기1

百蕮開時擇　　霻中紅白竸
孤高送好**陽**　　冬節互稱**揚** 4330季 **陽**韻

백초는 때 가려 피는데
孤高히 따뜻한 때 보내고
설중에 홍백을 겨루며
추운 겨울에 서로 드러낸다.

冬柏 其二 동백 기2

四季躔天止　　室蕭騷客睡
天冬白屋**東**　　孤節霻中**紅** 4330季 **東**韻

사계절 해 가는 길 그치지 않아
한겨울 하얀 지붕에 봄바람 불어
고요한 집 떠들던 손 잠들었는데
외로이 절개 지켜 눈 속 붉다.

客嘷 손의 울부짖음

老客嘷出退　　闕樓登下籍
今猶公自催　　鄉杏落重開 4330. 7 灰韻

늙은 손 소리치며 물러가는데
지금은 떠나기 재촉한다
그 다락을 오르고 내리던 기록
시골 살구꽃 거듭 피어 지리라.

處湥林 깊은 숲에 살다

獨處湥林屋　　暴炎疲近月
轟騷合奏蟬　　離遠息𩅦箋 4330. 7. 28 先韻

홀로 깊은 숲 집에 사는데
소란한 굉음 매미와 합주
폭염이 달포를 지치게 하곤
멀리 떠나 찌지도 없는 소식.

望窗外 창밖을 바라보며

霖濕窗濛昧　　廈庭𩅦一樹
至昏愛舜雩　　蝸屋盛豪奢 4330. 7 麻韻

장마에 젖은 몽매한 창에
저물녘 무궁화 사랑스럽고
큰집 뜰 나무 한 그루 없는데
오두막은 호사스럽게 무성해.

遮木覓 목멱산 가려

木覓遮汚氣　　瞬間濃睡汨
房中撫襍**多**　　昏懜出眳**挼** 4330. 7. 30 **歌韻**

서울 남산 오염 매기 가려
방 속에도 잡다하게 어루만진다
잠깐을 깊은 잠에 골몰하다
혼몽한 눈 비비며 나선다.

南瓜助蔓實 호박은 덩굴이 도와 열린다

匐寨南瓜蔓　　月過堪大實
子懸屋上**揚**　　加老皺甘**襄** 4330秊 **陽韻**

울짱을 기어오른 호박덩굴은
자식 매달고 옥상으로 오른다
한 달을 열매 자라도록 참으면
늙을수록 단맛 돕고 주름지다.

蒸炎蟄居 蜂膠作業中 찜통더위 칩거

小軒來蟋蟀　　洄恥促推織
奔忢公閨**空**　　蒸炎逝室**中** 4330. 8. 7 **東韻**

작은 마루 귀뚜라미 와서
분주히 빈 안방을 다닌다
염치없이 베 짜기 재촉하니
찜통더위 방안에서 물러간다.

滌粉塵 분진을 씻다

出瑞粉塵滌　　刻傾機內睡
乘雲俯曲藍　　夢裏故鄕眈 4330. 8 覃韻

서울을 벗어나면 분진을 씻느니
구름타고 쪽빛 굽이 굽어 보면
잠깐 기내에서 잠든 사이
꿈속에서 고향을 즐긴다.

失笑 문득 웃음

懷舊淆長短　　彼吾趨豕突
未來只富邪　　何孰笑非斜 4330. 8 麻韻

옛일 돌이켜 잘잘못 뒤섞이고
미래는 단만 거짓 풍성함인가
너도 나도 저돌해 쫒아 가면서
누구를 기울고 그르다 실소하리?

土末觀昏 땅끝에서 석양을 보다

看南多島海　　煌目回東首
觀晼鬲淸璃　　時哉落柏籬 4330. 8. 16 支韻

남쪽을 보면 다도해
저녁을 보면 서해 맑은 유리
눈부셔 동으로 머리 돌리면
좋은 때 동백 지는 울타리.

斜世 기운 세상

闊葉新秌落　　老翁休髮白
晩雕齋節**松**　　季少黑頭**庸** 4330. 9. 4 冬韻

활엽은 가을에 지고 새로운데
추운 계절 솔은 늦게 드러난다
늙은이는 머리카락 새면 쉬고
젊은이는 머리털 검을 때 쓴다.

地下步道行 지하보도로 다니며

鏡三過穴道　　擧世爲常事
地上路多**支**　　此行未及**時** 4330季 支韻

굴길 세 곳 경과 거울삼는데
땅위로는 길의 갈래가 많다
세상 모두 보통 일이라 하나
이리 다녀도 미치지 못할 때.

競促織 베 짜기 재촉

松林煙疊疊　　陛下忘曉蟋
丘越哀鳩**聲**　　多聲促織**爭** 4330. 9 庚韻

솔숲에는 안개 겹겹이 일고
언덕 넘어 비둘기 소리 구슬퍼
섬돌 아래 새벽 귀뚜라미 잊었는데
여러 곳 베 짜기 다투어 재촉해.

洋畫一見 서양화 일견

東巠南畫賞　　北壁洋圖看
餘白倍加潑　　滿方揮美僾 4330. 9 僾韻

동양에 전하는 남종화 감상하면
여백이 곱으로 넓고 그윽한데
북벽 서양화를 감상해 보면
사방 가득 곱게 채워 휘둘렀다.

過洛東江 락동강 지나며

洛濁雲潛杳　　城民何似類
靑山霧發絹　　千歲位高先 4330. 9 先韻

락동강 흐려 구름 어둡에 잠기고
푸른 산에 안개는 비단같이 핀다
성안 백성은 무엇과 닮았던가
천년 세월 선인의 고귀한 위상.

淸天 맑은 하늘

淸天何不濜　　胸積多難事
太廣一橆言　　梢知始擠援 4330.10. 2 元韻

맑은 하늘은 어찌 다하지 않는가
크고 넓어 한결같아 말이 없느니
가슴에 쌓인 어려운 일이 많지만
조금 알아 밀고 당기기를 시작한다.

大邱教育 대구 교육

藉雲仙內境　　方別離斯世
下界夢中留　　人間苦海求 4330.10. 2 尤韻

구름 펼친 신선 경계 안에서
아래 세상 꿈속에 머문다
방금 떠나온 속세는
인간이 추구하는 고해.

民俗邨 민속촌

錦鯉雲中泳　　樓屛烌色止
微風柳杪搖　　木彩影尤雕 4330.10. 5 蕭韻

금 잉어 구름 속을 헤엄치고
미풍은 버들가지를 흔든다
둘린 다락에 머문 가을 빛
더욱 아로새긴 채색 나무 그림자.

觀 살펴봄

開眼非瞳見　　晩烌觀滌目
省盲示不纛　　羣夗未知模 4330. 10 虞韻

눈을 떠도 눈동자로 볼 수 없으면
청맹으로 살펴보지 않을 수 없어
늦가을을 눈 씻고 살펴보느니
떼죽음의 문체를 알지 못한다.

雨剃秌色 비오기 전 가을빛

雨剃秌色豔　　每木行千里
收後野虛閒　　季中反一丹 4330. 10 刪韻

비오기 전의 고운 가을빛이더니
추수 뒤 들녘은 한가로이 비고
매양 목요일에 천릿길을 가나
년중 유일하게 단풍길 돌아온다.

送舊迎新 丁丑歲暮際 송구영신 정축년 세모

送別離丁丑　　全燒相體面
以今[illegible]切眞　　跬步始迎新 4330. 12. 26 眞韻

떠나는 정축년 보내며
지금껏 진실된 切磋절차 없어
서로 체면은 다 불사르고
한 발짝 한 걸음 새해 맞아 시작.

降霎秌風嶺 其一 눈내리는 추풍령 기1

暫積飄零霎　　地天驚摠白
俄晴[illegible]不雩　　散鳥落飛荂 4331. 1. 8 麻韻

잠시 나부끼며 내린 눈 쌓이니
잠깐 개이자 꽃 아닌 것 없네
지천이 모두 흰빛에 놀라
새떼 흩어지자 꽃 날며 진다.

降霻秌風嶺 其二 눈내리는 추풍령 기2

出門閒散霻　　單路千分故
越嶺百峯嶆　　盈天脫俗交 4331. 1. 8 豪韻

집 나설 때 한가로이 눈발 날더니
추풍령 넘자 온 봉우리를 덮어
외길의 천 갈래 연고가
하늘 가득 교차하는 탈속으로.

淸話弦月 조각달과 청화하며

纁舁澗淸話　　扃峯弦月殁
四更過獨覘　　谷水客心淹 4331. 3 鹽韻

분홍빛 산골물과 청화하며
새벽에 홀로 엿보며 지나면
서봉에 조각달은 없어지고
골물에 적셔오는 객수.

山俗都心 國金際 산촌 풍속 국제 금융 때

山拄煩來俗　　濁淸非外物
都心靜意仙　　貪利是邪言 4331. 3 先韻

산촌에 전래한 풍속 번거로운데
도심은 신선의 조용한 뜻이라니
흐리거나 맑음이 외물이 아니요
사리 탐욕의 거짓을 옳다 함이다.

釜山行機內 부산행 비행기 안에서

雲上南行體　　一機開講事
雨中北向心　　白日夜夢臨 4331. 3 侵韻

구름 위로 남행하는 몸이요
빗속으론 북향하는 맘
개강하는 한 契機계기의 일이
한낮에 임한 밤 꿈이라.

凡茶 보통 씀바귀

出剃甘嗜喫　　復閫含苓茻
常外未康逵　　悛悛進少知 4331. 3 支韻

출타하기 전 감로 즐겨 들고
늘 밖에서는 강규치 못해서
문지방에 돌아와선 쓴 차를 드니
말없이 조금씩 알아 나간다.

開講 개강

闃頃觀扃海　　日躔連岸照
一空波白雲　　襍廁世人文 4331. 3. 14 文韻

끝없는 서해를 바라보니
한 공중에 흰 구름 물결
해는 길가며 연안 비추고
뒤섞여 무늬 진 세상 사람들.

過炑風嶺 爲孤靍, 光州行 추풍령 지나며 고설을 위함, 광주행

濛雨霎昏氣　　　一生霦斷苦
先愚自不停　　　百載逐蛾瑩 4331. 3. 29 青韻

는개비 황혼에 개었는데
우둔한 선두 스스로 멈추지 못하고
일생의 고난 단절할 수 없어
백년을 밝음 쫓는 부나비로.

晩丁 늦은 민들레

已晩萅雩落　　　處炎炑收節
地丁畔野徘　　　萎皋實先回 4331秊 회운

이미 늦어 봄꽃 지는데
민들레 들 둑에 어슷거려
더위 물러가면 추수하는 철
일찍 이울고 먼저 돌아오는 열매.

愛讎以直 원수도 사랑하고 바로잡아 주어라

人子言讎愛　　　孔丘怨以直
信吾救援誰　　　入孝出忠師 4331秊 支韻

그리스도는 원수도 사랑하라 하시며
나를 믿으면 누구나 구원되리라
공자는 원한을 바로잡아라 하시며
들면 효도 나면 충성을 가르치셨네.

綠留 權恩敬 題號 초록에 머물다

綠息爲雲霧　　人間𡈽裏理
吹風作命流　　溫故智恒留 4331季 尤韻

초록이 숨 쉬어 운무를 만들고
바람이 불어 천명을 흐르게 하네
인한은 결(風流) 속에 살되
옛 익히며 恒産항산 남기는 지혜.

尙蕚 盧大錫 題號 꽃 숭상

冬萅長外蔽　　烌晩尙蕚殼
㝁暑實同化　　縮倉業鍊磨 4331. 8 麻韻

겨울 봄 오래 걸을 덮씌우고
여름 더위에 동화한 열매
늦가을에 껍질의 꽃을 숭상
곳집에 줄여 련마하는 업.

夕食一座 저녁 한 자리

幾人同碩學　　𩆟韻長時坐
世俗應譏諛　　有餘賞一圖 4332. 2. 26 虞韻

몇 사람 석학과 동석하여
세속적인 비방 아첨에 응답
운치 없이 오랜 시간 앉아
여유롭게 한 그림 감상한다.

躑躅萼節 진달래 계절

瓶萼三日樂　　　陛下滋梅馥
一典衆生燈　　　鵑蕚解地凝 4332. 3 蒸韻

병 꽃은 삼일을 즐기고
한 경전 중생의 등불
섬돌 아래 매화 향기 번지고
두견화는 엉긴 땅을 녹인다.

砌上耳習 섬돌 위 귀에 익은

堂中高朗誦　　　溷氣霑多露
砌上累心肝　　　曇長不水漫 4331. 4 韲雲

방안에선 랑송하는 소리 높고
섬돌 위엔 심간을 해치느니
상쾌한 기운 많은 이슬 젖는데
오래 흐리면 물이 넓지 않으리.

晩業不感萅 늦은 수업에 봄을 몰라

晩業罧餘暇　　　家門韝出仰
旣浚不感萅　　　己落俯裸身 4331. 4 眞韻

수업이 늦어 여가가 없으니
기왕 깊은 봄도 느끼지 못하고
집 문에 아침 나서자 맞는
이미 지우고 구부린 나신.

訪雩開黎硎 여명에 화개골 방문

眺望雩開曉　　山櫻斑處處
鄰紅擲擲嵎　　綠柳幕衢衢 4331. 4. 19 虞韻

화개골 새벽을 바라보다
이웃에 고은 山모롱이 진달래
山 벗찌꽂 곳곳에 섞이고
푸른 갯버들 거리마다 장막.

美國地丁遺盛 미국 민들레 유감

駕洛中人洞　　國航變滑丞
吾雩褋地丁　　侵入滿洋停 4331. 4. 26 青韻

가락국 사람 동네 속
우리 꽃 민들레에 섞여
국제선 항공 활주로 변하자
침입한 서양 꽃 가득 정치해.

本末顚倒 본말이 뒤집힘

味至爔爔毒　　國金危阍事
精行儉德宜　　奢靡漸忘誰 4331. 5. 11 支韻

맛이 지극히 차고 독은 없어
정행검덕하기에 마땅하니
국제금융시기 만사 위태로우나
지나친 사치 점차 다 잊으리라.

眉月祥雲 상운에 조각달

眉月卥峯掛　　東邨[illegible]代電
祥雲下水藝　　北里返還車 4331. 5 麻韻

조각달 서쪽에 걸리고
상운은 물 아래 화려해
동촌엔 전등을 대신한 안개
북리로 돌아가는 자동차.

乾谿晩雨 마른 내에 늦은 비

晩雨來乾谿　　日剃濡水道
倒生百草新　　今夕收千信 4331季 眞韻

늦은 비 마른 내에 오시니
도생하는 온갖 신선한 풀
하루 전에 수도수로 적셨는데
오늘 저녁 천 가지 소식 거둔다.

嘉泉醫大觀覽 가천의과대학 관람

右白卥麻尼　　南航翔眺遠
左靑東檢橋　　北象吉祥腰 4331. 5. 10 蕭韻

우 백호로 마니산 서쪽
좌 청룡으로 동쪽 검교라
남쪽 멀리 항공기 비상을 조망
북은 코끼리 허리가 길상이라.

滿林浮沙 숲 가득한 부사(황사)

萅水洙林滿　　　雨晴時軌轉
黃砂蔽屬山　　　自處作人顔 4331. 5. 14 刪韻

봄물 물가 숲에 가득한
황사 만 山을 덮었는데
비개이자 구르는 법규 시절
인간 지은 안목으로 자처해.

夕睡眼雩 저녁졸음에 흐린 눈

夕迎濃 睡汨　　　木覓遮汚氣
昏懜起眳捼　　　房中列襍多 4331. 6 歌韻

저녁이 되니 깊이 빠진 졸음에
혼몽하여 눈두덩 비비며 일어나니
목멱산은 오염 공기에 가렸고
방안은 잡다하게 흩어 있다.

擧世旱水災難 온통 물 가뭄 재난

天界爨爲太　　　雨量多不滿
地緣有作人　　　旱魃小誹神 4331. 7 眞韻

천계는 태초에도 함이 없었으나
땅의 인연은 사람이 만들어 있네
우량이 많아도 가득 차지 않고
가뭄은 작아도 신의 비방 아니다.

追憶 추억

峻嶽方浮月　　下爞孤鳥反
鬲山霧太**陽**　　洞口犢彷**徨** 4331. 7 **陽韻**

가파른 산에 막 달이 뜨자
서산엔 태양과 안개
안개 걷자 외로운 새 돌아가면
동네 어귀 방황하던 송아지.

杏街破寂蟬聲 가로수 쓸쓸함 깨는 매미소리

晝限非存日　　惡人生作後
蟬聲不有**寥**　　賢聖可爲**幺** 4331. 7. 25 **蕭韻**

낮이면 해 없어 한스러워도
매미소리에 쓸쓸하지 않다
악인은 난 뒤에 되나
성현은 어려서 될 수 있다.

結實期 열매 맺힐 때

萅雩憐樹竝　　鞠苦三旬載
欲實折生**枝**　　匹迎父母**離** 4331. 7 **支韻**

봄꽃 이웃과 아우른 나무
결실코자 한데 생가지 끊겨
어렵게 기르기 삼십 년에
부모와 나뉘어 홀로 맞느냐?

二君子 두 군자

蕣蕣開落槿　　獨白三冬霳
暑節十旬容　　秊秊不變峯 4331. 8 冬韻

아침마다 무궁화 피고 지는
여름철 100일의 모습이요
홀로 하얀 삼동의 눈으로
해마다 변치 않는 봉우리.

釜山行機內 부산 가는 비행기 안

美雲非似一　　姆衆多言亂
烌愁老來同　　隆衰拄口中 4331. 9. 19 東韻

아름다운 구름 하나같지 않으나
가을 수심은 늙은이와 함께 온다
녀 스승의 말은 어지럽고 많으나
풍성과 쇠약이 입속에 있느니.

熟烌野光 가을 익은 들빛

遠霧鄰鶯熟　　染荊山雨後
稻田白露經　　濃綠盂烌青 4331. 9 青韻

안개는 멀고 앵숙은 가까이
볏논은 백로절을 지난다
앞산 비 뒤에 물들고
록색 짙은 초가을 푸르름.

屋上古星 옥상에 옛 별

朙月層家上　　夜天如小古
羣星只二三　　是地似城爁 4331. 9. 3 覃韻

밝은 달 층집 위에
별들은 이삼 척 가까이
밤하늘 어릴 적과 같고
이 땅은 불타는 성 같아.

全州行 其二 전주행 기2

稻鶯黃日益　　濃葉剘時色
故里炎烌粤　　山屛次下奢 4331. 9. 20 麻韻

볏논은 꾀꼬리 빛이 날로 더하고
옛 마을에는 가을 꽃(홍시) 붉다
잎은 시절의 빛에 앞서 짙은데
山 병풍 화사하기 차례로 내린다.

歸家 집으로 돌아감

當烌罧蟋樂　　日下家人眾
異國覺鄕愁　　同時散各留 4331. 10. 13 尤韻

가을이 되어도 귀뚜라미 즐김 없어
이국에서 이는 향수를 느끼네
같은 해 아래 집안 식들은
같은 시기에 각기 흩어져 사는가?

交替時 교체할 때

姉妹逢來歲　　遠聲鴻雁到
欲歸傒鳥居　　殘葉落邉渠 4331. 11. 10 魚韻

자매는 이듬해에 만나는데
철새 본디로 돌아가고자
멀리 홍안이 울며 오는데
남은 갈잎은 도랑가에.

三尺降雨 석자 내린 비

降雨週三尺　　盜聽引禍厄
來今有叏初　　晝夜乞求餘 4331. 8. 6 支韻

한 주간에 석 자나 내린 비
유사 이래 지금껏 처음이라
앙화 액운 끌었다 도청하니
밤낮으로 구걸 남아돈다는군.

歸家 귀가

學衆還車上　　庭柯交百樹
惟吾步恒瞻　　梢柏香園霑 4332. 4. 19 鹽韻

배우던 무리 차에 올라 돌아가고
오직 홀로 초승달 보며 걷는데
마당에 얽힌 나뭇가지
동백 새싹의 뜰 적신 향기.

分生 나누며 살기

老巨千秊樹　　萅秌收百穀
病蟲供畀**身**　　萬歲做淫**人**　4332. 4. 19 **眞韻**

늙은 큰 나무 천년 동안
병해충에게 몸을 제공하나
봄가을 백곡을 거두며
만년을 음탕한 사람 만든다.

貞簡詞 (迴文) 정간사

盥獻祠亭畔　　半千剬史顧
茶神妙氣香　　如昨久宣**揚**　4332. 5. 2 **陽韻**

한재다정 손 씻고 茶 올리니
茶의 신기로운 향과 오묘한 기운
오백년 전 역사를 돌아보니
어제이듯 오랜 선양이라.

觀木覓山 목멱산 바라보니

山下滿煤煙　　帶中私害被
閑天蔽雨**沙**　　末世流靡**挐**　4332. 5. 5 **麻韻**

산 아래는 매연이 가득하고
하늘을 가려 황사가 덮었는데
산 중턱은 사욕의 피해 둘려
말세는 붙들 수 없이 흐르는가?

野合粵繼百日紅 자귀꽃 이어 백일홍

夜合荊衰盡　　晡時庭樹下
邨盈百日紅　　已長鵲兒充 4332. 5 東韻

자귀나무 꽃 쇠진에 앞서
마을엔 백일홍이 가득
저물기 전 정원수 아래
벌써 자란 까치 새끼 가득.

靡知壽命 알 수 없는 목숨

盡壽靡知命　　毁人先富賢
短生有顯儒　　茶道悟來蘇 3.2 6. 1 虞韻

목숨 다해도 하늘 알 수 없으나
짧게 사는 선비는 드러날 수 있어
사람 허물기에 부귀가 앞서는데
茶 생활 길은 어진 은덕을 깨우쳐.

私僻 치우친 사사로움

家具惟久好　　或者殘私僻
過垢改除新　　終身生蹙嚬 4332. 6. 7 眞韻

가구는 오직 오래기 좋아하나
지나고 때 끼면 새것으로 바꾼다
혹자는 치우친 사사로움 남기고
종신토록 찡그리며 주름져 산다.

便灋正灋 편법 정법

便灋專行者　　守常長順次
一門猶不通　　十二達興隆 4332. 6. 17 東韻

편리한 방법으로 전횡하는 자
한 문에도 오히려 통하지 못하며
떳떳한 길 오래 차례하여
열두 문에 이르면 흥륭하려나.

歸路 돌아가는 길

百壑祥雲起　　曇天穿薄照
四方前後遮　　洛水映奢奢 4332. 6. 18 麻韻

온 골짜기에 상서로운 구름 일어
사방 전후좌우를 가린다
흐린 하늘 뚫는 여린 빛이
락동강 강물에 화사하게 어린다.

湖畔樹卑菩蕮 호반의 나무와 잡초

密林湖畔樹　　痒序糴冠雀
菩杏立三千　　水盈盛衆鱣 4332. 6. 18 先韻

밀림과 호반의 나무와
잡초 은행 삼천년 서있는데
학교엔 관작도 없고
물은 가득하고 학당들 성하다.

悠久太始 태시와 유구한 강물

太始江悠久　　産山持旣不
如流歸適時　　以學望賢卑 4332. 6. 25 支韻

태시부터 유구한 강물
흐르듯이 적시에 돌아가리니
산물 이미 갖거나 말거나
배움으로써 어질고 낮고를 바라랴?

何古 李선영 題號 옛일을 어찌해

自古山存續　　已留麤垢積
終生問曷遺　　其外有何知 4332. 6. 25 支韻

예부터 존속하는 山에
평생 무얼 남기랴 물으면
이미 속진을 쌓아 남겼으니
그 밖에 무엇 알 수 있으리.

丹家魚肆 단청집 생선가게

丹家中臭腐　　貪臟盈唯竊
錦著肆魚鮏　　頭偏滿外冥 4332. 7. 11 庚韻

단청집 썩은 냄새 속에
비단옷 입은 생선가게
오장이 탐하니 훔쳐 채워
치우친 머리 외물로 가득 어두워.

好泉 좋은 샘

好泉人似水　　遠望皆眼入
近嶽者如**山**　　側看終肢**艱** 4332. 7. 13 **刪**韻

좋은 샘의 물 같은 사람
큰 山 가까워 山 같은 사람
멀리 바라보면 다 눈에 드나
곁에서 보면 끝내 사지도 어려워.

觀天下 천하를 보다

佛督觀天下　　賢男慮世上
牧長古聖**占**　　凡婦丈夫**鉗** 4332. 7. 20 **鹽**韻

불교 예수교는 천하를 관조한데
목사 장로는 옛 성인으로 점친다
어진 사내는 세상을 생각하는데
지어미는 대장부에 물려 산다.

北嶽問南山 삼각산 남산 사이

北嶽南山問　　事任多不計
何時我側**離**　　剃輩似言**出** 4332. 7. 28 **支**韻

삼각산이 남산에게 묻기를
어느 때 내 곁에서 떠날까?
맡은 일 셀 수 없이 많다고
앞 무리도 떠나며 같은 말을.

太宗臺 부산 태종대에서

萱蒚雩斑壁　　曇天摟碧海
崖林埽霧雲　　波到扣巖棼 4332. 7 文韻

원추리 꽃 벽에 무늬지고
벼랑 숲 안개 구름이 쓴다
흐린 하늘을 푸른 바다가 이끌고
물결 이르러 바위를 어지러이 친다.

日月畀微雲 일월과 미운

日月虛時美　　飆搖簫老樹
微雲電照兇　　上屋濕恩濃 4332. 8. 6 冬韻

해와 달 없는 때 아름다운데
엷은 구름과 흉물스런 전조등
바람에 흔들리는 나무 퉁소소리
높은 집에 젖는 깊은 생각.

機內 其一 비행기 안에서 기1

翏視灰雲貌　　斜光波起海
盻看裙袂仙　　島下又靑天 4332. 8. 19 先韻

높이 날며 뵈는 잿빛 구름
내리며 보니 선녀의 옷깃
빛 비끼니 바다에 이는 파도
섬 그림자는 다시 푸른 하늘.

機內 其二 비행기 안에서 기2

地上遲遲水　　瞚過熌露疊
空中雯發僊　　冠嶽峻峯前 4332. 8. 19 先韻

땅위엔 물이 느릿느릿 흐르고
공중엔 선인의 구름무늬 핀다
한 순간에 안개구름 쌓여 지나고
관악산 가파른 봉우리 앞에.

夕照一鷺 석양빛에 한 마리 백로

夕照畐山越　　虛空星漸加
奔歸棲鷺孤　　陋巷眩然圖 4332 .9. 2 虞韻

저녁빛은 서산을 넘는데
바삐 돌아가는 외로운 백로
빈 하늘에 별이 점차 느는데
시가지 그림이 어른거린다.

割霧烌風嶺 안개 가르는 추풍령

畐雲東霧割　　山水恒迎我
嶺南景南行　　番番惜旅程 4332. 9. 5 庚韻

서쪽 구름 안개 가르는 동쪽
추풍령 넘는 남행길 경광
산과 물 나를 항상 맞는데
번번이 여정은 애석해.

通雲下視 구름을 통해 내려다보니

薄雲通下視　　近接江洲口
點點海浮山　　人間造亂斑 4332. 9. 9 刪韻

엷은 구름을 뚫고 내려보니
바다에 뜬 산이요
강어귀 섬들에 근접하니
사람이 만든 얼룩은 어지러워.

中秌 한가을

晴林淸滆滌　　鶯熟黃金野
濜綠發秌咢　　蒼空割復鴉 4332. 9. 9 麻韻

갠 숲 물 뿌려 씻은 듯 맑고
진초록에 가을꽃(익은 감) 피었다
꾀꼬리 빛으로 익은 황금 들
창공을 까마귀 가르며 돌아간다.

秌色谷谷 골마다 가을 빛

谷谷松濃藍　　高天霖一向
峯峯染樹紅　　貯水有斑鴻 4332. 9 東韻

골짜기마다 짙게 물든 솔
봉우리마다 붉게 물든 수림
높은 하늘 맘 쏠릴 한 곳 없고
저수지엔 백조가 무늬 지어 있다.

民俗邨 민속촌

錦鯉游雲裏　　彩屛停豔峻
微風弄柳**戲**　　染木影尤**熙** 4332. 10. 5 **支韻**

금잉어는 구름 속에 노닐고
미풍은 버들을 희롱한다
채색 병풍 높이 머물러 곱고
물든 나무 더욱 빛나는 그림자.

烌越烌風嶺 가을에 넘는 추풍령

葡園楓始落　　澗水青天滿
溢野色兒**鶊**　　囿山加綠**晶** 4332. 9. 16 **庚韻**

포도밭 단풍이 물들기 시작
넘치는 들은 꾀꼬리 새끼 빛
산골 물에 가득한 푸른 하늘
둘린 산 밝은 초록을 더해.

烌色 가을 빛

澤裏徑烌色　　雲中哀永別
柳枝把袂汀　　水上濃空**青** 4332. 10. 5 **青韻**

못 속에 가을 물든 지름길
버들가지 물가에 소매를 잡아
구름 속엔 긴 이별을 슬퍼하고
물 위엔 푸른 하늘이 짙다.

千山不變十載 천 산 변함없는 십 년

厚霧千山蔽　　已過量十載
烌幾百野黃　　修業弱微光 4332. 10. 7 陽韻

두터운 안개 덮인 천 山과
가을 기미 황금의 온 들
이미 지난 십 년을 헤아리니
수업은 가는 빛조차 약해.

三秒憤 삼 초의 분냄

不忍三秒憤　　自矜佗害者
交呼百日憂　　敵地子孫投 4332. 10. 20 尤韻

삼 초의 분노를 참지 못해
백일의 근심과 바꾸느니
남에게 해되는 자긍심은
적지에 자손을 던지는 것.

霞彩躔 노을 무늬 진 궤도

山越躔霞彩　　東浮扃洄溺
海歸燦曉天　　宇宙味僊僊 4332. 11. 11. 先韻

山 넘어 노을 무늬 진 해 길
바다에 돌아와 찬연히 타는 하늘
동에서 떠 서로 빠져 잠기는
우주의 선선한 조화여!

日光糧積 햇빛이 쌓인 량식

葉下其量積　　已淩炑一徑
時藍日濃天　　緩步耈踐季 4332. 11. 21 先韻

나뭇잎 아래 쌓이는 분량
쪽빛 시절 날로 하늘 짙건만
이미 가을 한 지름길에
남은 해 느긋이 걷는 늙은이.

穉穉潭潭 자잘하고 담담함

小人交穉穉　　圃菜家人食
君子對潭潭　　山林海養譚 4332. 11. 22 覃韻

소인은 자잘하게 사귀고
군자는 담담하게 사귄다
채마밭 소채는 식구가 먹고
산림은 바다 깊숙이 기른다.

亡虛送 헛되이 보냄을 잊고

寸刻亡虛送　　賦天均等機
日生不用來　　成否爾閒培 4332. 12. 7 灰韻

촌음 일각이라 허송하며 잊으면
하루의 삶이 와도 쓰지 않느니
하늘은 균등하게 기회를 내리나
성패는 너희들의 북돋는 기간.

千山蔽霻 室人霻景畫題 눈에 덮인 千 山 아내 설경 화제

厚霧千山蔽　　三㞢時怠忽
元亨本美存　　一季顧緣坤 4332. 12. 11 元韻

눈 두터이 千 山을 덮어도
원형리정(춘하추동)의 근본 고운 존재
삼생이 홀연 위태로울 때
한 끝 건곤의 연고를 돌아본다.

秌風嶺 추풍령

薄霻山邨覆　　裸地開雩滿
微雲上下盈　　衰老益詩情 4332. 12. 16 庚韻

엷은 눈 산촌을 덮고
엷은 구름은 위아래에 가득
벗은 가지에 꽃 가득 피어
쇠약한 늙은이 시정을 돋운다.

秌風嶺冬霻 겨울 눈의 추풍령

碧彫秌風嶺　　齌天淸氣上
紅楓已悽愴　　視嶽一應翔 4332. 12. 16 陽韻

푸르름 드러난 추풍령
붉은 단풍 이미 처창한데
추운 하늘로 맑은 기운 오르고
산악을 보니 한 마리 새 날아 응한다.

牽虛 허무를 끈다

慾界牽終末　　四肢妝極禍
仁人導衆生　　頭惱洗虛亨 4333. 1. 27 庚韻

속계의 욕심은 종말을 당기고
어진 사람은 중생을 이끈다
사지를 지나치게 꾸민 재화
두뇌와 형통을 비워 씻자.

暾暾下步 해돋이에 내리걷기

暾暾味出屋　　未足單軀倚
乘步至蝸堂　　平常衆婦當 4333. 1. 27 陽韻

해돋이에 집 나니 화창하여
걸어 올라 달팽이집에 이른다
넉넉지 못한 한 몸에 의지하는
평상의 부인들을 대한다.

悠然嫉視 유연과 질시

學問攸然谷　　已今端次世
財名嫉視峯　　前後孰經從 4333. 1. 28 冬韻

학문은 유연한 골짜기요
재물 명예는 질시의 봉우리
과거 현재는 다음 세대의 단서
앞뒤를 누구 좇아 지나리요.

自飽教孫 손자 가르치는 스스로의 포식

愚人爲彊倣　　　慾者增財聚
令子孫傳敎　　　賢㗊學自抛 4333. 1. 31 肴韻

어리석은 사람은 강자를 모방케 하고
령민한 사람은 자손에게 전통을 가르친다
욕심자는 재물을 모아 불리고
현명한 자 자신을 버리면서 배운다.

此生來世 이승 저승

此生全不驗　　　競口傳天主
來世神巫論　　　子孫何脫渾 4333. 2. 8 元韻

이승을 다 경험치 못하면
저승의 신일랑 무술로 밝히지 말라
입으로 겨루며 천주를 전하면
자손은 어찌 혼탁을 벗으리.

一身三世 한 몸으로 삼세를

一身非盡歷　　　鐸說迷宮導
三世異端言　　　昏懵傷魄魂 4333. 2. 8 元韻

한 몸의 경력을 다하지 아니하면
삼세를 이단으로 말하게 한다
목탁과 설교는 미궁으로 인도
혼몽하여 혼백을 상한다.

僞賢爲諂 거짓 귀인이 거짓을 만든자

僞賢爲諂策　　仁人當儻忍
非常作省生　　慈者止知**成** 4333. 2. 11 **庚韻**

거짓 귀인이 거짓 책동으로 만들고
비 상도로 삶을 줄여 만들면
어진 이는 참기에 빼어나고
어진 이는 成均을 앎에 그쳐.

巴蜀下里 사천성의 하인

下里巴人輩　　二千季洹識
王鄕士類**欺**　　稱僕國基**虧** 4333. 2. 13 **支韻**

하리의 파인 무리와
서울의 속임 사류는
2천 년을 편식에 빠져
노복을 부르다 국기를 헐어.

仁人否人 어진 이 어질지 못한 이

鳶飛魚躍命　　天道仁人合
夫婦性流**源**　　作爲不入**垣** 4333. 2. 15 **元韻**

소리개 날고 물고기 뛰는 명
부부는 근원에서 흐르는 성품
천도는 사람이 갖춘 어짊
지어 만듦은 담을 들지 못해.

不同心 함께하지 않는 맘

心不同如面　　夙時皆各各
欲驎異産**機**　　臨逝一遲**遲** 4333. 2. 16 **微韻**

마음 달리 면목만 같이 하면
욕심 없어도 생산 기회 달리하고
서거는 다 각각이나
사거에 임해 한결로 지지부진.

意志相生 의지와 상생

迎人尊以智　　不可吾尋問
自我實相生　　驎偏博學**成** 4333. 2. 17 **庚韻**

남을 상대 지혜롭게 높이면
스스로 상생을 채우고
나를 찾아 물을 수 없으면
널리 배워 이름에 기울지 않는다.

蒴夕計量 조석으로 계량함

計量何女重　　麋尾爲驎壽
蒴夕室人**焦**　　加匙此彼**徵** 4333. 2. 19 **蕭韻**

女人이 신중히 무얼 계량할까
조석으로 焦燥초조한 실인
노루꼬리만큼 될까 말까
한 술 더 뜨며 그에게 구하는 나.

相告霽斐 서로 고하는 아름다운 눈

子智遲長轡　　引繩時不測
纍經黼妄恖　　徘限自知持 4333. 2. 20 支韻

자식 지혜는 긴 고삐를 늦추리니
겪지 않고 망녕된 생각을 말게 하라
노를 끄을 때에 예측하지 못해
한계 안 배회하며 스스로 잡으리니.

放畜代入理化 놓아 기르고 리화를 대입하라

放豚驅入苙　　道佛經儒合
再逐內蠅招　　何論楊墨料 4333. 2. 22 蕭韻

돼지를 놓아 주고 짐승떼 들였다가
다시 쫓고 파리떼를 부르는가
도교 불교 경전을 유학과 합하면
양주 묵자가 무엇을 론박하리요.

天命地緣 천명과 지연

養性傷天命　　心中何自蓄
然生保地緣　　未動不留平 4333. 2. 29 先韻

성품 기르다 천명을 상하면
그러한 삶 지연으로 보수하나
심중을 어찌 스스로 기르리오
활동치 않으면 평화란 머물지 않는 것.

烌風嶺 추풍령

南向峯殘䨮　　東郵雲霧漸
北看密柏松　　扃落夕斜濃 4333. 3. 2 冬韻

남쪽을 향하면 눈 쌓인 봉우리
북쪽을 보면 솔 잣나무 밀림
동쪽 마을은 점차 구름안개
서쪽 부락은 짙은 저녁놀.

鳥子歸處 새 새끼 돌아가는 곳

候鳥知歸處　　此橆天若抂
子中如載雲　　時或引風羣 4333. 3. 2 文韻

철새는 돌아갈 곳을 아는데
자식 중에는 구름에 실려 간 듯
이곳엔 없으나 하늘에 있는 듯
때로 혹 바람으로 이끄는 너.

驚蟄 경칩일

婦妾傳來道　　蟄驚冰解日
諛夫現抂人　　多發黨同萅 4333. 3. 5 眞韻

처첩은 전래의 도리였으나
현대인은 남편에게 아첨해
벌레 놀라는 얼음 풀리는 날
한 봄에 많은 黨당 출발이라.

君父子親 군군 부부 자자 친친

君君閒遠遠　　子子騰騰利
父父溺癡癡　　親親踏踏私 4333. 3. 22 支韻

임금답게 멀리 멀리 사이하고
아비답게 치치에 빠지며
자식답게 등등한 리득
어버이답기 답답한 사사로움.

雩散下我 꽃 흩어지면 나를 낮추라

頃刻雩霏散　　四時咊下我
飛山話捲扃　　竟覺化生程 4333. 3. 23 庚韻

경각에 꽃은 이어 흩어지고
산에 날려 문빗장 두들기는 말
사시에 나를 낮추고 화합하면
끝내 변화 상생 길을 깨달으리.

吹風微動 바람에 나부낌

吹風枝葉拂　　否苦生便道
微動幹根堅　　單奢恥遠秊 4333. 3. 27 先韻

바람에 불린 가지 잎 떨며
미동하는 줄기 뿌리 굳는다
고통 거부하고 편리한 길 살면
오직 사치의 먼 날이 부끄러워.

橆繁殖不責 번식 않는다 꾸짖지 말라

柏下橆蕃殖　　屋層增廣廈
大人不責微　　諛拙日霏霏 4333. 4. 2 微韻

잣나무 아래서는 번식할 수 없어
대인은 작은이를 꾸짖지 않는다
고층에 더욱 넓고 큰 아파트를
졸렬하게 아첨하며 날로 모여든다.

偉大蓂 위대한 풀

上谷橆名蓂　　自然終始久
冬長夓短生　　偉命養根營 4333. 4. 4 庚韻

골짜기 위에 이름 없는 풀은
겨울 여름에 자라는 짧은 생이
자연계에 오래도록 시종하며
위대한 생명 근원 경영해 기른다.

老樹浚根 늙은 나무의 깊은 뿌리

老巨千秊樹　　籍書教七載
浚根大旱雩　　不變播乾沙 4333. 4. 7 麻韻

늙고 큰 천년 나이 나무는
뿌리 깊어 큰 가뭄에 꽃피는데
전적 경서 7년을 가르쳤으나
마른 모래 파종이듯 변함없다.

旬盛咢 열흘 성한 꽃

裸咢旬盛落　　位始終穧實
虫葉裏長紅　　學先每事中 4333. 4. 12 東韻

나지에 꽃 열흘 피었다 지고
돋은 잎 속엔 오래 고운 열매
시종 열매 없이 자리하여
먼저 배우고 일마다 中에 자리해.

戌時亥時 술시 해시(오후7시~11시)

天安疲戌發　　千闔流燈後
瑞蔚亥時初　　殘季似視余 4333. 4. 12 魚韻

천안으로 출발하는 피로한 술시
해시 초에 서울로 -돌아가는 길
천만의 등불이 뒤로 흐르는
남은 해의 나를 보는 듯.

擇一再考 다시 생각해 택일함

擇一相憎黨　　記票前再考
當韓未浚心　　落點了私臨 4333. 4. 13 侵韻

상대 당 싫어하며 택일하랴
아침까지 결심을 아니 하랴
기표하기 전에 다시 생각하랴
락점은 사사로이 임해 마칠.

遮霧一過 가린 안개를 한동안 지나다

南山遮薄霧　　葉色加生氣
霎雨一過間　　微風樹末攀 4333. 4. 21 刪韻

남산을 엷은 안개 가렸는데
비구름이 한동안 지나더니
잎 빛깔이 더욱 생기로워
미풍이 나무 끝을 더위잡다.

江擁浮雲 강물에 뜬구름 안겨

浮雲星日月　　江擁橆言劫
俱映抱天流　　單經我地球 4333. 4. 24 尤韻

구름 별 날 달 떠오르면
모두 비춰 안겨 하늘 흐르는
안은 강물 억겁 말이 없는
한 번 지나는 지구의 나.

遞萼 갈마드는 꽃

美麗多萼藎　　埀埀櫻樹下
庭園杕杜冠　　二月恥山丹 4333. 4. 26 麟韻

아름다운 많은 꽃 다 지면
뜰에 핀 팥배 꽃이 으뜸
드리운 벚지나무 아래
이월 山매자 꽃 부끄러워.

烌風嶺 추풍령

里後金筍果　　嶺峯斜反照
山中黑綠松　　邊道笑梧逢 4333. 4 冬韻

마을 뒤 과실나무 싹 황금빛이요
山 속의 소나무는 검푸른 빛이라
령봉엔 석양빛의 반사요
길가엔 오동 꽃 웃으며 만나다.

因山 鄭元宅題號 山으로 연유함

天生因地養　　存在猶超越
羊豕各山家　　陰陽本二椏 4333. 5. 25 麻韻

하늘이 낳으시고 땅이 기름으로
양과 돼지들도 산 집이 각각이다
존재를 초월한 것 같아도
음양의 뿌리는 두 갈래라.

溢煙行霧 넘치는 안개와 가는 안개

溢煙穿至上　　疊疊飛行霧
包藉覆纏雲　　滅明瞬不分 4333. 6. 8 文韻

넘치는 안개 뚫고 위에 이르면
깔고 덮고 안긴 구름 얽혀
겹겹이 안개 날아가니
밝았다 흐렸다 분간할 수 없는 순간.

霧中驀綠 안개 속 초록빛

驀綠皆同色　　薄紗如晝寢
霧中多奇峯　　半夜日光容 4333. 6 冬韻

초록은 다 같은 빛깔로
안개 속 기이한 많은 봉우리
엷은 비단은 한낮의 침실
한밤의 햇빛 모습이라.

夕讀翰資 저녁 독서는 아침 자료

子末新書讀　　丑時皆蓋寢
翢翰豫教資　　來日再生知　4333. 6. 20 支韻

자시 말에 읽는 새 글은
아침 밝으면 교육 자료 예비
축시면 모두 덮고 잠들어
래일을 아는 재생이라.

水影魈家 물에 비친 도깨비 집

煤中流水影　　凊霧溫翢斂
高屋似魈家　　炎天重蔽遮 4333. 6. 20 麻韻

매연 속에 물에 어려 흐르는
고층 집은 도깨비 집 같다
안개 밝고 온화하게 걷도니
염천을 거듭 가려 덮는다.

十字密林 십자가 밀림

自發邉平澤　　紅燈林密密
人爲十字**城**　　沓沓引心**情** 4333. 6. 21 **庚韻**

평택시 변두리 출발부터
사람 만든 십자성이라
붉은 등 빽빽한 숲이
답답한 심정을 이끈다.

屋下步園 집 아래 뜰을 거닐며

巳時層屋下　　鳴雀如妻熟
緩步小園**行**　　啼鴿似樂**聲** 4333. 6. 26 **庚韻**

11시의 층집 아래
작은 동산 느리게 걸어가면
참새 소리가 아내처럼 익숙하고
할미새도 즐거운 소리인 듯 운다.

雨歇江雲 비 개이자 강 구름

雨歇看鋪道　　疾車汚染服
步行爽氣**分**　　憂鬱散江**雲** 4333. 6. 30 **文韻**

비 그친 포도를 보며
걸어가는 기분이 상쾌한데
질주하는 車에 옷을 더럽힌
우울을 강 구름에 흩는다.

行釜山機內 부산행 비행기 안에서

雲上奇山脈　　不休乘大鶴
千峯下谷**幽**　　一日往來**驅** 4332. 7. 8 尤韻

구름 위엔 山줄기 기이하고
천 봉우리 아래 깊은 골짜기
쉬지 않는 큰 학에 올라
하루를 달려갔다 돌아온다.

幽客蘭 먼 손 란초

幽客蘂關獨　　葉稍鄰不意
强柔備一**身**　　乾濕自治**仁** 4333. 7. 9 眞韻

먼 손은 홀로라도 무관하니
강유를 한 몸에 갖춤이라
잎 끝은 이웃 뜻함 없고
건습 스스로 어질게 다스린다.

野客薔薇 들 손 장미

壁籬萎野客　　三月蘂休遞
街路槿初**開**　　坊坊曲曲**咍** 4333. 7. 9 灰韻

벽 울타리에 장미 시들자
길가에 피기 시작하는 무궁화
석 달을 쉬지 않고 갈마들며
방방곡곡에서 웃는다.

韓江朝霧 한강 아침안개

近處津加遠　　每朝行不變
韓江渡大橋　　萬古異同彫 4333. 7. 10 蕭韻

근처의 나루 더욱 먼
한강대교 건너기를
매일 아침 변함없는 길
만고에 같고 다른 조형.

丹家錦著 단청집에 비단 입음

丹家中臭腐　　貪臟盈唯竊
錦著肆魚鮏　　頭片滿外冥 4332. 7. 11 青韻

단청 집 속에 썩은 냄새
비단 입은 가게에 생선 비린내
탐욕스리 오장을 오직 훔쳐 채운
머리조각엔 외제의 어둠만 가득.

颱風消滅 태풍 소멸

數日颱風戒　　弱消黃海上
緊張至是朝　　南道洽田苗 4333. 7. 11 蕭韻

며칠 동안의 태풍 경보에
오늘 아침까지 긴장했는데
황해 상륙으로 약해져 소멸
남도 모낸 논 흡족하리라.

直觀理會 리치로 모이고 직관함

直觀隨自覺　　迥眺收心勉
理會導師中　　一𣋽豁然通 4333. 7. 20 東韻

직관에는 자각이 따르고
리치 모임 스승은 중도로 인도
멀리 조망하고 마음 힘써 거두면
하루아침에 활연한 통달.

虛想生道 허상과 생도

竹林虛想輩　　種斂問人本
棧輦輓相生　　至高天地亨 4333. 7. 20 庚韻

죽림을 헛되이 상상하는 무리야
선반 길 수레를 상생으로 끌며
심고 거두며 인본을 물으면
지극히 높은 천지에 형통하리.

三餐千金 천금의 세 끼 밥

家寘三餐料　　千金雖所有
佗人勿氣求　　蔬食黷空投 4333. 7. 21 尤韻

집에 세 끼 먹을거리를 두고
타인에게 생기를 구하지 말라
천금을 비록 소유했을지라도
소식하며 헛되이 투기하지 말라.

麻浦鐵橋 마포 철교

晡終麻浦鐵　　十四層高屋
夕日丈餘**殘**　　二三倍上**絙** 4333. 7. 21 齊韻

다섯 시의 마포 철교는
저녁 해가 한 길 남짓
14층 고옥 위에선
두세 곱쯤 느즈러진다.

長幼短成 어른 어린이

十秊生地下　　半夜喧囂歇
樹命短期**蟬**　　不長人壽**宣** 4333. 7. 27 先韻

십년을 지하에서 살다
단기간 나무에 목숨 붙인 매미
한밤에 떠들썩 들레다 쉬고
길지 않은 사람 베푸는 목숨.

根幹子孫 근간인 자손

故先爲沃土　　父母生枝幹
祖考養吾**根**　　必然結子**孫** 4333. 7. 29 元韻

옛 선조 옥토를 만드시고
할아버지 내 뿌리 기르셨고
부모는 줄기 가지 내셨으니
반드시 아들 손자 결실하리라.

水 물

氣上形𩃬實　　仁芽㞢起養
下時有濯**枝**　　存扗血流**遺** 4333. 8. 1 **支韻**

오르는 증기 실체 꼴 없으나
내릴 때에 가지를 씻어 주네
어진 싹 일으켜 길러 내는
존재의 고동은 핏줄이라.

韓江 한강

近視摩天閣　　只今便利物
遠看牡蠣**羣**　　半百後何**聞** 4333. 8. 3 **文韻**

근시안에는 마천루각이요
멀리서 보면 굴 조개 무리
지금에 편리한 물건이나
50년 뒤에는 어찌 들으리.

先萼後果 꽃 먼저 뒤에 실과

綠先萼後果　　愛子𩃬知上
祖父系吾**身**　　其孫又似**馴** 4333. 8. 3 **眞韻**

파란 잎 먼저 꽃 뒤에 열매
할아버지 아버지 이은 내 몸
자식 사랑에 위를 잇지 못하고
그 후손 또한 길들어 갈 듯.

頑固學 완고한 학문

學頑頑沓沓　　邈邈兢兢命
宗慓慓濛濛　　慊慊濁濁公 4333. 8. 6 **東韻**

완고한 학문 답답한 완고려니
종교란 날래기 몽몽한 날램
막막한 천명은 전전긍긍인데
불만스런 공익은 흐리기만 해.

仁川六人 인천 여섯 사람

仁川朋六子　　往復三時遠
五載四[illegible]終　　一周二日逢 4333. 8. 9 **東韻**

인천 여섯 딸들의 붕우
5년에 사서를 끝내고
멀리서 왕복하기 3시간
일주일에 이틀을 만난다.

寸刻眺昏 잠깐 황혼을 보다

寸刻黃昏眺　　何時非出暮
千山闔谷忘　　有物尙存祥 4333. 8. 14 **陽韻**

잠깐 황혼을 보노라면
千山과 闔谷을 잊는다
어느 때 저물어 나오지 않아도
만물은 상서롭게 있으리라.

西洋文化 서양문화

低質洋文化　　全纍基本禮
如蛾趨火狂　　聾豔失原鄉 4333. 8 陽韻

질 낮은 서양문화에
불에 미쳐 쫓는 나방같이
본체의 기틀은 전무한데
聾人롱인은 고운 원향을 잃었는가?

敬老席每憾 매양 경로석 서운

體貌將軍像　　占瞑指定席
紫黃散髮身　　父母不敎人 4333. 8. 17 眞韻

체모는 장군의 위상인데
자주 노랑 머리카락 산발한 몸으로
지정석 차지하고 잠자니
부모가 가르치지 못한 사람이군.

欲識修身者 수신자를 알고자 하나

欲識人多集　　察雲言氣象
修身者遇稀　　知節默天幾 4333. 8. 17 微韻

지식인을 알고자 하여 많이 모이나
수신자는 만나기 어렵다
구름을 살피며 기상을 언급하나
절기를 아는 하늘 낌새는 묵묵해.

追遠夜雨時 밤비 내릴 때 먼 조상 기림

如怨如慕祖　　似奴生僕賤
國亡泣吏當　　突富幻生佯 4333. 8. 21 陽韻

조상 원망이듯 그리움이듯
나라 망한 당시의 력사를 운다
비천한 노복이듯 살아서
猝富졸부가 젠체하는 환상이어!

夜江上下 晩始堂往來 밤 강의 위아래 만시당 왕래

渡江光電頃　　地下明登路
迎水仰青天　　空心脫逸鮮 4333. 8. 23 先韻

강 건너며 잠깐의 전등 빛을
강물이 청천 우러러 맞고
지하 길 밝히는 등불
맘 비워 잠깐 깨끗이 탈일하는.

青山谷谷 푸른 산골짜기 남도비행

青山揮筆霧　　波浪推邊岸
谷谷溢埋雲　　九天抱美文 4333. 8. 24 文韻

청산 안개가 일필휘지하는데
골마다 묻힌 구름은 넘치고
안변에 물결은 밀쳐대는데
구천은 고운 무늬를 안는다.

往來麻浦橋 爲誠信受講生 其一 **마포다리 왕래** 성신 수강생 위해 기1

弱母能容廣　　　汚胸兇美物
韓江可抱天　　　誠女洗醜愆 4333. 9. 1 先韻

어미는 약하되 넓게 포용하고
한강은 하늘을 가히 안느니라
오염된 가슴엔 아름다움도 흉해
정성 녀인은 추함도 허물도 씻어.

往來麻浦橋 其二 **마포다리 왕래** 기2

氣壓圓東動　　　北南行鶴鵠
時時蟲豸遷　　　望族送哀憐 4333. 9. 2 先韻

기압은 서쪽에서 동으로 이동하며
때때로 곤충과 짐승을 옮긴다
남북으로 두루미 고니는 다니는데
겨레붙이 바라되 그리움만 보낸다.

往來麻浦橋 其三 **마포다리 왕래** 기3

盡命回歸後　　　季加雲霧障
隱居蕫木生　　　俯仰幸江淸 4333. 9. 4 庚韻

천명 다하여 돌아간 뒤에는
숨은 거처 초목으로 살리라
해마다 더하여 운무의 장애
맑은 강 우러르고 굽어보는 행복.

非自作 스스로 짓지 않고

濁淸非自作　　上滿橆形物
外入寘收容　　下來低順**從** 4333. 9. 4 **先韻**

맑고 흐리고 스스로 짓지 않아
밖에서 들어오면 수용해 둔다
위로 가득하되 물의 형상 없고
아래로 오되 순종하여 낮추다.

讙中 시끄러움 중에

嚼歠詩心裂　　席移羣睡占
亞荊淫樂**聲**　　瘦老恨橆**情** 4333. 9. 4 **庚韻**

放飯流歠방반유철에 찢긴 시심인데
앞자리에선 음탕한 鄭聲衛樂정성위악
자리를 옮기자니 점령해 잠든 무리
수척한 늙은이의 무정한 원한이라.

臥病中 와병 중에

疾病如終歿　　逝恖要寡慾
幾癒似再生　　計後事橆**成** 4333. 9. 6 **庚韻**

질병은 죽음으로 끝날 듯한데
나을 낌새라서 재생할 듯하다
갈 것 생각하면 욕심 줄여 마땅
헤아린 뒤에는 이룰 수 없는 일.

仲秌 한가을에

朙滅如光燭　　上頭晴景觀
樹林濃綠鮮　　透映薄雲玄 4333. 9. 10 先韻

밝다 흐리다 촛불과 같은데
수림의 초록빛은 선명히 짙다
머리 들어 맑은 경치 바라보면
엷은 구름 꿰뚫은 현허라.

岸林棲鳥 언덕 숲에 깃드는 새

宿鳥投林岸　　江風清氣送
桂陽夕照斜　　火樹發金雩 4333. 9. 13 麻韻

잘 새는 언덕 숲에 내리고
계양에는 저녁놀 비낀다
강바람은 맑은 기운 보내는데
불타는 나무엔 금꽃이 핀다.

常綠闊葉 상록수와 활엽수

換衣秌闊樹　　驀木奉巖避
松柏四時青　　綠錢風雨霆 4333. 9. 21 青韻

옷 갈아 입는 활엽수의 가을
솔 잣나무 사시에 푸르러
초목은 바위 피하여 받드는데
바위 옷은 천둥과 비바람에도.

沙場落雁 모래톱에 기러기 내리다

沙場喧落雁　　雲下染衣始
金野竊風經　　仲烌瞻肅庭 4333. 9. 21 青韻

모래톱에 기러기 내리며 소란한데
황금 들녘에는 가을바람이 지난다
구름 아래 綠衣 물들기 시작하고
중추의 숙연한 뜰을 굽어본다.

爲誰 누구를 위하여

蓢餐祈禱會　　殺者囚人作
爲暴力稱神　　邪師上帝身 4333. 9. 25 眞韻

조찬 기도회라니
포력을 신성타 칭찬하는가?
죽을 사람으로 사람이 조작해 가두는
거짓 스승이 하느님의 몸이시라.

日知 黃城彬先生 題號 하루 다르게

千烌繆一世　　出屋蘼知夕
萬里日過來　　飛禽彼意廻 4333. 10. 7 灰韻

천년을 일세에 얽고
만리를 하루에 지나다
집 나서면 저녁 알 수 없는
나르는 새 그 뜻으로 돌아온다.

松下鼎談 솔 아래 정담

松下靉鳴鳥　　客風經驟雨
沼瀕影鷺停　　鼎話喫茶庭 4333. 10. 8 青韻

솔 아래 이름 모를 새
늪가엔 백로 머문 그림자
객풍에 소나기 지나고
茶 마시는 뜰의 정담.

歸於庭松松下 뜰 솔에서 솔 아래로

出屋知當夕　　悲鳴禽獸厺
萬程日往來　　庭別下松廻 4333. 10 灰韻

집 나서면 마땅히 저녁을 알아
만리 도정을 하루에 다녀오는데
슬피 울며 금수는 떠난다 하고
뜰을 떠나 솔 아래 돌아간다는.

一點松頭鶴 한 점 솔 끝 학

松末姿孤鶴　　遞番時歲眺
白屛點裏青　　流水一機汀 4333. 10. 10 青韻

솔 끝에 외로운 학의 모습
흰 병풍 푸른 속의 점으로
갈마드는 세월을 보느니
물 흐르는 물가의 한 순간.

閃容 金炫廷 題號 섬광의 포용

閃躲燈消滅　　透愁千里往
萎先樹葉濃　　剃沮十人容 4333. 10. 10 冬韻

번쩍이며 쏘던 등불 꺼지는데
시들기 전 나뭇잎은 짙다
객수 뚫고 천리를 가니
앞을 가로막는 열 사람 얼굴.

秀菊節 국화 수려한 절기

盛菊峯高染　　晡時純熟待
汀濆落雁叢　　墜葉轉松風 4333. 10. 13 東韻

국화 한창 높이 물드는 봉우리
물가 갈대숲에 내리는 기러기
오후 네 시 순숙 기다리는데
잎 지고 솔바람 구르는 소리.

雨後 비 그친 뒤에

雨滌山川道　　日剃多難事
風淸穢氣空　　今後始疏通 4333. 10. 19 東韻

비 지나니 산천이 씻기고
바람은 더러운 공기 맑혀
어제 많고 어려운 일이
오늘 이후 류통이 되리라.

單生 한 번의 삶

一落難重復　　菊苓同祖上
庭柯換著斑　　咢實異相關 4333. 10. 22 刪韻

한 번 지면 다시 오르기 어려운
뜰 나뭇가지 얼룩 옷 갈아입다
국화 도꼬마리 조상과 같고
꽃과 열매는 상관이 다르다.

趨性 쫓는 성질

篆隷楷行草　　番譌私脫劃
模形習做書　　趨傳稺羣魚 4333. 10. 22 魚韻

전서 례서 해서 행서 초서
꼴만 본떠 모방해 쓰기 익히고
번번한 오류 사사로운 획 빠뜨리기
추성 전하는 어린 물고기 떼.

多事短生 할일 많고 생은 짧아

恖慮重回顧　　日來滚算計
經過履歷尤　　多事短生憂 4333. 11. 1 尤韻

깊은 생각으로 회고를 거듭하니
지난 과거가 어리석은 발자취리라
요즘을 헤아려 보기 깊이 하니
일은 많은데 짧은 생애가 근심.

晩日 저문 해

晩日燒燃炎　　頃過闓晻昧
韓江美美濃　　冒雨學僚逢 4333. 11. 1 冬韻

늦은 해 타는 듯이 붉고
한강은 짙게 곱기도 하다
잠시 지나니 저녁 어스름
비 무릅쓰고 온 학료를 만났네.

秌風嶺 추풍령

百餘過此嶺　　番番瞑醒路
未踏每經風　　今時初面峯 4333. 11. 4 東韻

백여 차례 이 재를 지나며
밟지도 않고 늘 바람을 겪는다
번번이 자다 깨다 하는 길
지금에 초면하는 봉우리.

染峯 물든 봉우리

萬壑千峯染　　何時青綠節
皆晴下一紅　　未幾白衣蒙 4333. 11. 4 東韻

만 골 천 봉우리가 물들어
갠 아래는 다 한결 곱다
어느 때 청록의 시절이던가
오래지 않아 흰 옷 덮으리라.

上月淸䀛 맑고 밝은 시월

上月淸䀛極　　僭鮮姸旣望
雲間瞬昨憐　　止入目空縣 4333. 11. 11 先韻

시월은 청명하기 그지없고
구름 사이 어제 곱던 달이 잠깐
선연함 빌린 열엿새 어여쁜 달
집에 들다 멈춰 눈을 허공에 매달다.

海印寺行道 해인사 가는 길

百日農倲努　　人心蓊夕變
京郊乳熟期　　億劫自然治 4333년 支韻

백일 동안 힘든 농민들
서울 밖은 젖익음 때
인심은 조석으로 바뀌는데
억겁은 자연이 다스린다.

獨坙 홀로 앉아

釣鯌河川送　　歲鑭荊降霙
停孤俗念空　　高屋後庭充 4333. 11 東韻

상어를 낚아 하천으로 보내고
외롭게 앉아 속된 집념 비운다
한겨울 추위 앞서 내리는 눈
높은 집 뒤뜰에 가득 쌓여.

久友商星 오랜 벗 상성

東空商急上　　長夜從消盡
戀友別參扃　　赧然獨掛凄 4333. 11. 29 齊韻

동쪽 하늘에 상성 급히 올랐는데
그리운 벗 서쪽 삼성은 떠났네
긴 밤 다하도록 따르며
무안한 듯 홀로 쓸쓸히 걸렸네.

今來有過 지금까지의 과오

吾今來有過　　足迹罷惇篤
唯子海量寬　　知仁容久安 4333. 12. 29 寒韻

내 지금껏 허물 있을지라도
오직 그대는 너그러이 해량해
발자취 돈독함 없어도
지혜 어짊 포용으로 오래 평안키를.

題號謹呈 삼가 호를 지어 보내다

嘉源呈題號　　十數同僚雧
小宴報酬開　　夜洨瓢酌罍 4333. 12. 30 灰韻

가원이라 호를 지어 보내니
보답으로 소연을 연다나
열 몇 동료가 모여
야심토록 술독 표주박이 수작해.

新邨似親 새 마을 어버이 같던 달

野舊新邨落　　高層歸過密
西山月似親　　非故入箱身 4334. 3. 7 眞韻

오래된 들에 촌락이 새롭고
서산에는 어버이 같은 달
과밀한 고층 건물에 돌아와
옛 아닌 상자에 몸을 들인다.

畫帖千季釣 화첩의 천 년 낚시질

松風吹不止　　獨坐千季釣
巖嘴擊無時　　高麗畫帖姿 4334. 3. 12 支韻

솔바람은 그치지 않고 불어
바위 끝을 때 없이 친다
홀로 앉아 낚시하기 천 년의
고려 화첩의 자태.

古稀日 고희 날에

陽曆古稀日　　明天教育備
四時間講詩　　至夜悴如屍 4334. 5. 7 支韻

양력으로 일흔 되는 날에
네 시간을 시경 강의하고
명일의 강의 준비하니
깊은 밤 초췌해 죽을 것 같아.

紅燈賣渡 홍등을 팔아넘김

十字紅燈市　　防遮依救主
聖唇賣渡家　　顚道詐加邪 4334. 5. 18 麻韻

십자 홍등 도시에
서양 성인을 매도하는 집
구세주 의지에 방어 차단
도를 뒤집어 거짓으로 더 속인다.

自雲山水畫題 자운의 산수화 화제

休風松下釣　　㬉日長長久
不厺畫中翁　　韲遷歲月充 4334. 5. 27 東韻

바람 잔 솔 아래 낚시꾼
늙은이 그림 속을 떠나지 않고
여름날은 길고 긴데
세월 가득 옮기지 않네.

千古地嘴釣翁 천 년 땅부리에 낚시 영감

海潯千古嘴　　浪擊青松壁
未及百秊人　　釣翁水上陳 4334. 5. 28 眞韻

바닷가 천년 지취
백년도 못사는 인간
풍랑 두들기는 벽송 푸르고
낚시 로인은 물가에 펼쳐.

菅萼遞薔薇 봄꽃 장미와 교체

三菅萼盛後　　嬰日霦聊極
籬蔓灸薔薇　　匍乘樹木威 4334. 5. 29 微韻

구십 일 성하던 봄꽃 뒤에
울타리 넝쿨장미가 붉다
무료하기 짝이 없는데
나무를 위태롭게 기어오른다.

霦染惡臭 무염과 악취

停鳥枝霦染　　獸禽逾不食
家周惡臭汚　　人欲富加優 4334. 5. 30 虞韻

새 앉아도 오염 없는 가지
집 주변은 더러운 악취요
금수도 먹지 않고 넘어가는데
사람은 더욱 넉넉히 부하고자 한다.

澹泉 李蓮萼 題號 담박한 샘

循還均氣水　　澗畔生生物
定命妙蒸流　　源泉澹澹優 4334. 5. 30 尤韻

공기와 물은 고루 순환하니
하늘이 정한 오묘한 내림과 오름
산골 물가에 생물은 생생하고
원천은 넉넉 담담하다.

爲航 항해하다

積山初一簣　　攝裏存風理
滴滴遠流洋　　意誠自得航 4334. 5 陽韻

산을 쌓되 한 삼태기 흙으로 시작하고
물방울 멀리 흘러 바다에 간다
섭리 속에 바람결은 존재하고
성스러운 뜻은 항해 길 자득한다.

正答注入教育 정답 주입 교육

八歲劑言習　　十季强正答
字文教多忘　　大學放加荒 4334. 6 3 陽韻

8세 앞서 말을 익히면
문자를 가르치되 잘 잊는다
10년을 정답 주입 강요하여
대학에선 더욱 황망 방일하다.

夓至際 하지 무렵

新梢開曷壑　　垂柳靑江岸
山滿駁紅黃　　老松玄玄强 4334. 6. 23 陽韻

새싹 온 골에 열리니
산 가득 붉고 노랑 얼룩
능수버들 강가에 푸르고
늙은 솔 더욱 씩씩해.

暮晴 어둠과 갬

暮氣蕭蕭近　　昏雲增曜曜
晴空淡淡望　　梁木尙彰彰 4334. 7. 5 陽韻

저녁 어스름 솔솔 가깝고
담담한 갠 하늘 바라보니
고운 구름 더욱 빛나는데
량목은 더욱 창창하리라.

聚雨韓江 빗물 모인 한강

雲來濛雨聚　　水映光紅炎
韓水靜潺潺　　往還困困頑 4334. 7. 5 刪韻

가랑비 모아 큰비 오고
한강은 잔잔히 쉬어 간다
물에 어린 홍 적색 불빛
가고 오는 곤곤 둔한 늙은이.

消燈夜 불 꺼진 밤

點消燈夙夜　　江渚斑光倒
淸濁濟時時　　雨中極致奇 4334. 7. 5 支韻

켜졌다 꺼졌다 아침부터 저녁까지
맑았다 흐렸다 때때로 건너는
강가에 얼룩진 뒤집힌 불빛
빗속에서 기이하기 극치라.

棲鷺時 백로 깃드는 때

橫雲棲鷺遠　　極少黎民衆
雨氣著天安　　黃頭未見完 4334. 7. 11 鄰韻

구름 가로질러 멀리 백로 깃들 적
비 올 낌새에 천안에 도착하니
검은 머리털의 군중 극소하고
노란 머리 전혀 볼 수 없다.

十六愛㞢成長 열여섯 사랑의 성장

二八橆量愛　　老夫遵命順
壯季好惡嫌　　婆婦洹神占 4334. 7. 25 鹽韻

열여섯 사랑은 한량없는데
장년에는 嫌惡혐오를 좋아해
늙은 지아비는 천명을 순종하는데
할망구는 점치는 신에 빠진다.

時宜橆忌 시의적절과 기탄없음

君子時宜節　　森嚴殘固殼
小人橆忌專　　敬愼雟多賢 4334. 9. 26 先韻

군자는 시의적절하고
소인은 오로지 거리낌 없다
삼엄은 굳은 껍질만 남고
공경 신중에 어진이 많이 모인다.

兒女狗毛 계집아이와 개털

犬愛於兒女　　始終摩抱擁
染頭狗毛同　　動物本能曹 4334. 10. 29 東韻

개를 애기보다 사랑하는 딸
머리털을 물들여 개털과 같다
시종 만지다 안아 주다
-그도- 동물의 우매한 본성인가?

妻書於蘭畫 아내의 란초화에 쓰다

乍颱搖應葉　　四時蘩背佞
士風闒里心　　受命不遷陰 4334. 12. 16 侵韻

미풍에 잠깐 잎이 응답으로 흔들리는
선비의 기풍으로 闒里만리에 깊은 맘
춘하추동 배반도 아첨도 없이
천명을 받은 그늘에서 옮기지 않는다.

兒童祭物 아이들 제물

童兒期祭物　　一北人爲備
乞食放浮輩　　品錢貯月分 4335. 1. 17 文韻

아이들에게 제물을 약속하니
들뜬 무리를 내쫓고서
북쪽 한 사람 갖추기 위해
푼돈을 한 달분 저축했단다.

桑修 韓載禧 題號 **桑土綢繆**상두주무

桑田雖碧海　　天理先微證
烝發造雲**流**　　綢繆牖戶**修** 4338. 2 **尤韻**

뽕밭이 비록 푸른 바다가 되어도
증발하여 구름 지어 흐르게 한다
천리는 먼저 은미하게 證候증후하나
-새는 주무 유호하여 집을 수리한다.

雅亭 洪性女題號 **觀照하는 亭子**

雅然青壑谷　　雲起周游化
熿霧夕蘅汀　　忘情觀照**亭** 4338. 2 青韻

아취로운 푸른 고을에
조석으로 안개 짓는 물가
구름 일어 주유하는 조화
망정히 관조하는 정자.

木澈 尹寧炳 題號 **管束의 上流**

木有搖風理　　短生因子永
根蘩睹命**流**　　千古似連**澈** 4338. 2 尤韻

나무에 바람결 흔들림 있을 적에
뿌리에 천명 흐름을 보지 못한다
한 번의 생애이나 인자는 길어
천고를 이어 흐름과 같으리라.

芽泉 趙孝珍 題號 **茶芽와 乳泉**

睡芽期解土　　卜處名山下
紫杪約佳筵　　靜流遇澗泉 4338. 2 先韻

자던 움 동토 해빙을 기약하고
자순은 좋은 만남을 약속한다
명산 아래 살 곳을 정하니
고요히 흐르는 간천과 만나리라.

叮份 李周玹 題號 **叮嚀**정녕**하고 彬彬**빈빈**함**

叮嚀元性善　　不識精麤結
自業呼虛眞　　少知有必份 4338. 2 眞韻

정녕코 원성은 선하니
허탄과 진실은 스스로 부른 번거로움
정미와 추솔의 결과를 불식해도
반드시 빈빈함 있어 소지음한다.

庠林 鄭容子 題號 **翾房 숲**

庠砌纅錢綠　　不期黐白屋
開門入出心　　有日盛庭林 4338. 2 侵韻

글방 섬돌엔 록태전이 없고
열린 문 출입은 마음이라
-지식의- 헐벗음은 기약이 없으나
뜰 숲 무성할 날 있으리.

靑柔 李慶淑 題號 **靑空 柔芽**

靑松猶悅柏　　衿影橆慚室
典院秀羣**儔**　　時風拂皀**柔** 4338. 2 尤韻

솔 푸르니 오히려 잣나무 기뻐함
국전 담 안에 영수한 벗 많음이라
금영무참한 집에
때로 흔들리는 바람 부드러운 향기.

苑汀 安希映 題號 **동산 물가**

苑日躔靑陸　　落松風勃止
濟來公逸**經**　　素客至邊**汀** 4338. 2 靑韻

동산 푸른 물에 해 도는 길
갈마들고 떠나는 편안한 경력
락송에 부쩍 일던 바람 자고
소정한 손이 물가에 이른다.

絨庭 金美容 題號 **絨緞**융단 **뜰**

絨嫩如萅氣　　微風萱拂葉
相生葶綠**靑**　　鼎亞敬談**庭** 4338. 2 靑韻

봄기운 같은 융단 부드러움과
서로 살리는 청록은 같다
미풍에 망우초 잎 흔들리고
정좌한 뜰에 공경의 말.

垣冏 申惠静 題號 밝은 담

垣纅休綠內　　誠意灿灿日
牆外曠場青　　正心有就冏 4338. 2 晴韻

담 안엔 초록빛 그치지 않고
담밖엔 광장의 푸르름이
성의로 천천히 나날이
정심하면 밝음에 나아가리.

宿수塘 羅銀京 題號 별 비친 못

宿亜終雯泊　　休風南向屋
雨雲悟仰望　　招月俛亭塘 4338. 2 陽韻

별자리는 밤새워 머물러도
비구름으로 앙망하고 깨닫네
바람 잔 남향한 집에
달 불러 굽어보는 정자 못.

傳埤 孔恩惠 題號 돕는 전도자

魯叟傳鄒老　　佛耶分占我
東方起四夷　　千國合多埤 4338. 2 支韻

공자를 맹자가 전하여
동방 온 백성 흥기했는데
불교 그리스도교 우릴 분점하니
천국이 모두 도와 합할 때.

䨴招 初稀 李美英女息 題號 **䨴月**미월 **부름**

䨴月知鞋潤　　杜鵑雩落盡
吹風視葶**搖**　　布穀扣萱**招** 4338. 2 蕭韻

미월에도 미투리 젖음만 알고
바람이 불되 풀 흔들림만 보더니
진달래 다 지고서야
뻐꾸기를 훤당에 부른다.

岫雲 閔庚海 題號 **山 굴 벗어난 구름**

岫裏微溫覺　　帶山光化氣
地中計一**門**　　養育厺來**雲** 4338. 2 文韻

굴 속에서 미온을 느끼며
땅 속에서 한 문을 헤아린다
산에 둘려 광화의 기와
양육하며 오고 가는 구름.

長辿장천 金玉熙 題號 **오래 편안함**

長江淸急注　　銀漢遮開定
慢緩濁涇**川**　　黃河抱合**辿** 4338. 2 先韻

장강은 맑으며 급히 쏟고
천천한 경수는 탁하느니
미리내 열고 가리움은 정한 것
황하는 합해 안고 편안히 흐른다.

鄒延 孔敬愛 題號 **오랜 鄒聖**추성**의 예언**

鄒亳根文化　　　嬴秦重土戰
殷墟本胤**傳**　　　火芮史延**延** 4338. 2 先韻

밝따 鄒魯추로는 文化의 뿌리
은허는 민족 전윤의 뿌리라
영진 거듭 분토전 했으나
火芮書화에서 거스른 력사는 길다.

畔松 車榮敏 題號 **언덕의 솔**

畔界人爲罟　　　屈身千歲寶
巖間獨翠丰　　　高韻玉龍**松** 4338. 2 冬韻

두둑과 경계 인위의 그물
바위 사이 홀로 푸르니
몸 굽힘 천년 보배
고아한 운치와 옥룡의 솔.

南田 吳珠琴 題號 **남녁 논밭**

南邦冬煖煖　　　極地臁臁折
北國嬰冷**天**　　　培種四饒**田** 4338. 2 先韻

남방은 겨울에도 따뜻하고
북국은 여름에도 찬 날씨
남북 량극은 추위 끊이지 않으나
심고 가꾸는 사시 풍요한 밭.

丞門 柳涍根 題號 문을 도움

丞丞時限線　　亻亍爲人道
順坦寄風雲　　未來作自門통 4338. 2 尤韻

증증히 가는 때는 한계선
순탄이란 바람에 부친 구름
척촉 척촉은 사람이 만든 길
미래도 스스로 만드는 문.

卯萅 조명희 題號 二月의 봄

丣月還㞢命　　文中千載寶
一陽靜裏巡　　傳胤屬秊萅 4338. 2 眞韻

이월은 생명 돌아옴
십일월 고요 속의 순행
文 속에는 천년의 보배
민족 혈통에 만년의 봄이.

星邨 張永博 題號 星瞰성감 지구일촌

切磨修自立　　星瞰常天理
竝育化流敦　　學言㞢一邨 4338. 2 元韻

절차탁마 수신제가로 자립(大學)
만물 병육의 소덕 천류, 대덕 돈화(中庸)
성감의 천리는 상도리니
학이시습 지언(論語)으로 일촌 살리.

水耕 吉美娜 題號 물 농사

水巖霽莫木　　努者同天命
化土始爲生　　長於種地耕 4335. 2. 26 庚韻

물기의 바위에 초목은 없으나
흙이 되면 비로소 생명이 되네
힘쓰는 것 천명과 같아서
땅에 심어 가꿈보다 길다.

晝夜越炑風嶺 밤낮으로 넘는 추풍령

晝越炑風嶺　　黃紅燈亂躾
夜歸暗暗途　　灸十字增霽 4335. 11. 7 虞韻

낮에 넘는 추풍령을
밤 어두운 길에 돌아오면
노란 빨간 등불 어지럽게 쏴
적십자만 무성하게 증가한다.

游安眠島一日 其四 烏鵲橋 안면도 하루 기4 오작교

霧中烏鵲橋　　七夕傳銀漢
僚友渡喧騷　　濃熤躅脛操 4335. 7. 16 蕭韻

안개 속 오작교를
당료 벗들 떠들며 건넌다
칠석은 미리내의 전설인데
짙은 안개 정강이를 붙든다.

幽泉 깊은 샘

動微霦極湧　　長域生繁殖
流繼至遙洋　　回歸屬物糧 4335秊 陽韻

가늘게 움직여 끝없이 솟구쳐
흘러 흘러 먼 바다에 이르네
긴 영역을 번식시켜 살리니
만물의 식량으로 되돌아온다.

但人 다만 사람은

水族非飛陸　　但人三界委
禽流未海中　　拄世積何功 4335秊 東韻

물고기는 물에서 날 수 없고
날짐승 바다 속 헤엄치지 못해
다만 사람은 삼계를 도맡아
세상 살아 있어 무슨 공 쌓을까.

近常 근일

盎汲韓江水　　盡時多事擔
遑奔晚播墝　　安息一枝巢 4335秊 肴韻

동이로 한강물을 길어다
마른 땅에 늦뿌려 황황 분분
다 된 때에 많은 일 짊어지고
한 가지의 둥우리에 안식해.

艸人 초목과 인간

莫木以休壽　　學文誠意始
人間仍勤强　　富貴善繩昌 4336. 1. 28 陽韻

초목은 쉼으로써 장수하고
인간은 근면으로 인해 건강
학문은 성의 정심으로 시작하고
부귀는 착하게 이음으로 창성.

映藍 金錫煥女 은비 號 하늘 안음

水映橆欺實　　朙淸藏五色
靜中有像亶　　常內抱濜藍 4336. 4 亶韻

물에 비친 실상 속임 없이
고요 속에 이른 형상 있어
밝고 깨끗한 오색을 간직
언제나 안으로 진 쪽빛 안는다.

易圓 金吉玲 題號 평평하고 둥글다

易溢川流海　　直平容少短
橆量息吐天　　抱括大空圓 4336. 4. 28 先韻

채우고 넘쳐흐르는 냇물 바다
한량없이 하늘에 숨을 토하며
곧고 평평하되 적고 모자람 용서해
큰 공원을 포괄한다.

泚谿 金善英 題號 **물 솟아 흐름**

泚水巖微湧　　善仁生萬物
淨流日月**棲**　　英德理循**谿** 4336. 5. 11 **齊**韻

바위틈 흐르는 물 가늘게 솟으나
맑은 흐름에는 해 달 깃들고
선하고 어질어 만물을 생육
꽃부리 덕성 시내 돌아 결친다.

曇時 흐릴 때

曇時恖耀眼　　事易難隨伴
雨日履場**乾**　　如何望進**安** 4336. 5. 15 **寒**韻

흐릴 때는 해가 눈부시게 빛나기 바라고
비오는 날에는 마른 땅 밟기 원한다
일에는 쉽고 어려움이 따르는데
어찌하여 편히 가기 바라겠는가?

綮琴綺羅 元喜正 女號 **흰 꽃과 비단**

綮琴香溢谷　　三節小茶出
霜霪忍風**過**　　閨庭詣綺**羅** 4336. 5. 22 **歌**韻

흰 꽃향기 골을 넘치며
눈서리 바람을 참아내
봄여름가을 작은 차를 내며
안뜰에 비단옷 이르게 한다.

可停 元喜善 題號 머물만한 곳

可積平山海　　體神纇表裏
水圓陸地型　　溫故露新停 4336. 6. 1 青韻

산과 바다 평평하여 쌓이는가?
물은 둥글고 륙지는 짜였으니
몸과 정신은 겉과 속에 있지 않고
옛것을 익히면 머물 새로움을 안다.

法曹丹經詩 其一 법조단경시 기1

身不希纇病　　聖人言警戒
躬安發慾殃　　以疾伴爲良 4337. 1 陽韻

몸에 병 없기 바라지 말라
몸이 편안하면 욕심의 재앙이 인다
성인이 경계하여 말씀하시기를
질병을 좋은 반려로 삼으라.

法曹丹經詩 其二 법조단경시 기2

世黯望纇菌　　聖人言誘戒
逸居長傲奢　　憂困侶餘嘉 4337. 1 麻韻

세상에 고통 없기 바라지 말라
편안히 살면 오만과 사치가 자란다
성인이 유혹을 경계하여 말씀하시기를
근심과 곤고함은 아름다운 반려니라.

法曹丹經詩 其三 법조단경시 기3

學舞望霖障　　聖人言此戒
坦途溢襍知　　畀礙履同時 4337. 1 支韻

배움에 장애 없기 바라지 말라
탄탄한 길에 잡지식이 넘치니
성인이 이를 경계하여 하신 말
장애와 더불어 너의 시대를 가거라.

法曹丹經詩 其四 법조단경시 기4

修學魔舞望　　論險爲朋友
行此遠勝障　　眞𤝔作伴妨 4337. 1 陽韻

닦음에 妖魔요마 없기를 바라지 말라
이 길이 멀어야 장애를 이긴다
조리에는 장애가 붕우가 되리니
진리에 나아가되 장애를 동반 삼으라.

季菩 늦봄

眉月知鞋潤　　杜鵑雩落盡
吹風視墓搖　　布穀扣萱招 37년 蕭韻

미월이 짚신 젖는다 알리더니
바람 불어 풀잎 흔들어 보인다
진달래 꽃 다 지더니
뻐꾸기 휜당을 불러낸다.

獨居五月八日昏作 其三

오월팔일 홀로 지내며 저물녘 짓다 기3

昨厺芳䓍惜　　四時蘩不重
今來肇㝅初　　今日恩生予 4338. 5. 8 魚韻

어제 서운하게 방춘 떠나고
오늘 처음 이른 여름 오니
사계절이 다 소중한 날들이나
오늘은 날 낳으신 은혜의 날.

獨居五月八日昏作 其四

오월팔일 홀로 지내며 저물녘 짓다 기4

三四季剃父　　一厺加又歲
別離遺幾兒　　如長木梢枝 4338. 5. 8 支韻

삼십사 년 전 아비는
몇 아이 남기고 떠났는데
한 해 가고 또 간 세월에
나뭇가지 자라듯 했네.

獨居五月八日昏作 其五

오월팔일 홀로 지내며 저물녘 짓다 기5

䓍日遲遲厺　　一休持紙筆
溫增遝遝來　　自省獨傾桮 4338. 5. 8 灰韻

봄날은 지루하게 가고
더욱 따뜻하니 답답해 오는데
한 번 놓은 지필을 잡으며
스스로를 돌이키며 홀로 잔을 기울인다.

獨居五月八日昏作 其八

오월팔일 홀로 지내며 저물녘 짓다 기8

陰雨殘齋日　　照昏忘覺遠
杜門愚作**文**　　溌夜老秊**分** 4338. 5. 8 文韻

흐리다 비오는 한기 남은 날
문 닫고 어리석은 글 짓다가
저녁놀 멀어진 걸 망각하니
밤깊도록 늙은 나이 분수인가?

畫中夕照 그림 속 석양

夕照紅於畫　　掛峯雲止進
霞中未見**参**　　遂顯極微**亶**4338. 5 亶韻

그림 속에 석양빛 고운데
노을 속에 삼성은 보이지 않아
가다 멈춘 구름만 봉우리에 걸리고
마침내 극히 희미하게 드러나 이른다.

蔡放살방 내쳐 놓이다

海印空圓大　　蔡生方內律
巖波起命**丸**　　動積屬秊**安** 4338. 5 齋韻

해인은 크게 둥글고 비어
암벽 물결은 천명 고리에 일고
놓인 생명은 곧 내재율 하여
공을 쌓아 만년을 안주한다.

爲院僚 其一 국문원 동료를 위함 기1

調息臨機術　　步行加益壽
止情久遠安　　仁義後孫般 4338. 7. 3 寒韻

숨 고르는 기술에 임하여
세정을 끊어 편안히 멀고 오래도록
보행은 나이 늘림을 돕고
인의하면 후손이 즐긴다.

爲院僚青原 其二 국문원 동료 청원을 위함 기2

廣原游衆集　　徒長誓苗植
一二有相邀　　登時不富饒 4338. 5 蕭韻

넓은 초원에 군중 모여 청유하며
한둘씩 서로 맞이하고 있으니
봄에 도장한 묘를 심으면
익을 때에 풍요하지 않으랴?

爲院僚青藍 其三 국문원 동료 청람을 위함 기3

天方加地軸　　終始自衝術
朋友減同情　　進行孰導明 4338. 5 庚韻

천방에 지축을 더하니
붕우의 동정 감하고
시종 술수 자충하나
익히 진행 밝게 이끌리라.

爲院僚山情 其四 국문원 동료 산정을 위함 기4

生水根平地　　大魚難著處
幽林小湧流　　雲霧起山溝 4338. 5 尤韻

생수는 평지에 근원하나
깊은 숲을 작게 용출 흘러
대어 보기 어려운 곳에
구름 안개로 산 도랑을 살린다.

爲院僚然爲 其五 국문원 동료 연위를 위함 기5

外柔行不繼　　士道修千百
內實物壟來　　先塡凹凸挼 4338. 5 灰韻

걸 유약해 잇지 못한 행보는
안을 채울 물은 오지 않는다
선비의 길 천백 가지 수신에
먼저 요철을 문질러 메우라.

爲院僚邃林 其六 국문원 동료 수림을 위함 기6

邃林壟徑路　　禽獸并人愛
擅入自行難　　先過足迹看 4338. 5 寒韻

깊은 숲 지름길 없으니
천입하면 스스로 가기 어려워
금수도 사람과 아울러 아끼며
먼저 간 발자국 보며 지나기를.

爲院僚霳斐 其七 국문원 동료 설비를 위함 기7

菁播長黴氣　　晩苗加備育
烼收未濜冬　　完熟適時逢 4338. 5 冬韻

봄에 씨 뿌리되 한기에 자라느니
가을 거둠 다하지 못해 겨울이라
늦은 모 더욱 길러 갖추면
완숙의 가을 때 맞춰 만나리라.

爲院僚初稀 其九 국문원 동료 초희를 위함 기9

陷入纇悤出　　下繩誰使備
側人有失期　　行者黸長時 4338. 5 支韻

빠져들어 나올 생각이 없으면
곁에 동료도 실기할 수 있다
누군가 밧줄 갖춰 내리려 해도
가는 자가 때를 늘리지 못하느니.

爲院僚謀免者 其十二 국문원 동료 모면자를 위함 기12

空籠烼野捨　　四季溫休室
罐注渴人剚　　翺翺荒蕪旋 4338. 5 先韻

빈 바구니 버려둔 가을 들녘에
목마른 사람 앞에 단지 따르면
사계절 휴게실은 따뜻하나
아침마다 돌아오는 황무.

古木八耋 마른 나무와 여든살 늙다리

李咢開枯木　　八耋桃紅色
六百始蘇生　　嫩芽綠蘩**朙** 4338. 4. 19 **庚韻**

오얏 꽃 마른 나무에 피면
륙백 년에 소생하기 시작하고
팔질 얼굴은 도홍빛이
눈아는 엽록소가 밝으리라.

濁水淸水 爲瑞原 흐린 물 맑은 물 서원을 위해

濁水靡恖盥　　淺川多亂事
淸流有洗**移**　　進退跬越**宜** 4338. 7. 25 **支韻**

탁수에 손 씻을 생각이 없으나
맑은 물에는 씻을 수 있느니
얕은 내에 어지러운 일 많아
진퇴에 한 발짝 마땅히 주저해.

萶土 봄 토양

解土靡生蕚　　少季過瞥眼
烋來豈有**收**　　省老已空**頭** 4338. 7 **尤韻**

봄에 풀이 나지 않으면
가을에 어찌 거둠이 있으리
소년은 별안간 지나가고
늙어 돌아보면 이미 빈 머리만.

調息止感 爲同僚 숨 고르며 느낌 그치기 동료를 위해

調息方臨術　　步行加益壽
止情久遠安　　仁義後孫般 4338. 7. 3 齋韻

조식은 의술에 임한 처방이요
본성의 멈춤은 구원의 평안이라
보행은 년년익수를 더해 가고
인의는 후손에게 돌려준다.

隱理 爲卯谷 숨은 이치 묘곡을 위해

微風生下葉　　卯谷長柔涌
海溢水湲清　　爲收何嬰程 4338. 7 庚韻

산들 바람 아래 잎을 살리고
해일은 깊은 물을 맑힌다
묘곡에 유약한 솟음도 장천 흐른데
거둠을 위해 여름을 어이 겪을까?

肇秌 九首中 其四 초가을 기4

若昨東風起　　黐收知不義
初登乙酉秊　　從範迹行先 4338. 8. 27 先韻

어제이듯 봄바람 일더니
을유년도 첫 익음 때
불의로 알면 거두지 말지니
먼저 간 발자취의 본을 쫓아.

展示場景況 전시장 경황

筆習場文夗　　列詩重遍覽
嘉妝迎舊倲　　雛集似蟲披 4338. 1.1 2 支韻

붓 익혔으나 文은 죽은 전시장
잘 꾸며 옛 벗들 맞이하고
시구를 거듭 둘러보니
병아리 모여 벌레 헤집는 듯.

彣玭 郭舊任 題號 구슬 무늬

彣斑雖絶美　　永歲埋然石
切琢未摩珣　　惺藏盡勉玭 4338. 12 眞韻

얼룩무늬 비록 썩 고우나
잘라 쪼아 옥으로 갈지 않으면
영원히 묻힌 돌이요
슬기롭게 간직 근면하면 구슬 된다.

葩皀파향 吳美寧題號 꽃봉오리 향기

葩蘖然生類　　舊萌烌實道
蘇休一瞚光　　寧發倂芳皀 4338. 12 陽韻

가지 붙고 꽃 맺는 자연 생명류
삶과 죽음이 한순간의 빛
봄에 싹 나고 가을 결실의 길에
꽃피면 아울러 짙은 향기.

朏亙 高福實 題號 **초승달 커감**

朏嘲雲霧囱　　　儀歆知多福
三節發茶芊　　　行停遠久亶 4338. 12 **先韻**

날 밝자 구름안개 걷히고
봄여름 가을 무성한 茶
거동과 마심이 다복함을 알진대
행하고 멈춤은 영원한 선양이라.

赳辿 金鐘俊 題號 **천천함 헌걸참**

赳赳行綏靖　　　非徨留至海
逕逵步泰然　　　不止久辿辿 4338. 12 **先韻**

씩씩하되 편안한 길을
좁은 길 큰길을 태연히 걷는다
머뭇거림 없으면 바다에 이르리니
그치지 않고 천천히 가리라.

詣盛 鄭燦五 題號 **무성히 이르다**

詣闕何平坦　　　寸陰時日積
行途遠美榮　　　應報燦然盛 4338. 12 **庚韻**

대궐을 어찌 평탄케 가리
가는 길 아름다운 영광
촌음 시간 날들을 쌓아 가면
찬란하게 가득 응보하리라.

敉鄰 趙美愛 題號 이웃 어루만짐

敉寧難大小　　兩得開行道
散紊易莽新　　常知叶助鄰 4338. 12 眞韻

살펴 편안하되 정도가 어렵고
흩고 어지럽히면 망신살이 쉬워
둘을 깨우면 행도가 열리리니
항상 이웃을 도와 협력하리라.

扣閑 鄭聖玉 題號 막힌 문 두드림

扣門知小貫　　微出源泉水
開闕至參班　　緩流長不閑 4338. 12 刪韻

문을 두드려 작게 뚫음 알면
대궐도 열어 반열 참여에 이르리
가늘게 솟는 원천수
느리게 흘러 길이 막힘 없으리.

晛芽 李智奔 題號 햇살 받는 움

晛賢於千品　　常萅何處扗
十風五雨佳　　福壽霻中芽 4338. 12 麻韻

햇살은 천품보다 귀하고
열흘 바람 닷새 비면 좋아
늘봄이 어느 곳에 있을까?
복수초는 눈 속에서 싹 난다.

婯林 梁銀永 題號 **고운 숲**

婯赳夫家竝　　　　摩天偍䆟事
敏辿唱隧**心**　　　　綠綮不忘**林** 4338. 12 **侵**韻

곱고 헌걸참 부부의 아우름
민첩하고 느림은 이끌고 따르는 마음
마천루에 만사 편안할지라도
엽록소의 숲을 잊지 말자.

昫檐 李圭燕 題號 **따스한 처마**

昫光恒固有　　　　律曆時來的
天道不知**纖**　　　　節賓寓內**檐** 4338. 12 **鹽**韻

따스한 빛 항상 고유한데
천도의 섬세함 알지 못해
음양이 알맞은 때가 오면
제비가 처마 안에 깃들리라.

盛塘 崔正子 題號 **무성한 못**

盛衰非命運　　　　濁水蒸發淨
眞假有經**章**　　　　盈科自治**塘** 4338. 12 **陽**韻

성하고 쇠함은 명운이 아니나
진실과 거짓은 경전 문장에 있느니
흐린 물도 증발하면 깨끗하고
파인 곳 채워 스스로 치유하는 못.

歲齋愁 한겨울의 우수

未霳倪冬至　　青青凋柏竹
歲齋耋膝痌　　自省愁愁翁 4338년 東韻

눈 오지 않는 애동지에
한겨울 무릎 아픈 늙은이
푸르게 드러나는 잣 대숲에
돌이켜 보는 시름겨운 늙은이.

檟硏 全英惠 題號 茶 들며 연수

欲檟窺山谷　　物㞢來自熟
虛飢赴嬃田　　英惠有成硏 4340년 先韻

茶를 들고자 산골 기웃거리고
주리면 여름 논으로 달려가다
낳은 만물 스스로 익는 때 있어
꽃 주신 은혜 연수로 맺히리라.

嵐坡 方寅模 題號 山기운 언덕

上嵐瞑霧下　　一日如旬用
山鳥不聞歌　　惟精遠貌坡 4340년 歌韻

산기운 오르면 안개 아래 자고
산새 노래 소린 듣지 않는다
하루 살기를 열흘 쓰듯 하며
정진하는 근본을 오래 하리라.

雅迢 裵恩敬 題號 **오래 아취로움**

扗光眀煖世　　凝雧生環水
有茗雅情寮　　胤流恩敬**迢** 4340년 **蕭**韻

빛이 있어 세상은 밝고 따뜻해
茶 있는 집은 정답고 아취롭다
응집하며 순환하는 물의 생명 고리
핏줄 멀리 은혜 공경으로 흐르리.

宙巖 李南馥 題號 **누리의 모암**

衡宇恒存自　　有橆同刹劫
宙藏永一**龕**　　生馥地衣**巖** 4340년 **覃**韻

균형의 우주 스스로 항존하고
이 땅의 한 감실에 길이 간직할
유무 찰나 영겁은 같으니
향기로운 생애의 바위 옷.

律敦단 申美璟 題號 **성하여 자리하다**

陽律終橆躭　　仁風光合耑
乘滋始耐**[illegible]**　　美璟一因**敦** 4340년 **[illegible]**韻

양률은 무역에서 끝나고
번자함 내한에서 시작한다
동풍이 푸나무를 광합하니
고운 구슬 한결 엉기리.

貫松 具英本 題號 **뚫는 솔**

福壽萌正月　　寸陰光不息
金芽茁貫冬　　韻院輒風**松** 4340년 冬韻

복수초는 정월에 싹 나서
황금 싹으로 겨울을 꿰뚫는다
촌음도 光化광화는 쉬지 않는데
운치로운 담안 문득 솔바람.

切琱 吳瑚姬 題號 **자르고 다듬다**

盛茻肥培地　　必然登勉務
墾田芓種**苗**　　兼切美文**琱** 4340년 蕭韻

푸나무 성한 땅 비옥하여
간전에 묘 심고 가꾸리라
반드시 힘쓴 보람으로 익고
옥 다스려 겸한 文質문질의 미덕.

蘊禎 柳美禎 題號 **상서를 쌓다**

防禦圍纏實　　蓄滋屮茻木
殼中滿蘊**藏**　　靈長報恩**光** 4340년 陽韻

방어벽 열매를 둘리고
껍질 속 채워 가득하면
번식하는 푸나무는 생명
光化광화를 갚는 사람.

小裁 尹朙姬 題號 **작은 마름**

多多增易憚　　　罄實初壘型
少少益天**眞**　　　朙姬裁適**身** 4340년 **眞**韻

많을수록 껄끄러움 쉽게 늘고
어릴수록 하늘 바탕은 넉넉해
그릇 채우기 도가니로 비롯하니
몸에 맞는 마름이 너인의 갖춤.

多然 韓愛蘭 題號 **다양한 자연**

卽辯言聽耳　　　一蘭存屬理
視明恖多**文**　　　美醜竝然**薰** 4340년 **文**韻

즉시 말하지 말고 귀를 총명히
밝히 보고 많은 글 뜻 생각하라
한 그루 란에도 온갖 리치 존재해
미와 추는 자연의 향기를 함께.

需經 李承沃 題號 **경위를 구하다**

幼熟行平道　　　寸陰經最善
壯季拓必**需**　　　承莰有成**途** 4340년 **虞**韻

어려서 평평한 길 가기 익히고
자라서는 반드시 구함을 개척해
촌음도 최선으로 경영하면
이어 기름져 바른 길 있으리.

雅軒 金玉秀 題號 **헌두의 아취**

空軒迎選美　　過未難凡衆
先溢普佳**時**　　㸌私雅秀**期** 4340년 支韻

빈 마루에 아름다움 가려 맞고
넘침 앞서 좋은 때에 베풀다
지나침 못 미침 중생은 어려우나
사사 없으니 고아 수려의 기약.

東園 崔智淑 題號 **해돋이 원림**

東畐躔日月　　智淑量㸌歷
南北道乾**坤**　　勤人拓自**園** 4340년 元韻

동서는 해와 달의 길이요
남북은 하늘과 땅의 길이라
지혜와 정숙으로 겪지 못함 헤아려
근면한 이 스스로의 동산을 열리라.

淨元 鄭水連 題號 **근원의 맑음**

坦夷兟慎足　　泥沛恫愆者
過屈淨河**流**　　水連元畐**修** 4340년 尤韻

탄이해도 발걸음 신중히 나아가니
굽은 길 지나도 하류는 깨끗하다
진창의 늪에 허물을 상심하는 이
물 이음은 만물을 씻는 근본이라.

⿰牛先牲遠 金延炷 題號 **많고 오램**

光源根化育　　　炷火研文事
上水本牲生　　　延跬始遠**成** 4340년 **庚韻**

태양(光源광원)은 화육의 근본이요
오르는 물은 온갖 것 살리는 근본
심지 불에서 문사를 연마하고
한 발짝 이음 멀리 이루는 시초.

翠⿰火匽 地嘴 朴⿱丰香粉 題號 **곶 땅 茶연기**

⿱丰香底年流壤　　　巨松成地觜
土中養腐**⿱宀頁**　　　梁下竝茶**⿰火匽** 4340년 **先韻**

향기 밑엔 흘러간 세월의 토양
토양 속엔 부식 가득한 사양
큰 솔은 땅 부리에서 장성하고
들보 아랜 다연이 함께한다.

完至 鄭賢珍 題號 **완수에 이름**

一加完十鉅　　　始貫言賢聖
經緯倂時**空**　　　求心至渾**融** 4340년 **東韻**

하나를 쌓아 열로 크게 완성
경위와 시공을 함께한다
성현의 말씀을 뚫기 비롯하여
심지 구하면 융화에 이르리라.

埀芽 邉貞姬 題號 드리운 싹

雪中萌福壽　　雩實餔餘養
夏果熟埀陰　　茶芽半歲森 4340년 侵韻

눈 속에서 복수초는 싹이 나고
여름 과일 그늘에 익어 드리운다
꽃 열매 남은 양분으로 먹이며
茶 싹은 반년을 빽빽이 돋는다.

依常 李扗錦 題號 일상에 의지함

生母餔兒父　　心頭常以茗
養成依日三　　倂錦備恒含 4340년 覃韻

어미 낳으면 아비는 아이 기르니
하루 세 끼니 의지하여 길러낸다
마음(두뇌) 에는 家常茶飯가상다반을
외모 함께 갖추고 항상 마심으로.

藏泉 金龍姬題號 샘 밑

小德巛泉巜　　循環藏大陸
敦化海河終　　賦命牧涑瀧 4340년 東韻

소덕은 샘솟은 도랑과 냇물
도타운 시류는 江河강하 끝 바다
순환엔 대륙(대덕)이 담겨
하늘의 명을 비 내려 기른다.

談園 金載南 題號 **정담 규정**

寄瑞庭閩浙　　四時圭跬步
對人談典**根**　　湣水載南**園** 4340년 元韻

서울 살며 절강 구민의 규정을
손을 상대하얀 경전 뿌리 담론하며
사시를 규보로 살아가며
활수를 남녘 다원에 싣다.

攸彬 金美姬 題號 **오랜 아름다움**

太始攸攸瞋　　散形過造物
彬彬息自**然**　　賦命化雲**鐫** 4340년 先韻

태시는 멀고 먼 순간
아름다움 자연의 숨결
산화와 형성은 조물의 과정
내림을 구름에 새길 광화.

歲庚 鄭庚晢 題號 **광음을 받듦**

松柏歲<u>齋</u>後　　寸陰光化實
靈山倂體**神**　　天命始庚**晢** 4340년 眞韻

한겨울 지난 뒤에 송백의 절개요
水體수체 茶神다신을 아우르는 령산이라
촌음에도 쉼 없이 광화 채워 가는
천명은 하늘의 봄에서 비롯한다.

文然 李桂源 題號 문기의 리치

順從流下向　　有偉功於視
過認逆萌**乘**　　糵看引畁**蒸** 4340. 12. 22 蒸韻

흐름은 바다를 향해 순종하고
뚫고 나온 싹 자란 뒤에 아느니
보이는 것보다 위대한 공은
보이지 않는 인력과 김 오름.

一寬 한결 金女敬 題號 너그러움

鈿釧過難國　　共生球一里
自參克泰**安**　　女敬滿滋**寬** 4340. 12. 22 寒韻

비녀 팔찌 팔아 난국을 지나더니
스스로 참여 태안을 견딘다
공생하는 지구 한 마을에
녀인 공경 널리 번져 가득하리.

落靜 고요히 지다

雩落循歸化　　曉雲流起谷
靜幽叜鳥**鳴**　　糵隔肅休**朙** 4341. 1. 3 庚韻

꽃이 지면 귀화와 순환이요
고요하고 그윽해도 또 새가 울면
새벽 구름이 골에서 일어 흐르고
융화 없는 엄숙이란 빛 들지 못함.

玉田土(理) 土也(地) 乙孚(乳) 衣隶尾(裏)
옥전토는 토야 을부는 의이미

一大尋玄妙　　起源雲雨浪
禾重玉里埋　　土也乙孚裏 4341. 7. 23 佳韻

하늘은 현묘에서 찾고
씨는 마을에 묻힌 구슬
기원은 운우와 격랑
대지는 안아 기른다.

圝囧 金喜子 題號 둥글고 밝다

圝圓圖太始　　橆有㞢存照
爆烈本魂靈　　推陰五色囧 4341. 9. 13 青韻

란 원은 태시의 천도요
폭발은 령혼의 근본이라
무 유 조광하면 생존하니
어두움 걷고 오색을 밝힌다.

竑程 徐貞慈 題號 回文과정 헤아리며 회문

竑命人爲的　　㞢剬期限境
的知志士㞢　　境內種休程 4341. 9 庚韻

천명을 헤아리면 인위가 적중
적중을 알아 지사 인인으로 살되
평생은 제한된 경지를 기약하느니
경내에 심고 과정을 끝낸다.

平土工事 땅을 고르고 공사

地面初坳垤　　濜霖山水穢
人間後願平　　自淨濁流**賡** 4342. 2. 20 **庚**韻

지면이 처음 울퉁불퉁하더니
사람이 고르고자 한 뒤에
산수가 더러움을 다 없애니
탁류가 이어 저절로 깨끗해.

松友停 題號 솔 벗하여 머무름

晝夜興淸氣　　故庭時會座
欣然羨鼎**談**　　松友愒停**嵐** 4342. 4. 21 **覃**韻

밤 낮 맑은 기운 이는데
흔연한 정담의 류선함이어!
옛 뜰에 때때로 모여 앉아
솔 벗과 산기운에 머물러 쉰다.

忙中破閑 바쁜 중 심심풀이

病婆彈舊曲　　曉月煎時雨
康老賞憐**情**　　陳盤俟靜**聲** 4342. 5. 1 **庚**韻

병든 할미 옛 가락 연주하고
건강한 로부 애틋이 감상하며
효월의 시우차를 달여
쟁반에 차려 물 끓기 기다린다.

雨後薔薇 비 뒤에 장미

昨雨淸顔洗　　入衿香亞棘
籬薔娜娜英　　鄕曲杏雩情 4342. 5. 2 庚韻

어젯밤 비에 얼굴 씻은
넝쿨 장미 어여쁜 꽃부리
옷소매 드는 아카시아 향기
시골엔 살구꽃 정답겠지.

德川家康 壬辰丁酉亂後 先唱 덕천가강 선창

石上難生草　　汝爾何山鳥
房中難氣雲　　來參鳳凰羣 文韻

돌 위에선 풀 나기 어렵고
방안에선 구름 일기 어려운데
그대들은 어느 산 산새인가
봉황의 무리로 와 계시니.

四溟大師 壬辰丁酉亂後 咊答 사명대사 화답

我本靑山鶴　　一鞆雲霧盡
常游五色雲　　誤落野鷄羣 文韻

우리는 본래 청산의 학으로
떳떳한 五色오색 구름에서 놀았는데
어느 날 구름안개 걷히니
들 닭 무리로 잘못 내렸구려!

附原韻 杏園 원운에 붙임 행원

九圜長天下　　亂豐殘海盡
同飛大陸雲　　昆季邂超羣 4342년 5 文韻

구만리 멀고 큰 하늘 아래
함께 대륙 구름에서 雄飛웅비했는데
豐氏풍씨 亂動란동 相殘海戰상잔해전 그치자
형 아우가 超克초극한 무리로 만났구려!

松齋 金宗運 題號 솔 집

松澗流生命　　四時嵐漫氣
呼林上共荄　　風雨宿迎齋 4342. 12. 10 佳韻

솔밭 산골 물에 흐르는 생명을
숲은 숨 쉬며 풀뿌리 함께 올려
사시에 산기운 넘쳐흐르고
비바람과 별들 맞아들이는 집.

召荃 林恩子 題號 향기 불러

隱池休召月　　樹下吹間歇
閑破遠流涓　　瞑禽一縷荃 4342. 1. 29 先韻

고요한 못에 달 불러 쉬는데
한가함 깨며 냇물 멀리 흘러
나무 밑에 이따금 바람끼
새들 잠들고 한 줄기 향기.

宥鄰 金己順 題號 **너그러운 이웃**

宥心恩賜命　　兼愛土依地
配慮報爲人　　如流涽近鄰 4342. 12. 9 眞韻

너그러운 맘은 하늘 주신 은총
남 배려하며 사람답게 보답하며
겸애하는 이는 땅에 의해 태어나서
흐르듯이 가까운 이웃과 살아간다.

桃邨 印尙恩 題號 **복사꽃 마을**

桃源多問客　　卯月經爈下
杏院宿根萱　　鷗波歷一邨 4342. 12. 10 元韻

무릉도원을 묻는 손 많은데
살구나무 담 안엔 원추리 겨울잠 자네
2월의 안개 아래 건노라면
갈매기 파도와 볏할 한 마을 지나리.

燕堂 李鍾九 題號 **제비 사는 집**

燕子咬軒末　　載鐘精九氣
安居淑日常　　閒歇吹松堂 4342. 12. 10 陽韻

제비 마루 끝에 지저귀면
안거하는 일상이 맑다
종소리에 실어 구기 정행하여
이따금 솔바람 이는 집.

化育微生 죽어서도 미생과 함께

有水青山住　　變風雲雨友
淸心苦茗傾　　化育竟微生 4343. 1. 17 庚韻

물 있는 청산에 살며
맑은 마음 쓴 茶를 기울인다
바뀌는 바람 구름 비 벗하여
작은 생물이라도 끝내 키우리라.

碩峯與盤松 趙成學先生 題號 大陸公程173 석봉과 반솔

削風千萬歲　　母子季輪土
流失一盤松　　壤爨登碩峯 4343. 4. 10 冬韻

바람에 깎인 천만 년에
流失류실되고 한 다복솔만
어미 년륜 자식 흙이나
흙 올라올 수 없는 석봉.

縈湍 其一 全慶畏 題號 大陸公程197 흰 물결 일으키는 여울 기1

根源微涌出　　左右鳴咊鳥
幽澗徑流剅　　谿洋復縈湍 4343. 5. 15 寒韻

샘 솟아 남은 미약할지라도
깊은 山골 깎아질러 흐른다
좌우에 새들이 화답해 우는
시내 바다로 결 치며 돌아간다.

杲園 朴慶淑 題號 其二 **밝은 동산** 기2

億載巖風化　　千烋成習道
㒵季做杲**園**　　百事就同**源** 4343. 5. 15 元韻

억년 동안 풍화한 암벽이
만년을 동산으로 만들고
천년을 길 익혀 이루었으니
백사를 한 근원에서 취하리.

柔穿 南蕙蘭 題號 其三 **부드럽게 뚫음** 기3

烋發供香樹　　如柔穿霰霊
萻開高古**蘭**　　雙美蕙茶**般** 4343. 5. 15 𪋁韻

가을 피어 향기로운 나무
봄에 피어 高古고고한 蕙蘭혜란
부드러운 듯 선설 뚫으니
두 奇節기절 혜란과 茶의 반야.

趣鼎 裵太先 題號 其四 **아취로운 정담석** 기4

太始風巖壁　　竝相㞢鳥獸
先初耕野**邱**　　此趣鼎茶**侔** 4343. 5. 15 尤韻

태시부터 암벽이 풍화하니
조선이 야답 구전 경작하며
병육 상조하며 조수 공생하니
이 아취로 茶자리 함께 정담한다.

見求 沈順玉 題號 其五 **구하고 드러남** 기5

偏食非强子　　只求淸濁辨
私心不見**公**　　纓足洗閗**衷** 4343. 5. 15 **東**韻

편식을 자식에게 강요치 않으며
사심을 공변되이 드러내지 않는다
다만 청탁을 가려 구하되
갓끈과 발을 정성껏 밝게 씻자.

然臾 鄭孝姬 題號 其六 **잠깐의 자연** 기6

雖爲人萬有　　易地天然目
奢蕩不誰**扶**　　自由纍倚**臾** 4343. 5 .15 **尤**韻

비록 사람을 위한 만유일지라도
사치와 탕진은 누구도 돕지 못해
천지자연의 눈으로 역지사지하면
스스로 말미암고 잠깐의 치우침 없으리.

如初 鄭美敬 題號 其七 **시작과 같이** 기7

千萬季傳胤　　循環延百世
專吾不折**除**　　遠近系如**初** 4343. 5. 15 **魚**韻

천만 년 이어온 핏줄을
내가 꺾고 제거치 않으면
생명 순환 백세를 끌어
원근 처음같이 이으리라.

第 三篇 五言律詩

同窗會 동창회

闔苦經分百　　晚輒通餘路
全成冓一功　　昏美燒扃空
不忙先朋友　　未過來算歲
糶爲後殘同　　懷再公相逢 4330. 1. 18 東韻

온갖 쓰라림을 50년 동안 겪고서도
한 공로도 온전히 이루지 못했네
늦어서야 문득 남은 길 소통했나
저녁놀 곱게 서쪽 하늘을 태운다
앞선 벗들 황망하지 말지니
뒤에 남은 동문들 할 일 없다네
지나지 않는 오는 세월 헤아리며
다시 상봉하고 떠날 일 생각느니.

過淑大正門 숙명여대 정문 지나며

盡日旋奔乑　　業剪兒急公
晡時過校門　　處處步庭園
乏住生鄉里　　克因英又哲
世塵長似豚　　今索對糶論 4330. 2. 12 元韻

종일 분주히 돌아다니다
저물녘 정문을 지나면
졸업 전 급히 가버린 아이가
교정 뜰 곳곳을 걷고 있다
가난한 집 시골집에 태어나
세속에서 돼지같이 성장해
영민하고 또 밝게 극복했는데
이제 찾아 대해 들을 수 없다.

滌冊 책씻이

晩季悛小學　　次習三經撫
朞得五[illegible]終　　怡然恰似童
四中離一別　　後擔言文士
編入二人同　　迷途救衆僮 4330년 東韻

늦은 나이 소학으로 깨달아
한돌 만에 오서를 끝내고
다음은 삼경을 매만지며
기뻐하기 아이들과 흡사해
넷 중에 한 사람 리별하고
두 사람 편입하여 함께하니
뒤에 언어 문자 짐질 선비
길 잃은 아이들을 구원하리니.

屈浦德迹 진도 굴포리 덕적

博愛同民子　　反行圖自築
放心非忍過　　干拓曲成坡
屈浦遺傳頌　　遂探看舊迹
于今敬應㖟　　傍祖老松嵯 4330. 8. 15 歌韻

널리 백성 자식을 함께 아끼시어
방심하고 차마 지나치지 않으셨으니
가던 길 돌려 손수 그리고 쌓으셔
간척지 만곡한 둑으로 완성하셨네
진도군 굴포리에 기리는 전통 남아
지금껏 평화롭게 공경으로 대응해
드디어 탐방하고 옛 자취 뵈오니
방조이듯 우뚝 솟은 늙은 소나무.

始祖山所覲省 시조 산소 성묘

省鑑行宗廟　　瑞雲從皓皓
肥林割斬新　　山野退頻頻
千里遙難道　　未時先祖墓
今人一日竣　　茅蔂順風振 4330. 8. 15 眞韻

조상님 사당 살피고자 가는 길
살찐 숲을 참신하게 가른다
상서로운 구름은 기일게 따르고
산과 들은 자주자주 물러간다
일천리 어려운 머나먼 길을
오늘날 사람 하루에 마치어
미시에 선조의 묘소에 이르니
띠풀만 순풍에 나부끼누나.

自衛語文天倫 말글 지킴이 천륜

語嘗橆所有　　漢正調味琢
文曷主邦㞢　　悠長遠大亨
本宗蹂賤僕　　不絶天倫殆
尊道蔽昺傖　　然緜自衛榮 4331. 4 庚韻

말에도 일찍이 소유자가 없었거늘
글을 어찌 나라 생산이라 주장하랴
한이 조화롭게 쪼아 바루어
길이 형통하고 원대하리라
본종을 종복이 유린하였으되
높은 도 서쪽 종복에게 가리워
끊기지 않았던 천륜 위태로워
그러나 면면히 스스로 영화를 지키리니.

跖狗齧主 도득의 개가 주인을 물다

剋上星欺世　　吠堯爲盜跖
詐衆策逆天　　䩮夕挺身剃
奪武輝煌勢　　舊尊相齧殺
時過一夜爗　　忠犬察翢秊 4331. 4 先韻

위를 극복하고 세상을 속인 별
대중 속이고 하늘 거스르는 술책
도척을 위하여 요임금 짖어대며
아침 저녁으로 몸소 앞장선다
무기로 빼앗은 휘황한 권세란
때 지나면 하룻밤의 연기려니
옛 어른을 서로 물고 죽이는
충견은 다음 해를 잘 살필지라.

瑞蔚畀釜山(戲作) 서울과 부산 놀이로 지음

署鬱改巢窟　　請碾皆芒爛
富散茶勤貸　　勞忍救世愸
水薄細罔擇　　累勒日本苛
淖禁於潟蟹　　密酒男塞退 4331. 5. 21 隊韻

답답히 갇힌 소굴을 바꾸니
돈 풀어 부지런히 베푸는 茶
맷돌 청하여 까끄라기 다 갈며
로고 참고 원망의 세상을 구원
물이 얕으면 가는 그물 가리고
개펄에 물 빠지는 조금에는 게 세상
여러 번 륵약 침략 일본의 가혹
술 취한 사내가 퇴로를 막는다.

層家晩烋 아파트의 늦가을

綠紫紅黃炎　　空盈間地藉
形形色色斑　　出入步烋山

雨日高天上　　四時糪一切
茫茫白霧圜　　下界滌聯關 4332. 10. 7 刪韻

초록 자주 연지 노랑 빨강
형형색색으로 무늬 번진

하늘 가득 땅에도 깔린 새에
출입하며 가을 산을 걷는다

이틀 동안 하늘 위는 높고
넓고 멀리 흰 안개 둘리어

춘하추동 일체가 없이
하계의 련관을 씻다.

東方族稱 동방 종족 호칭

韻會稱號正　　南蠻羌紇貶
改圍從淺分　　北狄僰坤云

東貊韓支豸　　不殊東夷嬰
獬同制法文　　堯自至邢氳 4332. 12 文韻

[운회]에 칭호를 바로잡았으니
주위를 개칭 천민으로 분류 추종해

남쪽은 만 회흘 서쪽은 강으로 폄하
북은 적이요 서남은 僰북이라 이른다

동은 맥으로 조선 갈래 치 종족
해태와 같아 법과 글을 만들다

동이와 다르지 않는 하 종족은
요부터 은나라 성한 형 경까지라.

過麻浦橋 誠信受講生 마포다리 지나며 성신 수강생 위해

小母能容大　　汚胸兇美物
韓江可抱天　　誠信洗醜慾
氣壓蜀東動　　北南行鶴鵠
時時蟲豸遷　　望族向哀憐 4333. 9. 2 先韻

어머니 작으나 큰 것 용납하고
한강은 하늘을 포옹할 수 있다
더러운 가슴 고운 걱물도 흉하게 하나
지성과 진실은 추한 허물도 씻어 준다
기압은 蜀에서 東으로 움직이나
때때로 벌레와 추한 이를 옮기고
남북은 학과 백조의 행로이나
가족을 그리는 애련한 향방이라.

古昔 옛날

故昔如源上　　經文生命本
只今似下流　　新學肥糧牛
山谷堤薀糞　　子生堪苦外
化工藥淨求　　系孫傳代謀 4333. 11. 2 尤韻

옛적은 상원과 같고
지금은 하류와 같다
경문은 생명의 근본
신학은 소의 살찐 먹이
산골과 둑에 분뇨 쌓아
화공하되 깨끗이 구할 약품
자식 낳아 고통 견딤 외면하고
혈통 후손이 대를 잇기 꾀하리.

飄零楓 나부끼는 단풍잎

飄零楓褋厠　　菁嬰虹光夢
溝路轉翩翻　　朔風反下瞑
霾峯街降雨　　天地霧何主
冬盛厺烌剃　　如雲歲月僊 4333. 11. 10 先韻

단풍 뒤섞여 나부끼며 떨어져
도랑과 길 구르고 뒤척인다
봄여름에는 무지갯빛 꿈꾸다
북풍에 내려 뒤척이다 잔다
봉우리엔 눈 길엔 비로 내리며
겨울 성하기 가을 앞서 떠나니
천지 어디에도 주인은 없고
구름 같은 세월만 춤을 춘다.

日往復大邱 하루에 대구 왕복

山田衣幕綠　　乘合輕輕疾
外褙蔽仙襟　　羈心重重沈
秊秊行此路　　性理吾悤抂
久久肅初心　　遙探亂詭音 4333秊 侵韻

산밭은 초록으로 옷을 입었는데
속적삼 벗고 신선의 옷깃으로 덮는다
승합차는 가볍게 질주하는데
나그네 맘 무겁게 가라앉는다
해마다 이 길을 가건만
오래도록 초심으로 숙연
인성 천리 내 맘에 두고
멀리 찾는 속임이 어지럽구나.

肇烁 九首中 其三 초가을 9수 중 기3

驛後中林洞　　有人修暫入
倏禽亂遞季　　橆迹道過先
追者彷迷路　　未幾朙解答
上頭問仰天　　大悟洹精研 4338. 8. 27 先韻

역 뒤에 -옮겨온- 중림동
철새 어지러이 나든 해
잠시 들어 수학할 이 있는데
먼저 지나간 길 발자국 없네
쫓는 이 미로에 헤매다
머리 들어 하늘에 물으라
밝은 해답 기미 없으면
몰입 정연으로 대오하리라.

移室蘭 방에 옮긴 란

不揀㞢㞢地　　殷殷香播谷
千辛屬苦蘭　　常霧覆谿巒
偶日移家內　　節高柔弱葉
憮然習忍寬　　埀範婦心丹 4338. 8. 28 寒韻

가림 없이 난 땅에 살아
천신만고 하는 란초야!
은은한 향기 골 흩뿌릴 제
산등 골에 늘 안개 덮였더니
어느 날 집안에 옮겨 와서는
무연히 참으며 너그러움 길든
절개는 높되 유약한 잎은
아낙의 일편단심 수범이라.

同脣吒評 한 입으로 꾸짖다 평하다

易交三氣候　　數處宣爭競
言必電專并　　同脣且吒評
水山雙角壞　　凍土何萅及
滿谷雨霝聲　　超然鐵瓮城 4338년 庚韻

바뀌기 쉬운 세 기후라
언필칭 전문 전파 아우름
몇 곳이 경쟁해 선전하며
같은 입술로 질타 평판해
물은 산의 두 모서리를 붕괴
골 가득한 우레 소리와 비
동토엔 언제 봄이 오리요
초연한 철옹성이라.

訪活水書室 其十一 歸路

활수서실 방문 기11 귀로

美於江上照　　喫茗推元室
靜夜映垂光　　一機不復房
恒來圍爽氣　　人迹消沈瞋
針葉臭神香　　然而久日常 4339. 4. 28 陽韻

江가의 불빛보다 바람 잔 밤
물에 드리운 빛이 더 곱구나
茶 마시는 퇴원의 다실
한 기회 다시 못 올 방
항상 와 상량한 기운 둘리고
침엽 신기로운 향기 숨 쉬는
인적은 순간에 소침하고
그러하니 일상은 오래 가리라.

埴尘 번식 생태

歿卉培營養　　賦天施屬種
土中積埴尘　　循理茁糵耕
一或千秊樹　　枝幹根厚壤
新芽育老萌　　長幼命相賡 4340. 8. 4 庚韻

푸나무 죽어 영양을 북돋으며
흙속에서 생명이 썩어 쌓인다
하늘 주되 온갖 씨로 베푸니
순환 원리로 갈지 않아도 싹 난다
일년초도 혹 천년 늙은 나무도
새싹도 움이 늙어야 기른다
가지 줄기 두터운 땅에 뿌리박고
크고 작은 생명은 서로 이어간다.

逸事顯安 드러나지 않았다고 즐기지 말라

稱奔非疾歪　　日日如甎築
逸事顯安心　　一虛因洄沈
勿求於外道　　復涽連汚體
自備腦藏今　　有機新構尋 4340. 9. 13 侵韻

바쁘다는 핑계로 달리지 말고
알려지지 않았다고 안심 말라
하루하루를 벽돌 쌓듯 하라
하나가 빔으로 모두 침몰한다
상도를 벗어나서 구하지 말고
스스로 지금을 뇌 속에 간직하라
부활이란 더러운 몸의 연속이니
유기물로 구성될 새것을 찾아라.

立冬三鷞 립동에 한 추위

夓海多蒸熱　　遠高冬霻積
山川合速**流**　　稍稍養斂**秌**
喀馬𡉊印陸　　白頭岐大小
蔥昆命九**州**　　時雨媒東**區** 4340. 11. 8 **尤韻**

여름바다 뜨거워 증발 많으니
산과 냇물 흘러 빨리 합류한다
높고 멀리엔 겨울 눈 쌓아 두고
조금씩 가을 거둠을 길러 준다
히말라야는 대륙에 박힌 생명
파마루(파미르)와 곤륜은 구주의 생명
백두산 크고 작은 산 갈래에
때맞춘 비로 우리 구역 매개한다.

順逆 슌류 역류

順下流汚滌　　造環光化日
薰蒸上改**修**　　雖聖不尋**求**
悖惡非逃照　　自然調偉大
陽陰否索**搜**　　橆有創神**疇** 4341. 2. 2 **尤韻**

아래로 순응하며 씻어 흐르고
훈증으로 깨끗이 다시 씻어 오른다
순환 조화로운 태양의 광화를
비록 성인이라도 찾아 구하지 못해
패륜 악물에도 빛 피하지 않고
음양을 찾아 비추지도 아니한다
자연은 위대한 조화이니
유무는 신의 발에서 창조한다.

加刑拜金猪突 저돌적 배금자에 가형

拜金猪突利　　總體亡塗糞
公物遠傍藩　　全燒崇禮門

儒敎名立國　　汚史沮今後
社稷象徵根　　警鐘老漢言 4341. 2. 11 元韻

돈만 숭배하여 사리에 뛰어들며
공공물건 방관하여 멀리 팽개친다

온갖 것을 도분으로 망쳐서
숭례문을 다 불태웠거늘

유교를 나라 세운 명분삼고
사직단 근거로 부른 위상을

더러운 歷史력사 금후에나 막자
경종으로 간언하는 늙다리.

正道權道 정도 권도

正道諸規定　　實存常攝理
危難治以權　　用次當剃

崇禮韡徵表　　史來遺㓞字
弔燒懺再鐫　　何論佛儒仙 4341. 2. 18 先韻

정도의 규정이 많은데도
위난은 권도로써 다스려

실존하는 섭리란 상도인데
일 앞에 당하면 차선 편용

숭례문은 조선의 징표였으니
불탄 조상 다시 참회를 새겨

유사 이래 글자를 남겼거늘
어찌 佛불 儒유 仙선으로 깨우치리.

考內外幽閕 집 안팎 생시사후

屋內觀山水　　現生恖死後
通行覽櫛家　　幽界考閕遮

靈長有機裏　　兢兢三萬日
羊頭犬肉衺　　戰戰謹身茶 4341. 3. 16 麻韻

집안에서 산과 물을 보고
길 가며 즐비한 집을 본다

현생에서 사후를 생각하고
유계 명계의 차단 생각하니

영장류 유기 속에 있으며
양두구육으로 속아 산다

끙끙거린 3만의 날을
전전하며 茶로 근신한.

秌分日 추분에

萅萌防土失　　秌葉完光化
夓雨壤輸將　　冬雲實五常

解冰營草綠　　天子歸還地
高雪命流長　　橆然本有祥 4341. 9. 23 陽韻

봄 싹은 토양 유실 막아 주나
여름비는 흙을 쓸어 보낸다

가을 잎 광화를 완성한데
겨울 구름은 오상의 열매라

얼음 녹아 초록을 경영하되
높은 눈은 길게 흐를 운명이다

하늘 자식 귀환하는 땅에
무위 자연의 상서 본디 있다.

感激 감격

十七人登錄　　中原爲閱覽
三人未結終　　吾事了非充

韓服儀均著　　愚師賢弟子
齊歌咽傳功　　四海哲晨東 4341. 11. 20 東韻

십칠인 -창립회원-등록에
삼인은 끝맺지 못하고

중원은 열람을 하였으나
우리 茶事차사 충족치 않게 마쳐

韓한옷을 고루 갖춰 차리고
제창하는 스승의 은혜에 오열한다

어리석은 스승의 현명한 제자로
사해에 동방의 새벽을 깨우치기를.

正道與才量 정도와 재량

正道通千歲　　有爲裁廣遠
才量達一時　　偏格脫先私

然理糊塗造　　贅心魔自作
今園獄卻卑　　極樂地天貽 4341. 12. 26 支韻

정도는 천년을 통하나
재량은 일시에 달한다

유위하여 광원한 마름은
편격과 나를 먼저 세우지 않는다

자연의 리치를 조작 호도하면
지금의 락원 지옥 도리어 낮추리니

번거로운 마음은 스스로 만든 것
극락은 하늘이 준 땅이리라.

木蓮與櫻雩 목련과 벚지꽃

木蓮丹北向　　虎視耽耽爆
悄落盡忠魂　　櫻雩滿校園
三菖紅子杜　　千萬藉原種
長嬰側葬萱　　同乘吳越孫 4342. 3. 31 元韻

목련 북향한 일편단심으로
초연히 충혼 다하고 지자
호시탐탐했다는 듯 폭발한
벚지 꽃 교정에 가득하다
봄 내내 진달래 붉게 피고
긴 여름 무궁화 원추리 곁
천만의 원종이 깔렸는데
오월 후손들 함께 탔구나.

開閉眼聪 大陸公程51 눈꺼풀 열고 닫고

開眼觀三里　　眞相從物類
閉聪視百烋　　心狀著時流
落木瞑菖夢　　蒼天飄似靜
叓人睡次求　　綠地化如留 4342. 8. 27 尤韻

눈 뜨면 삼리가 보이는데
눈 감으면 백년이 보인다
진상은 물류를 따라감이요
심상은 시류에 부침이라
잎 진 나무 봄꿈에 잠들고
사람은 차례 찾아 밤잠 잔다
푸른 하늘 고요한 듯 회오리
푸른 땅 머문 듯이 바뀌누나.

㞢**於五合** 大陸公程52 **광 풍 인 양 수 삶**

光風人壤水　　菜穀藏霖頍
五合畀恩**糧**　　天堂涽入**倉**
腐身經地上　　物我耽存洹
養芔噴惠**康**　　青田共穗**良** 4342. 8 30 **陽韻**

빛 바람 인력 토양과 물
다섯 합작 은량을 주신다
채소 오곡 무탈하게 저장된
천당의 곳집에 들어 산다
몸 썩어 경력한 땅위에서
푸나무 길러 강녕 은혜 뿜어
대물 자아 존몰 간 탐탐하는
푸른 들 우량한 공수로다.

替芽凋落時 大陸公程67 **봄 싹 돌아갈 때**

替芽修受命　　松柏含脂葉
凋落復歸**還**　　加季苦露**顏**
榻莿長獨堊　　三沸靜波浪
欲茗對平**盤**　　炑茶樂自**閑** 4342. 9. 20 **刪韻**

봄 싹 천명 받아 수직하더니
조락 귀환하여 수복하는데
솔 잣은 잎에 기름을 담아
한해를 더 낮 드러낸 인고
상 앞에 홀로 오래 앉았으니
茶 생각에 쟁반을 마주한다
一 二 三 끓는 소리 조용해
가을 차 한가로이 즐긴다.

南行 三十季 大陸公程80 삼십년 만에 남행

老輩行千里　　筆持醒半睡
東園待驛門　　如子感情暄
著地迎三弟　　往來過一世
同乘至次番　　靑出幾新芚 4342. 10. 15 元韻

여든 늙은이 천리를 가는데
東園동원이 대기실에서 기다린단다
붓 잡은 채 졸음에서 깨어나며
자식이듯 따스한 정을 느낀다
도착지엔 세 제자가 맞으니
동승하여 다음 차례에 이른다
가고오기 한 세대가 지나는데
청출어람할 새싹 몇이나 나올꼬?

環水 句尾連雙韻 回文 물의 순환 구미련쌍운 회문

全圍新蓂蔚　　熸下濛濛雨
蔚上薇雲熸　　雨中綠綠鮮
鮮䀠霿限路　　川公瀛淸變
路側濁黃川　　變空再降全 4342. 10 先韻

온전히 새로 난 풀을 울창하게 하고
울창한 위에 안개구름으로 덮는다
안개구름 내리면 몽몽한 비
비 내리는 중 푸르고 푸른 신선함이어!
선명은 무한한 길
길가 누른 시내는 탁하고
내 흘러 바다에서 맑게 바뀌어
공중에서 변하여 다시 내리는 온전이라.

自業自修 大陸公程293 자신 과업 자신 수업

誕卒從天命　　我身知有疾
病魔程自**修**　　依託不醫**憂**
定處生三代　　建衰幷此地
相應息受**酬**　　調攝滌先**頭** 4343. 10. 18 尤韻

태어남과 죽음은 하늘의 명이로되
병마는 스스로 닦아 가는 과정이라
내 몸에 질병이 있음을 알진데
의탁으로는 우환을 고칠 수가 없다
정한 곳에서 3대를 살면
서로 받고 갚으며 적응한다
건강 쇠약은 이 땅과 아우르니
조섭하되 먼저 머리를 씻어라.

大邱講義往來 大陸公程314 대구강의 다녀와서

著驛東園迓　　講中神藥效
還時運綮**湍**　　歸路睡便**安**
趣鼎三回缺　　老夫千里事
見求消息**習**　　自省緜憂**端** 4343. 11. 18 寒韻

역에 내리니 동원이 맞았는데
돌아올 적엔 소단이 운전했다
강의 중 신통한 약의 효험에
돌아오는 길은 편안히 잠들다
취정은 세 번이나 결석했고
현구는 소식조차 깜깜하여
늙은이 천릿길 다니는 일이
자성 근심의 실마리 눈이 반반.

第四篇 七言絶句

知捷經篆文 경전을 아는 지름길 전문

十字皆敎都未意　　　放新書校龗原習
一篆訓詁二三知　　　本異不分擧艾耆 4328년 支韻

십자등 모든 교회 뜻 도무지 모르고
한 전자 훈고는 두셋을 알게 한다
방만한 새 글 학교 근본 익힘 없고
본단 이단 구분 못한 쑥 늙은이 거동.

牛膝峙 우슬재

膝嶺步過越轉乘　　　阪周田畓煌嘉尾
今來闊路几依登　　　金剛防斜故霧升 28년 蒸韻

걸어 넘다 자전거 타고 넘던 우슬재
이제는 길이 뚫려 안석 의지해 오른다
비탈 주변 전답은 휘황 찬란히 꼬리 잇고
금강 골 방조제엔 옛 안개 오른다.

外來敎遺憾 외래종교 유감

天下闔敎茂林宗　　　會堂增日比違膨
晨昏晝夜滿敲鐘　　　龗事故鄕漸悴容 4328년 冬韻

천하 온 교회가 종교 숲으로 무성
새벽부터 저녁까지 북 종으로 가득
회당은 날로 붇는데 비위는 팽창해
무사하던 고향도 점차 모습 초췌해.

理程 世況 결치는 길 세속 근황

侈船廈榮稚拙**妝**　　貪財惑世消眞實
單衣博識義人**梁**　　滖海傳風蠻測**量** 4328년 **陽韻**

옷사치 큰 집 경영으로 꾸미는 치졸
단벌에 박식은 의인의 다리
탐재로 세상 미혹 진실은 소멸
심해에서 전하는 바람 미개의 측량.

理程 蠻生守身 결치는 길 야만스런 섭생으로 몸 지키기

肉林未反歆泉**甌**　　拙富稺兒亡己國
滿室珍財劣捨**修**　　蠻生邨老守身**留** 4328년 **尤韻**

주지육림 돌이키지 않고 원천수 자기로 마시며
집안 가득 진기한 재화 수신조차 버린 못난이
졸렬한 부귀에 치졸한 아이 제나라 망쳐도
야만의 촌 늙다리로 살며 남아 수신하리라.

遠居不孝 멀리 불효하며 살다

千里別鄕衰母**親**　　生存世拄將難測
病妻鄰院未聲**呻**　　蝦睡每蕱 非苦**悶** 4328년 **眞韻**

고향 이별 천리에 어머님 쇠하셔
병처 이웃 병원도 신음 받아주지 않아
세상에 생존함 장래 예측 어려우나
새우잠 매일 아침 고민하지 않으리.

元亨利貞 元 원형리정(춘하추동) 봄

億劫元无太始替　　吸散水食炭動作
日中玄鳥暖光伸　　天地化生自由人 4328년 眞韻

억겁을 무에 근원한 태시의 봄
태양 속 검은 새가 펴는 빛 따스해
산소 호흡하며 물 마셔 탄소동화작용
천지 광화 생명의 자유인이라.

元亨利貞 亨 원형리정(춘하추동) 여름

仁始亨長妙衍邦　　雨風適遞東方盛
天經誥戒屬季悾　　何示豐饒償禮龎 4328년 江韻

어질게 비롯해 형통한 성장 천하에 번져
천경天經 神誥신고 戒經계경의 만년 정성
비바람 알맞게 갈마드는 동방의 성국
언제나 풍요를 보며 큰 례로 갚으리라.

元亨利貞 利 원형리정(춘하추동) 가을

豐饒禮藏利源烋　　弘益人間全世遂
上月初三天祭酬　　謙應神義永味由 4328년 尤韻

풍요와 례를 간직한 가을 공리의 근원
상달 초사흘 제 올려 하늘에 보은하고
크고 풍요로운 만유 마침내 온 세상에
하늘의 뜻 겸손이 받아 길이 화유할.

元亨利貞 貞 원형리정(춘하추동) 겨울

元始萅仁乾四支　　利烋遂義貞成立
亨長㔻禮大東夷　　冬寐智芽伸適時 4328년 支韻

원시부터 어진 봄 네 갈래 하늘
형통한 여름 성장 례의 대동이
가을 거둠 바른 뜻 곧게 성립하니
겨울 잠 지혜로운 싹 때 맞춰 펴리라.

空江氳順 하늘 강 氳氛온분에 순종

晴曇晝夜順應分　　四季由綠䆃盡本
天氣適懷非逆文　　不干空界太今氳 4328년 文韻

밤낮으로 개다 흐리다 응분의 순종
천기에 맞춰 안겨 文을 거역치 않고
사계절 연유한 초록빛 근본 다함없어
공계에 간여치 않고 온분한 지금의 태시.

蠶室衣翔 옷이 나는 잠실

蠶桑古阯聚摩天　　微蟲脫經堂羽化
高下每層人箔搷　　已貪靈長衣翔仙 4328년 先韻

누에와 뽕의 옛 터가 빌딩 취락해
고하 층마다 사람 잠박의 누린내
작은 벌레 탈피 지나 날개 돋는 집
탐욕스런 영장은 옷으로 나는 신선.

亂世 어지러운 세태

擁獒居廈亦纔尨　　外入種宗呑事族
撫獸同臺何被厖　　遠親慈犬大東摐 4328년 江韻

개를 안고 큰집 사는데 겨우 또한 삽살개와
짐승과 한 침대에 만지다 함께 자니 어찌하리
외래 종교 심어 민족 병탄한 일로
부모 멀리 개 사랑의 대동이를 치노라.

過麻浦橋 마포 다리 지나며

江濱夕照往鳩巢　　議事電波佗具調
橋越入場瑤紛淆　　漸肖汝矣島根敎 4328년 肴韻

강가 석양노을에 깃들어 가는 비둘기
다리 지나 광장에 들면 어지러운 구슬
의사당 방송국이 달리 조리 갖추고
점차 닮아가는 너이섬 가르치는 뿌리.

風流越嶺 바람결 산마루 넘어에

越嶺渡瀛同類參　　或歸宮澤荷葶發
强柔風勢散分堪　　林客經川流抱藍 4328년 覃韻

바다 건너 재를 넘어 참여한 한 무리로
강유의 바람세가 흩어 견디다 나뉘어
혹은 궁택에 련꽃을 피웠는가
숲과 내를 지난 손 쪽빛 안아 흐른다.

冑盲鳴 맏자손의 맹꽁이 울음

孔丘蝌蚪改諧儒　　　蘖誦奪長宗主化
本處東夷韓貊須　　　冑盲蛙哭孟氓鳴 4328년 虞韻

공자 올챙이글로 선비 화해 개혁하니
본고장 동이는 모름지기 조선 예맥
장손을 얼자 빼앗아 외니 종주로 승화
주손들 개구리 곡조 맹꽁맹꽁 울어댄다.

御吏回顧 어사를 돌아다본다

洋甁律酒代民勞　　　假偕樂園狂舞件
妓進珍肴家畜豪　　　漏流國稅聖橋逃 4328년 豪韻

양병에 진액 술 백성 근로 대신해
기생 바친 진안주는 가축의 기름
락원을 빌려서 광란무도 사건
국세 새어 흐르는 다리 성인 떠나.

亂世 어지러운 세태

逐新鄕破勉强尖　　　洹覺占先家世壤
美俗故文幷仌謙　　　鸚啼跳豹士仁鉗 4328년 鹽韻

새것 쫓느라 시골 깨고 첨단에 힘쓰니
미국 풍속 글로 연고 함께 겸손 떠나니
세가 토지를 선점한 줄 모르는 사이에
앵무는 꽥꽥 표범 뛰고 어진 선비 재갈.

讚司敎 주교를 찬양

先司外敎絶天**倫**　　過百餘秊仁一父
洄入愛獒棄族人　　麤依幼老代孫**親** 4328년 **眞韻**

먼저 사제 외교에 천륜 끊기니
개 사랑에 몰입 동족을 버렸네
백여 년 지난 한 어진 아비는
의지 없는 늙은 애 손이 친을 대신.

雨水際 비 올 무렵

不去嚴冬何惜**知**　　嬰麤天怒誰醒傲
萅來弗暖曷嘉**慈**　　烋實未歸命意**恖** 4328년 **支韻**

겨울이 가지 않으면 어찌 아쉬움을 알며
봄이 오되 따뜻하지 않으면 어찌 아름다움을 사랑하랴
여름 하늘의 노여움이 없고서 누가 오만을 깨우치랴
가을 열매 돌아가지 못하면 하늘의 뜻을 알리.

新敎 새 종교

舊新敎效極相**違**　　品性家禽馴久育
派派人爲私欲**肥**　　三千傳道亂神**威** 4328년 **微韻**

신구 종교 효과 상위하기 극단으로
인위로 갈라지고 비대한 사욕은
집짐승 품성으로 오래 길러 길들기
삼천만을 전도하니 신위의 소란이라.

離婚背倫 인륜 배반한 리혼

夫婦約天非別盟　　外敎妄覺亡人道
因慈一邨序家生　　未獸矧靈自逆行 4328년 庚韻

부부가 맹세코 나뉘지 않는다며 하늘에 약속하고
인하여 한 마을이 사랑하며 가통으로 살다가
외교의 妄覺망각으로 인도를 잊으니
짐승도 아니한데 하물며 령장이 수수로 역행.

修報 由眞六晬 四月八日 外祖 닦아 보은하라 유진 6돌 외할애비

佛來中呂又由眞　　大德徙居味姊妹
隘室松坡新接陳　　修身勉學報恩親 4328. 5 眞韻

부처님 오신 四月 또 유진이오니
좁은 방 송파구 신접살이 펼 때
대덕 옮겨살며 자매가 화합
몸 닦고 공부 열심 부모께 보은해라.

修恩 敏眞晬 五月二十一日 外祖 은혜롭게 닦아라 민진 돌 외할애비

三神點指揀金門　　祈願婉嬋味姊妹
次嬰輝田生外孫　　修身晚學報親恩 4328. 5. 21 𪆟韻

삼신 할미 점지하니 金門을 간택
五月 大田에 빛이라 외손을 보니
원커니 완선히 자매가 화합
수신면학으로 부모 보은하기를.

蹢㞢 머뭇거리며 산다

爲佗㞢者報天皆　　不說非貪安息跋
利己彼傷自作差　　三間蹢我趴依崖 4328. 5. 31 佳韻

남을 위해 사는 자 하늘이 다 갚고
자기 탐리 남 상처 스스로 어긋난다
유세하지도 탐욕도 않고 걷는 안식
삼가고 머뭇거리는 나 벼랑 의지해 간다.

小軒休日 작은 마루 휴일

聽容雲講記陶潛　　捨仕淵明千載立
聞始蟬聲如涷炎　　非歸耊齒幾安恬 4328. 7. 23 鹽韻

도잠을 기억 강론하니 구름이 받아들이고
매미소리 들리자 더위에 소나기 내린 듯
벼슬 버린 도연명은 천년을 꿋꿋한데
돌아가지 않는 나이 얼마나 편안하리.

石坡廊 孫拄馨先㞢 別第 석파선생 사랑

厺雲千載故如剃　　谷麓嵌然盈角造
北嶽百季今變遷　　石坡綮志一隅傳 4328. 7. 26 先韻

구름 가기 천년을 여전한 옛
북악은 백년에 변천하는 지금
골 등성이 험악하게 석각 건조 가득
석파의 소지를 전하는 한 벼랑.

汝矣腫脹 너이섬 종창증

汝矣本居倏雁羣　　聆聞亂說季中放
新生雙首怪言君　　口舌辭載四云陳 4328. 10. 25 文韻

너이섭 본시 철새떼 거처인데
새로 생긴 두 머리 말 임금 괴물
어지러운 말 년중 방송 들리느니
구설로 차린 말 사년이라 이른다.

憧亡子 잃은 자식 생각

纙中紅發如薔薇　　出入敎門羣襍廁
網視彼容暝瞭煇　　今常閒域扗儀晞 4328. 10 微韻

초록 속에 붉게 핀 장미꽃이듯
얼추 보던 모습 눈감으면 빛나던 눈동자
나드는 교문 뒤섞임 속에
아직 거기 늘 슬픈 모습으로 있구나.

乾支省墓 건지머리(막을머리) 성묘

四百連緜世葬山　　滿渟靑海波濤湓
南行千里僅登攀　　藍昊白雲岡越閑 4328. 11. 10 删韻

사백년 면면이 이어온 세장산
남행 천리해 겨우 더위잡아 오르니
푸른 바다 밀물의 파도는 일렁이고
쪽빛하늘 흰 구름은 한가로이 산등을 넘네.

麻浦橋 마포 다리

麻浦越橋雲帶昏　　望人庶曰陽匐落
絡焉燒濜塢江燉　　夕照依然變老元 4329年 元韻

마포 다리 넘어 구름 띠의 黃昏
다 사르고 날 듯 산언덕 강에 이글거린다
보는 이 거의 일러 서쪽으로 해 진다는데
노을빛 예 같은데 늙은이 원 모습 변하노니.

瞻十字塔鵲巢 십자가 탑 까치집 쳐다보니

十架重修幾度巢　　餘生莫大臨終像
一過山水逆流拋　　止筆瞻聞輩鵲嘲 4329. 5 肴韻

십자가 탑 거듭 수리해도 까치집 몇 번
한 번 지난 산수는 버려도 역류한다
막대하게 남은 생애 마칠 형상 임하여
붓 놓고 소리 쳐다보니 조롱하는 까치떼.

洗然亭 세연정

一時君傅因平生　　世穢蔚愚求洗滌
修鍊不休小學誠　　然中風水協亭淸 4329. 8. 17 庚韻

한때 임금 스승이 평생의 원인으로
쉬지 않고 소학을 정성껏 수련하시어
세상 오예와 우울을 씻기 구하시며
그러한 중 풍수 맑은 정자를 맞았네.

過訓十秊 훈도 십년 지내며

篋冊擕巡過十秊　　美風洋俗忘身輩
行程險遠益於先　　疑祖彼看眞孕剃 4329. 5. 23 先韻

책 행담 지녀 돌기 십년 지났는데
다닌 길도 험하고 앞길 더욱 멀어
미국바람 서양풍속 제 잊은 무리야
조상 의심되면 그 잉태 전 참모습 보라.

麻浦橋 마포 대교

麻浦越橋雲帶昏　　望人庶曰陽匐落
終焉燒盡塢江墩　　夕照依然變老繁 4329. 5. 23 元韻

다리 넘어 황혼의 구름 띠
다 태워 끝나니 강둑만 이글거려
보는 이 말문 막고 서쪽 지는 해
석조 의연 번거로운 늙은이 변해.

麻浦大橋 其一 마포 대교 기1

麻浦大橋回首匐　　昏霞自昔常同美
厺歸羣鳥樹濱棲　　耆老癡頑日往蹊 4329. 5 齊韻

마포 대교를 서쪽으로 머리 돌리니
새떼 물가 나무에 깃들이러 돌아가고
저문 놀 예로부터 아름다움 항상 같아
완고 치정 늙은이 날마다 질러 다닌다.

麻浦鐵橋 其一 마포 대교 기1

麻浦鐵橋過眺鄗　　昏霞古現悠悠好
公城山脚水存嘑　　疾丕癡頑每日蹊 4329. 5 齊韻

마포 철교 서쪽 보며 지나니
서울 멀리 산자락이 물에 울며 있네
저문 놀 예와 같이 유유한 아름다움
완고 치정으로 질주하며 날마다 건너.

麻浦橋 마포 다리

麻浦越橋雲帶昏　　望人庶曰陽鄗落
絡焉燒盡塢江墩　　夕照依然變老元 29년 元韻

마포 다리 넘어 구름 띠의 황혼
다 사르고 날 듯 산언덕 강에 이글거린다
보는 이 거의 일러 서쪽으로 해진다 하고
노을빛 예 같은데 늙은이 원 모습 변하노니.

外孫喜誕 외손 출산 기쁨

露癬松柏壽千秊　　短命生涯何失志
常樂有情逝百剸　　雲仍嗣續永遺傳 4329. 11. 20 先韻

추위에 드러난 솔 잣은 천년 장수하고
항상 정붙여 즐거워도 백세 전에 가
짧은 생애라고 어찌 뜻조차 잃을 건가
먼 후손으로 대를 이어 길이 유전하리.

元曉㢢義湘 원효와 의상

元曉㢢湘當兩**賢**　　文朙現代檀𣟒**藉**
人聰昧瞽著𣡿**爗**　　視界相同霧靄**然** 4329년 先韻

원효와 의상은 당시의 두 현인으로
귀먹고 눈먼 사람 띰 없이 드러나
문명한 현대에는 자자한 단나를
시계 늘 같아도 애연한 안개 속.

㗂雀 참새 소리와

後彫松竹月餘**彰**　　種夳未歸如爾**憫**
灸白𪊲梅戶入**香**　　今翰雙雀爽啼**傍** 4329. 12. 2 陽韻

뒤늦게 아로새겨나 밝기 한 달포
붉고 흰 한매 향기 문에 스며든다
심고 가 오지 못한 네 련민인가
오늘 아침 참새들 곁에 밝은 지저귐.

歲暮 세 밑

小童𣡿憚不疏**親**　　耆艾隱窩遲理**究**
成壯選鄰朋友**信**　　次翰晴雨曷今**諄** 4329. 12 眞韻

아이들 거리낌 없기를 친불친 없으나
장년으로 자라 이웃 가리고 붕우유신
六七十에 움집 숨어 구도하기 늦어
래일 아침 날씨를 어찌 지금 이르리.

送舊迎新 묵은해 보내고 새해맞이

除夜鐘聲韽普**信**　　惛過丙子慙羞事
始時丁丑睿迎**眞**　　溫故知新倍達**伸** 4329. 12 眞韻

세밀 보신각의 종소리 은은하고
정축년 시작 진정으로 밝게 맞자
흐려 지난 병자년일 부끄러워하며
온고이지신의 배달 혼을 신장하리.

東卥日月 동서와 해와 달

東卥日月永安**躔**　　水陸寄居惟一世
南北暑齌四時**全**　　虛空徘徊曷放**專** 4330. 1. 29 先韻

동에서 서로 해와 달 전도 길이 안정
남북 더위와 추위 온전할 춘하추동
바다와 뭍에 붙여 살 오직 한 세계
허공 배회 어찌 제멋대로 방종하리.

雲雨霎時 구름 비 눈 올 때

雲雨霎時何說**天**　　乾坤不變風文作
欲知瀛海曷侵**仙**　　寄命焦心易象**然** 4330. 1 先韻

구름 비 눈 올 적에 어이 하늘 설명
큰 바다 알고자 어찌 선계 침범하랴?
하늘 땅 바뀌지 않고 무늬 짓는 바람
천명에 부쳐 애태우나 자연 법이 바뀌는.

國風 풍류 국도

風流國道弘益人**間**　　萅夓秌冬錦繡江土
性命精化九區勝**頒**　　何時我愛靁出睢**還** 4330. 2 **删**韻

비돌(밝따) 국도 홍익인간
天性천성 天命천명 정화 나누는 온 누리
춘하추동 금수강산을
항상 내 사랑 번개로 나가 물수리로 돌아오리.

蘙梅 겨울 매화

後彫松竹月餘**昌**　　種厺未歸如爾息
灻白蘙梅戶入**香**　　今朝雙雀爽啼**傍** 4330. 2 **陽**韻

뒤에 새겨나는 송죽 한 달포 창성
붉고 흰 한매 향기 지게문 넘어드네
심고 떠나 돌아오지 않는 네 소식이듯
오늘 아침 참새 한 쌍이 곁에 짹짹 시원해.

蒙世 몽몽한 세상

寺離岐亂忘方**來**　　邊教會堂霖葶濕
水響多雩洗俗**埃**　　肅豪言福未逃**孩** 4330. 4. 28 灰韻

절 떠난 山 갈래 어지럽고 곧 올일 잊어
물소리 많은 곶에 속진을 씻고자 하느니
변두리 교회당엔 풀 이슬 젖음도 없고
엄숙 호언 복 비는 말엔 치기 벗지 못해.

思不孝兒 불효자식 생각

千萼屬樹種庭家　　　嘔血杜鵑休一季
躑躅單株厷未芽　　　十秊纍際待開萼 4330. 4. 28 麻韻

천만가지 꽃과 나무 집 뜰에 심겼는데
진달래 한 그루 싹트지 못하고 떠났네
피 토하는 두견새만 한 철 쉬지 않아
십년을 때 없이 꽃 피우길 기다리네.

棄日千里往復 千리 왕복하며 버린 날들

濛濛來道往空虛　　　北忎重重原熟麥
屬谷悠悠冒祛祛　　　南流澹澹曲江徐 4330. 6. 5 魚韻

눈개비 오던 길 공허하게 가는데
온 골은 느긋하고 굳건히 견디네
북으로 질주하는 겹겹 언덕에 보리 익고
담담히 남으로 강은 천천히 구비지네.

告表音專用者 표음 전용자에게

字文幷語發開化　　　倭壓勒敎三十數
獨表音傾背綠蛙　　　祖先姓改面何遮 4330秊 麻韻

문자는 언어와 아울러 개화 발전했거늘
소리글 독용에 기울어진 청개구리 배신
왜침 륵약 교육의 삼십 오년에
조상의 성 바꾸고 얼굴 어찌 가릴까?

欲授遺者 남겨주고 싶은 것

不惑方過子婦流　　何遺汨洄探家寶
迫臨童幼孫曹頭　　物纇餘授勸理求 4330년 尤韻

마흔 살 지날 자부의 나이
임박한 어린 손자들 머리에
무얼 남길까 가보 찾기 골몰하다
물건 주지 말고 학문이나 권하자.

望槿䓵 무궁화 바라보며

上投將蓋酵茶香　　輒聞蟬聲望外樹
啜後牀頭逆嗅長　　霖間叢槿落斜陽 4330년 陽韻

상투 하여 덮으니 茶 향기 날아와
책상머리 마신 뒤 냄새 오래도록 오른다
문득 들리는 매미소리에 바깥 나무 보니
장마 사이 무궁화 떨기에 석양마저 진다.

慶會樓騷人限 靑谷 尹吉重 先生 作 경회루 시인의 한

景福宮中慶會樓　　池魚不識騷人限
半千秊事白雲浮　　添得春波任意遊 尤韻

경복궁 궁문 안에 경회루야!
5백년 왕조를 백운에 띄웠는데
시인의 한을 알지 못한 물고기는
더더욱 봄 물결에 맘껏 노는구나!
4278(1945)년 7월 청곡 윤길중 선생 지음

附原韻 원운에 부침

叓絶經過百歲樓　　邦分斷事𧄍關類
王𦬘不復勢沈浮　　翔泳越潛來往遊 4330. 7 尤韻

역사 끊기고 지난 백년의 경회루
왕조 광복을 보지 못하고 권세만 부침했네
나라 잘려 갈린 일 무관한 무리는
날고 헤어 넘다 잠기다 오가며 논다.

留邸陳省 유저 살피며 개진

綠雨堂前左右原　　支撑五百庭銀杏
池坊松鷺不飛喧　　物展觀光衆忞奔 4330. 8. 15 元韻

록우당 앞 좌우는 벌판인데
못둑 솔 백로 시끄럽게 날지 않고
오백년을 지탱해 온 은행나무 뜰엔
전시물 관람에 바삐 달리는 군중.

善芙蓉臺 부용대를 좋아함

亡日賞輤五彩雲　　冬鑪夓扇犧行路
下遊仙女睩襟弅　　精樂玉簫獨燈懃 4330. 8. 15 文韻

오색구름 봄놀이에 죽을 날을 잊고
하강 선녀와 놀며 봉긋한 흉금 보며
겨울 화로 여름 부채에 갈길 희생하고
옥퉁소 정악에 홀로 은근 불 밝혔네.

洗然亭 세연정

一閒燕雀汚平生　　世穢微塵求洗滌
修鍊不休小學誠　　然中風水協亭清 4330. 8. 15 庚韻

연작을 가까이에 평생의 염오를
수련을 쉼 없이 소학에 정성했네
세상 티끌 더러움을 씻어 닦고자
자연 속 물 바람 맑은 정자에 맞아.

戲娛止促織歌 베 짜기 노래 부르다 그치다 하며 즐김

戲娛放談分袂情　　霎閒促織加焦躁
滿庭通藉蟋歌聲　　變貌松都不夜城 4330. 8. 31 松島 子正 庚韻

장난스리 방담하는 이별의 정으로
마당가득 깔린 귀뚜라미 노래 소리
가랑비 짬 더욱 초조히 베 짜기 독촉
인천 송도는 옛 모습의 불야성이라.

人爲美展 사람 위한 전시회

人爲美展了疏觀　　盡日齋金藍昊覽
瘦體休陰雲仰看　　猶吾老邁求畫端 4330. 10. 2 寒韻

사람 위한 미술전시를 대강 관람하고
수척한 몸 그늘에 쉬며 쳐다보는 하늘
종일 돈 없이도 쪽빛 가을하늘 보느니
오직 나 늙어 가며 正端정단 그리기 원해.

奔世界化 세계화로 달리다

文民選好裏軍區　　背本末崇危國泰
固有遺忘外學抽　　治經言合軌三趟 4330. 10 尤韻

문민 선호한다 국군 방위 구역 속
고유 유전 망각해 뽑은 외래학문인가
근본 배반 말단 숭상 국태 위태로운데
정경 언론 연합 타달대는 세 줄 궤도.

朴允球兄古稀宴日 其一 박윤구 형 고희잔치 기1

蔥嶺天山曲白頭　　常情似舊今如長
馬鳴仙隱古吾留　　未益㞢量逝樂遛 4330. 10. 17 尤韻

파미르 텬산(天山) 줄기 백두에서 굽어
마명산 선응산 우리 살던 옛적
항상 정은 예와 같이 오래 지금같이
산만큼은 못해도 즐겁게 있다 가세.

朴允球兄古稀宴日 其二 박윤구 형 고희잔치 기2

回恖乙亥喜悲驚　　雀舌雩開味混謐
獨啜閒居鷹爪烹　　幽悾謙友晦初程 4330. 10 庚韻

지지난해 돌아보면 놀라운 기쁨 슬픔
홀로 한가롭게 매 발톱 달여 마신다
지리산 화개 골 작설과 향기 혼화해
그윽 정성 벗에 감사 첫 과정에 저문다.

過寒露 한로 지나

旾來緩緩澗畔**松**　　炎熱鬱蒼謙退嬰
秌厺夭夭木色**濃**　　遼望美霙厭迫**冬** 4330 .10. 9 冬韻

봄이 와도 산골 솔은 더디고
가을 가도 질은 빛깔 아리따워
한더위 울울창창 겸손히 물러간 여름
멀리 보면 고운 눈도 닥치면 싫은 겨울.

送丁丑秊 其二 정축년 보내며 기2

謹愼秊終潰守**眞**　　茫然自失渾今後
愁心送舊恐仰**新**　　萬敎相生耐國**人** 4330. 12. 26 眞韻

년말 삼가 신중 맘 졸임 무너져
수심과 두려움으로 송구영신하며
망연자실한 금후의 渾敦혼돈에
만 종교 상생토록 국인 다 참아라.

外宗行態 외래종교 행태

偏倪少壯禁分**離**　　鄰愛口頭猶背道
艾老聾盲己不**知**　　面牆祈禱蔽修**籬** 4330. 12. 28 支韻

어린이 소 장년 분리를 엄금하여
중늙은이 귀먹고 눈멀어 제 알지 못해
이웃사랑 입과 머리로 도리 배반 같아
담장 얼굴 대 기도하며 울타리 고쳐 가렸구나.

聽三十除夜鐘 30분 제거한 종소리 들으며

國恥送季除夜鐘　　十方空始爨終一
七千羞辱刺心胸　　天育大三合再鎔 4330. 12. 31 冬韻

나라 부끄러운 제야 종이라
칠천만이 부끄러워 가슴을 찔린다
동서남북 사방천지 공시 무종 일
하늘이 竝育병육하신 대삼 다시 녹여 합하자.

迫古稀際 일흔 박두한 때

我行擔內二三書　　累積古稀來各道
子手囊中四五璵　　散飛靑志往分輿 4331. 1. 1 魚韻

내 행담 속에는 두세 권의 책
그대 주머니 속엔 너댓 개 구슬
각 도 다녀오기 일흔에 쌓이니
청운의 꿈 흩어 수레에 나눠 갔네.

金賢淑會友壽古稀 김현숙 회우 고희 축수

三千谿谷不休停　　天主覆幬敦化感
一海微波竝四溟　　跬剞先導日尤靑 4331. 1. 20 靑韻

삼천 계곡을 멈춰 쉬지 않으시고
한 바다 잔물결에 네 바다 아울고
천주님 휘장에 덮여 돈화 감응하십
한 발짝 앞서 이끄시며 날로 푸름 더하시리.

半世紀累罪 50년 쌓인 죄

清貧愛族黜忠臣　　日益時加天蔽掌
一世亡邦惡黨陳　　僞崇滅祖弔知新 4331. 2 眞韻

청빈한 애족자 충신 내쫓으니
한 세대에 나라 망친 악당 진열
날로 때로 더 손바닥으로 하늘 가리니
괴뢰 숭상 조상 멸절 온고지신 조상해.

臘梅 겨울 매화

三冬忍苦外籬邊　　新舊混淆疏或密
自力破臘軒末天　　靑香滿陛愛嬋娟 4331. 3 先韻

변두리 울 밖에 삼동을 참는 고통
추녀 끝 하늘엔 자력으로 추위 깨
묵은 새 가지 얽혀 성기게 혹 빽빽하게
청향 섬돌 가득 선연하고 사랑스러운.

忽聞梅香 홀연히 매화향기 맡아

三日不開晩始堂　　雀鳴輒聞瞻庭杪
奔忙一句未咼章　　霎踏靑梅已熟香 4331. 3 陽韻

사흘 동안 만시당은 열지 않았고
열흘을 분망해 한 줄 글도 못 지어
까치소리 문득 들려 뜰 나무 쳐다보니
눈길 밟아 핀 청매가 벌써 익은 냄새.

晩始四季 만시태학당의 사계절

百籱黃紅大小葩　　　谿聲山色雖橆聞
一園四季落開咢　　　根宿單生適者家 4331. 3. 31 麻韻

노란 빨강 온갖 빛깔 모인 크고 작은 꽃
한 동산 춘하추동 피었다 지는 꽃
시냇물 소리 산 빛은 비록 듣지 못해도
뿌리 내린 한 평생 적자생존의 집.

木蓮 목련화

懷恨被殊如復咢　　　全橆褻服微紬外
踰牆不夜似喪家　　　北向羣呼一擧椏 4331. 4. 3 麻韻

죽임당한 회한으로 다시 꽃핀 듯
담장 넘어 밤 지샌 상가이듯
가는 명주밖에 설복 전혀 없이
북향하여 때로 호소하는 한 거동 가지들.

季暮杜咢 櫻咢 늦봄 진달래와 벚찌꽃

已厺季暮節復回　　　霎霎數日淸埃穢
暴櫻機側杜咢衰　　　自湣天然滿發來 4331. 4 灰韻

이미 갔던 늦봄 다시 돌아온 시절
폭발한 곁에 기다리던 진달래도 시들어
비 오다 갠 며칠에 더러운 먼지 맑힌
스스로 사는 천연 가득 피어 오는.

過烌風嶺 추풍령 지나며

柳綠桃紅梨霳攢　　連翹路傍萻風協
山櫻輭粉白峯皭　　岸麓藉纁躑躅冠 4331. 4. 2 皭韻

푸른 버들 붉은 복숭아 배꽃 모이니
산벚찌 연분홍에 추운 백설 봉우리
개나리 길 곁에서 맞는 봄바람에
산기슭에 연분홍 으뜸인 진달래.

熟萻 무르익은 봄

涓涓谿壑播靑空　　淸穢蕩生吹谷颬
綠綠梢枝擲躅紅　　汚章澗澗送雲中 4331. 4 東韻

시냇물 졸졸 흘러 청공에 뿌리고
초록빛 가지 끝에 붉은 진달래
더러움 씻어 맑게 사는 골짝 바람
욕된 글 물 뿌려 씻고 구름에 보낸다.

亂世 어지러운 세상

禮不權懼怖亂軍　　牆鄰計寸忘稱號
財貪祈鬼破魔羣　　子地孫坤染毒欣 4331. 4 文韻

례는 권도 두렵지 않으나 혼란 패거리 두려워
재물 탐하여 귀신에게 비는 악마 때를 깨나니
담장 사이 이웃도 계촌 당내 호칭도 잊고
자자손손 물려갈 땅 독으로 오염 흔쾌해.

言必稱叏正立 언필칭 력사 정립

平生不驗屬佗宗　　口善瓟沙分直視
不識刳刪日可從　　愚民惑世止狂攻 4331. 4 冬韻

평생을 경험치 못한 온갖 다른 종교를
무식한 채 가르고 깎고 따르며 왈가왈부
입만 착한 모래밭 오이를 직시 분별하면
우민을 혹세무민하는 미친 공격 멈추리.

訪僅暇芙蓉所 겨우 여가에 부용소를 방문

薔薇牆上笑消𪎭　　奥處芙蓉辞僧問
發麥時哉暇僅難　　指頭山麓碣碑漫 4331. 5. 9 𪎭韻

담장 위 장미꽃이 추위 삭히며 웃고
보리 패는 시절이라 어려운 겨를에
깊숙한 곳 부용 골을 찾아 묻는데
손끝 산자락에 질펀한 비와 비갈.

中回芙蓉所 부용소 중도에 돌아오다

山門至口澗聲耽　　尋谷古人傳欲慕
戲作幾鼯仰廉探　　瞻柯嵐氣反荆覃4331. 5. 9 覃韻

절 입구에 이르러 산골물 소리 즐기련데
몇 놈 다람쥐가 작난 치다 렴탐하며 맞는다
골짜기 고인을 찾아 그리움 전하려는데
나뭇가지 산기운 보다 중도에 돌아왔네.

昭昭五月光 밝고 밝은 오월 달빛

綠綠昭昭五月光　　東奔跼蹐過芳節
昏昏昧昧俗人忙　　不想親寧汨學堂 4331. 5. 14. 양19 陽韻

푸르고 푸르다 밝고 밝은 오월 달빛
저물어 캄캄할 적 속인이라 바빴던가?
동분서주하다 꽃철도 지나고
친녕은 생각도 못하고 학당에 골몰.

戊寅時雨郙 大邱行車內 무인년 오월 말 대구행 차 안

古今同色嬰削光　　千載農心如舊野
未過半季似國亡　　學人單獨慄不當 4331. 5 陽韻

예나 이제나 립하 전 경광은 같은 빛
반년도 채 못 지나 나라가 망한 듯
천년 농심은 옛 들과 같건만
배운 사람 홀로 마땅치 않다 조바심인가?

摩尼山省塹城檀 마니산 참성단을 살피려

摩尼後麓吹涼風　　跼遠大洋巖激浪
弦月主峯掛碧空　　近山樹海霧波充 4331. 5. 30 東韻

마니산 뒷자락 바람 상량 부는데
반달이 주봉 푸른 하늘에 걸렸네
서쪽 먼 바다 바위에 물결 부딪고
가까운 산 나무바다 안개 파도 가득.

次韻外宗 외래종교시에 차운하여

常道太過幻向**飛** 半鬲東色儡羣處
吾家綻裂捨傳**衣** 邯步未硏將不**歸** 4331. 6 微韻

상도를 너무 지나쳐 날아가는 환상에
우리집은 트고 찢겨 전통 의상 버리고
반은 서양 반은 동방 색 괴뢰떼 모인 곳
邯鄲之步한단지보 익숙 못해 돌아갈 수 없어.

難破船 난파선

舵棹猶存故障**船** 如今以後三千世
官民脫走向讎**剚** 修繕本來嗣續**堅** 4331. 6 先韻

키 노 오히려 있는데 고장난 배
관민이 탈주하여 원수 앞 향하는가
지금까지이듯 이후 삼천 세세
본래 것 수선하면 굳게 이으리라.

恒茶四時 춘하추동 차를 들며

天天地地存人**人** 愈愈吾汚汚啜啜
水水山山變信**眞** 安安汝畀畀神**神** 4331. 6. 10 眞韻

하늘은 하늘 땅은 땅, 사람은 사람으로 존재
물은 물 산은 산, 변화에도 진실로 믿느니
내가 근심할진대 더러움을 마셔대나
편안히 너와 함께 하면 신기로운 입신.

倒㞢畁異端 나무와 이단

倒㞢知攝性天**然**　　端異惑人橆本覆
古葉長新順次**先**　　廢家亡國獨存**牽** 4331. 6. 19 **先韻**

나무는 섭생을 아는 천연의 성품
묵은 잎 새잎 기르고 먼저 진다
이단이 유혹해 근본 가려 없으니
폐가 망국에서 끌려 독존하는가?

勤勉橆量價 근면 무량의 가치

或爲勤勉置橆**量**　　天地唯存㞢有限
自作焦恖怨未**常**　　晩時非嘆子孫**襄** 4331. 7 **陽韻**

혹은 근면이 무량의 가치라 하는데
속태움 스스로 지어 떳떳치 못함 원망으로
천지에 오직 유한한 존재로 살며
때늦은 비탄으로 자손을 도우랴?

朏帶雲遺憾 동트며 구름띠 유감

月出山高惡者**燀**　　橆關放置晴時視
天皇第一欲單**睊**　　今日不淸待後**秊** 4331. 7. 3 **先韻**

달뜨는 높은 산에 못된 안개구나
천황 제일봉을 한눈에 보고자 했더니
무관해 두어라 맑은 날에 보리니
오늘 맑지 않으니 다음 해 기다리자.

加樂洞三月暮景 가락동 삼월 저물녘

櫻開一次極奢華　　委結山査機好節
暴輩如事藉落彎　　綠中紅斑百味家 31년 麻韻

벗지꽃 한차례 사치 화려 지극해
포력배 일이듯 꽃져 狼藉랑자해
뭉킨 명자 꽃 좋은 시절 대기하는
초록 속에 붉은 무늬 다 어울린 집.

一襟編遺憾 하나로 쉬는 편성에 유감

古今文字四千季　　冏始祖洋亡自失
桓檀以來國語傳　　敵先親外唾望天 4331. 7. 17 先韻

고금의 문자 사천년을
흔든 이래 국어로 전하는데
조상의 바다 밝은 시작에 망연자실
적을 먼저 외세와 친하니 하늘 보고 침뱉기.

嘆妖筆 요망한 붓을 탄식

譯傳箋說道聽文　　樹覩入山終錯視
左隱右攻蚊蚤羣　　如林觀察屬民紛 4331. 7. 17 文韻

說설 풀고 傳전 번역 도청도설한 글로
왼쪽 숨기고 오른쪽 치는 모기 벼룩떼
나무 보며 산에 들어 착시한 끝에
숲 보듯 살펴보는 만민의 분란.

次稱慰安婦有感韻 '위안 호칭 유감' 운을 차운함

同族敵稱何不悲　　常常涽剝生呑學
彼吾龘別蠹書辭　　漫衍癡愚已晩時 4331. 7. 18 支韻

儲光義瞑妃詞咊韻 저광의 명비사에 화운

동족의 원수 칭호 어찌 슬프지 않으리
너와 나 분별없는 좀먹은 책의 말
언제나 제멋대로 병탄 배워 사느니
만연된 어리석음 이미 때가 늦었네.

山綠水長 산 푸르고 물은 길어

幽山蕮綠水悠長　　大小濁淸今後想
霰霻雲霜始日常　　竿頭白尺進危梁 4331. 8. 18 陽韻

산 그윽 풀 푸르고 유유히 긴 물
선설과 운상의 일상 시작이라
크고 작고 흐리고 맑을 금후 생각하면
백척의 장대 끝 위태로운 다리로 나아간다.

祖生水畀風 조상이 살던 물과 바람

這地祖生水畀風　　此邦共穢今佗誹
吾長緣畜至先同　　背國移民何夢虹 4331년 東韻

조상 사신 이 땅에 물 바람결 함께하여
인연하여 길러온 우리들 자라 선조같이 자라고
이 땅 함께 더럽히고 이제 남만 헐뜯기인가
배국 이민하며 어찌 무지개를 꿈에 그리리.

六好而不學則六蔽 論語 陽貨 6호 배우지 않으면 곧 6폐라

好偏不學蔽專**隨**　　信直陷凷埋賊絞
仁智自如愚蕩**馳**　　勇剛時失亂狂**癡** 4331. 8. 22 **支韻**

치우침 좋아 배우지 않으면 오로지 폐혹 따르고
어짊과 지혜에 자여한 어리석음 씻어 질주하라
신직에 빠지면 엄히 도둑으로 매장되리니
용맹 강인은 때를 잃고 어리석게 광란한다.

加樂洞落杕杜 가락동 떨어지는 팔배

雩盛葉同調競**青**　　中烁未果如吾等
落英衰貌考容**形**　　過重傍存老母**停** 4331. 8. 25 **青韻**

꽃잎 함께 무성해 푸름 겨뤄 갖추고
꽃부리 떨어져 쇠약한 모습 용형 상고하니
중추에 과실 못 맺기 우리들과 같아
과중히 곁에 엄존 늙어 머무신 어머님.

微酩未省 미명에 살피지 아니함

眉月微光未省**渾**　　盥終寬靜觀朞後
甚休曈處審飛**輪**　　遳嬦左弦亜屋**謜** 4331. 8. 29 **元韻**

미월 여린 빛 흐려 살피지 못하나
매우 아름다워 해우자리를 살핀다
세면 끝내니 느슨 조용히 돌 뒤에나 볼
연약 안존한 상현달과 삼가 집에 앉아.

邪魔不感 國恥日 사마에 미혹치 아니함

大小盜强世太多　　非非是是人吾考
政經官敎似邪魔　　齊族修身未畢訶 4331. 8. 29 歌韻

크고 작은 도둑 강도 태다한 세상
정계 경제계 관 교계가 사마이듯
시시비비하는 남과 나를 상고하며
수신과 가지런 미필 겨레 꾸짖는다.

百秊自害言 백년 자신을 해치는 말

主體絶根自害言　　省吾叱賁同容喙
糶分彼我百秊渾　　專用竝參濊祖喧 4331. 9 元韻

제 몸 뿌리 끊고 자해하는 언어
피아 분별없이 백년을 흐리니
나를 살펴 꾸짖으며 말참견 함께하며
오로지 함께 쓰며 조상 더렵혀 떠든다.

㷊獸人 푸나무 짐승 사람

植物後凋皆實黃　　人間猶獨如神性
獸禽豫別子先長　　千闟惡呼未度量 4331. 9. 4 陽韻

식물은 열매 다 익힌 뒤에 시들고
금수는 미리 분별 새끼 먼저 자란다
인간은 유독 신의 성품 닮아선지?
천만 가지 악악거리며 도량하지 않는다.

日常 일상

夢醒出屋仰旻天　　拂葉丈高瞻姣月
爽快蕭蕭樹路邊　　盡終亡日入星巔 4331. 9. 17 先韻

잠깨어 집 나서며 가을하늘 쳐다보니
상쾌하고 한가로운 길가 나무들
잎 흔들리는 이마 위 예쁜 달 쳐다보며
종일 잊은 해 이마 위에 드는 별.

行全州 전주행

于今十載得涓流　　近日輒顧何爲歲
似月季過老失修　　凋萼青實已浚烋 4331. 9. 20 尤韻

지금껏 십년 작은 흐름에서 얻고
달 가듯 해 지나 닦음 잃고 늙는다
근일에 문득 돌이키니 몇 해나 될지?
꽃 시들고 푸른 열매 이미 가을 깊었네.

釜山講議歸路 釜山講行回顧 부산 강의 귀로 부산 강의 회고

迷路釜山問衆人　　事終歸後間間顧
行街一婦導前身　　佗地傷時相殺因 4331. 9. 24 眞韻

부산 길 헤매며 여럿에게 물으니
길 가던 한 부인 앞서 인도하던 일
일 끝내고 돌아온 후 이따금 회고한데
다른 곳에 속상할 때 연유 상쇄하는지.

五隆閭門巡訪 오룡 마을문 순방

五隆閭入紅矢門　　老姆居孤廚過舊
斑白上閒客散奔　　童時回想炊煙飧 4331. 10. 24 元韻

오룡려 살 붉은 문을 드니
흰 구름 한가로운데 객은 바삐 흩어진다
할머니 외로운 거처 옛 주방 지나서
어릴 적 회상되는 저녁 짓는 연기.

青鶴澗水洗心 청학동 산골 물에 맘 씻어

早來青鶴洗吾心　　時藉宿光明穢目
晩著汚流我足沈　　谷聲長爽耳清浚 4331. 10. 24 侵韻

청학동에 일찍 와선 내 맘을 씻고
늦어서는 오류에 내 발을 적신다
별빛 깔리면 더러운 눈 밝히고
골 물소리 길고 시원 귀 깊이 맑히자.

歸路休憩所 귀로의 휴게소

八點蛾休金盞萼　　旅羣狂發哮淫樂
二三蜂遞夕陽斜　　疾丞車中亂晩鴉 4331. 10. 25 麻韻

줄 점 팔랑 나비 쉬는 금잔화에
두 셋 꿀벌 갈마드는 비낀 석양
려행 패거리 미친 발작 음탕 악 질러대는
질주하는 열차 속 저물녘 갈가마귀 소란.

出青鶴谷 청학골을 나서며

峯峯競合染紅侵　　透影水淩天各景
變色烁山綠竹林　　其中絶勝谷流音 4331. 10. 25 侵韻

봉우리들 경합에 빨강 침입 물들어
변색한 가을 山 대숲은 푸르러
깊은 물 투영된 여러 예쁜 경광
그 중 절승은 골 흐르는 소리.

晩烁歸家 늦가을에 귀가

晩始太多內外奔　　牆間啼蟋何閑寂
行休自得夕還門　　寢室傍庭破靜聞 4331. 10. 28 元韻

늦게 시작 너무 많은 분주한 안팎 일
갈 나이 스스로 알아 저녁 문 돌아오니
담 사이 귀뚜라미 소리 어이 한가 적막
침실 곁 뜰에서는 정적 깨고 들리는.

於乾支 건지머리에서

丘木一埽再幼充　　香山齋茂庭園艾
失嗣原墓蘼蘆叢　　何處白鬢不見童 4331. 12. 7 東韻

언덕에 나무 일소하고 다시 채운 유묘
사손은 언덕의 묘 잃었는지 갈대 떨기 거칠다
향산재 정원엔 쑥만 무성하고
백빈은 어느 곳인가 아동도 보이지 않네.

於麻浦某屋 마포 어느 집

禮節本源聚典經　　　四千秊契除根絶
外來風孼奪書庭　　　蓼蓼密生如廢亭 4332. 2. 26 靑韻

례절의 본원인 경전을 취합하는데
외래풍 얼자가 마당 글 써 빼앗는다
4천년의 글을 뿌리 잘라 제거하니
잡풀만 밀생하여 버려둔 정자 같네.

顯異候 이상 기후 드러남

異天多烖自恖生　　　私慾溢流看世態
安逸四端茶飯情　　　臨終共向不歸行 4332. 2. 26 庚韻

이상 기후 많은 재해 생각다가
사단으로 안일한 항다반사의 정
사욕 넘쳐흐르는 세태를 보노라면
임종엔 함께 가서 돌아오지 못한다.

秌風嶺南下 추풍령 아래

柳綠淸流杏滿開　　　四時此路何回過
秌風嶺下芳萅來　　　每載新情羨愛廻 4332. 4. 1 灰韻

버들 푸른 맑은 물에 살구꽃 가득
추풍령 아래 한봄이 되니
사시 이 길을 몇 번이나 지났던가
해마다 새 山情산정 아껴 돌아오는 그리움.

盛萅 한봄

新葉日躲柳柳金　　南丘鬲麓山櫻滿
東郚桃梨屋屋僾　　千壑㒍相𨡆不紝 4332. 4. 18 僾韻

새 잎 햇살에 금빛 버들
동촌엔 도리화 집집에 번져
남녘 언덕 서쪽 자락 산벚찌 만개
천 골 만 상이 비단 아님 없네.

躑躅粺 百𡚱 철쭉과 온갖 꽃빛

家邊庭外躑多開　　紅炎革麗如賀祝
各各色光歲公回　　白𡚱惟獨似喪衰 4332. 4. 22 灰韻

집 언저리 뜰 밖 가득 핀 철쭉
제각각인 빛깔로 가고 돌아온 세월
진홍 빨강 화려한 혁신 축하하는 듯
흰 꽃만 유독 죽어 시드는 듯.

便侫服一生 편녕하며 복종하는 일생

便侫好人服一生　　世㸑𨡆別沁襟裏
自尊工者鶴如贏　　垢脫修心欲潔貞 4332. 4. 22 庚韻

편녕하는 호인으로 일생을 복종
자존 공작자 학이 되고 남을 듯
세상 먼지 분별없이 옷깃에 스며
맘 씻어 때를 벗고 정결하고자.

聞貞夫人受賄過秌風嶺 정부인 수회 들으며 추풍령 지나

雨晴烟霧洗林園　　上厚下淸常慣道
霎止微光撫野溫　　靑雲纔達醜婦翻 4332. 4. 27 元韻

비 개이고 과원 숲 씻은 안개
비 멎자 온화한 미광 들을 만진다
위는 두텁고 아래 맑은 늘 버릇된 길
청운에 겨우 도달인데 추부의 뒤치기라.

時雨節 시우 계절

金綠未靑間或渝　　洛河幷上天雲仝
方過穀雨闔山圖　　斑首似秌不顧枯 4332. 4. 29 虞韻

푸르기 전의 금록 빛이 혹 바뀌는 짬
곧 지난 곡우 때라 온 산이 그림
락동강 아우른 위로 구름 가는 하늘
얼룩 머리털 가을 같은 고목을 돌아보지 않으리.

四月山野 사월의 산과 들

闔山枝梢似歡聲　　晝夜溫涼蘇蕮木
晏晏陽光如雨晴　　夕蘙咊氣易民生 4332. 4. 30 庚韻

만 산 가지 끝이 환성이듯
화평한 햇빛에 비오다 갠 듯
낮에 온난 밤은 상량 초목 소생하는
아침저녁 화기에 민생이 평온해.

諸難琢修 여러 어려움 탁마 수신

江域不居汚水流　　古書論學言猶亂
山行頻者傲溝區　　禮節示羣先磋修 4332. 4. 30 尤韻

강역에 살지 않아도 오수는 흐르나니
산행을 자주하는 자가 도랑을 해침이라
옛글과 배움을 론하기 오히려 소란한 말
례절 시연하는 무리 탁마 수신 먼저 하라.

過四十二載邂逅 遇在美姪女 其一 사십이 년 만에 해후 미국 조카딸 만남 기1

四海相端半百羈　　吾翁彼姥茫然失
出街迎待不看知　　有口簳言互換嘻 4332. 5. 2 支韻

세상 서로 끝에서 반백년 나그네가
길마중 나와 알아보지 못했네
나는 로옹 그는 로파 망연자실해
입 있어도 말없이 애통으로 바꿨네.

過四十二載邂逅 其二 42년 지나 만남 기2

太海相邊五十季　　吾翁彼姥憮然歲
電言疑訝僅知蹁　　有口簳言俟語先 4332. 5. 2 支韻

태평양 변두리 서로 오십년에
전화 말 의아해 해매다 겨우 아니
나는 로옹 그는 로파 무연한 세월
입 두고 말 못해 서로 말하기 기다림.

狂洋舞 광란한 양춤

乳兒心體類東**鬲**　　未冠已軍猜競友
悖母偏培似親**低**　　狎鷗淫蕩夜駄**蹄** 4332년 齊韻

젖먹이 맘과 몸은 동서양이 類類相從류류상종인가
어미 치우친 기름으로 버려 낮은 것만 친한 듯
미성년에 이미 군사로 벗과 겨루고 시기하며
익숙한 갈매기에 음탕에 밤바리의 발굽인가?

鬪爭族 歎二世 싸움박질 족속 2세를 한탄

忘家換胤奉洋**梯**　　弘益祖先泉壞哭
貪貨鬪爭尢舞**泥**　　靜觀何處逅悲**啼** 4332년 齊韻

가풍 잊고 혈통 바꿔 서양 돌피 받들며
재물 탐해 싸우느라 진탕 춤 절름발이
홍익인간 조상들이 저승에서 통곡하리
어느 곳 조용히 살펴 슬픈 울음 만나리.

疊疊生生 겹겹이 生生한

靑山疊疊樹生生　　漫漫洛流潛萬像
薄霧透光綠綠**成**　　田夫加種巳時**頃** 4332. 6. 3 庚韻

청산 첩첩하고 생생한 나무숲
엷은 안개 햇빛 뚫어 이룬 푸르름
질펀한 락동강 물에 만상이 잠겨
농부는 11시에 뜬 모를 덧심는다.

生鬻逆流 삶을 거스르지 말라

生畀糞流鬻逆行　　洛東韓水根源濁
上泉洗足曷江淸　　邦國引名汚辱幷 4332. 6. 10 庚韻

살면서 분뇨 흐름을 역행치 말라
위엣 샘에 발 씻으면 어찌 강이 맑으리
락동 한강 근원이 흐리면
방국을 이끌어 오욕을 아우르니.

兆壞世態 무너질 조짐의 세태

橆希誘引阱今三　　愛重盲聾過保護
放送歌房競技耽　　中高陷洹不知慙 4332. 6. 17 覃韻

희망 없는 유인 지금의 세 함정
방송과 노래방과 경기장 탐닉
눈멀고 귀먹어 애지중지 과보호에
중고생 함몰인데 부끄러움 알지 못해.

腐菔死線 썩은 무의 사선

腐菔盈飢死線攻　　彼悲吾喜嗟兄弟
以強代弱血相同　　斯恥辱殃引瘴痌 4332. 6. 18 東韻

썩은 무로 주린 배 채우고 사선을 공략
강으로써 약을 대체 서로 같은 혈통
그가 슬퍼야 내가 기쁜 아! 형제들
이 치욕의 재앙 풍토병이 끌어온 것.

行天安 木覓山 其一 천안에 가며 목멱산 기1

木覓觀吾何處**來**　　韓江攝耳從恖子
三山問我曷時**回**　　日月下言洗盡**埃** 4332. 6. 22 灰韻

목멱산이 나를 보며 이디서 왔는가
삼각산은 내게 묻길 어느 때에 가려는가
한강은 귀를 잡아 자식 생각 따르라
해와 달은 말을 내려 티끌 다 씻으라네.

蒙空洋風 木覓山 其二 서양 바람 하늘을 덮다 목멱산 기2

木覓敎吾公夢**空**　　五孫雙子忘親族
三山悟我止洋**風**　　心逸捨私四義**充** 4332. 6. 22 東韻

목멱산이 날 가르치되 가린 하늘 제거하라
삼각산은 날 깨우치길 양풍을 그치라 한다
다섯 손 중 두 아들 친족을 망각했으니
마음 편히 나를 버리고 인의례지 충실.

透雲山河 구름 뚫은 산과 내

絮雲流下透山**河**　　至現生涯其見我
爲鶴穤然飛辱**過**　　高空皛皛視吾**佗** 4332. 6. 24 歌韻

솜구름 흐르는 아래 산을 뚫은 내
학이 되어 무연히 욕된 과거 날려
지금까지 생애가 나를 보기를
높은 하늘에 선명한 다른 나를 보느니.

靑山欲居 청산에 살고자

藩茂靑山欲去居　　此蓸前濜恖行實
不勝緣起不離閭　　俗事共罹踏步初 4332. 6. 24 魚韻

무성한 청산에 가 살자 하니
연기를 견딜 수 없어 항간 떠나지 않네
이 몸에 먼저 다할 행실을 생각해
세속에 함께 걸린 일에 첫걸음으로 밟으리.

鶴飛海魚 학으로 날며 바닷고기로

欲如飛鶴壽非恖　　穢世敵生天受命
海岸爲居魚不罹　　林中一鳥涽閒枝 4332. 7. 16 支韻

학과 같이 날자 하되 수를 뜻하지 않고
해안에 살고자 하되 근심 없는 물고기
거친 세상에 적생하되 천명을 받았으니
숲속 한 마리 새로 한가로이 가지에 살리.

步行蠶室 잠실을 걸으며

蠶室樹街前月行　　今昏輒再瞻弦影
芳雩杜上恒微朙　　葉色依依更發程 4332. 7. 25 庚韻

잠실 가로수 길을 달 앞에 가노라니
향기로운 팔배 꽃 위 미명의 조각달
이 저녁 문득 달그림자 쳐다보니
나뭇잎 빛 이들이들한 길을 다시 나선다.

百鴻中單鵝 백 홍안 중에 한 거위

單鵝鶂鶂百鴻中　　一鶴蒼空飛霧塞
畔鵲啼啼叱異躬　　時時日月可離同 4332. 8. 6 東韻

한 마리 거위가 백 홍안 속에서 꽥꽥
논둑에선 까치가 깍깍 몸 다르다 꾸짖는다
한 두루미 창공에 안개 가에 날아가고
때때로 해와 달이 함께 떠날 수 있어.

失鞆怨倭 조정 잃고 왜를 원망

失鞆亡國怨倭人　　五百王廷光復半
自族相爭引壞淪　　龍孫派散外教親 4332. 8. 22 眞韻

조정 잃고 나라 망해 왜인을 원망
자민족 상쟁으로 괴륜으로 이끌었네
오백 년 왕조는 반만 광복하고
왕손 흩어져 외래 종교와 친하구나.

烌風嶺 추풍령

萅滿山雩色色姸　　烌經谷谷燒高好
㝠盈溢樹依依娟　　冬霻峯峯顯綮嬋 4332. 9. 2 先韻

봄 가득 산꽃 고운 빛깔들
여름 가득 일렁이는 숲 예쁘게 이들이들
골짝마다 지나는 가을 곱게 타는 고봉
겨울 눈 봉우리마다 희고 곱게 드러나.

執菜戴盆縱歸 채소 들고 동이 이고 총총 돌아와

戴盆執菜縱歸家　　三夜舂終餘執事
老母背空夕燎霞　　七男妹孿不知差 4332. 9. 2 麻韻

동이 이고 채소 들고 종종 걸어 집에 오신
늙으신 어머님 빈 등에 저녁놀 비추네
한밤에 절구질 끝내도 일손이 남아
칠남매 부뚜막 일 어긋나 알지 못했네.

庭中望月 뜰 안에서 달을 바라보며

籬頭掛月席庭中　　半百過秊指屈計
夜話蚊燻朋友同　　㞢存者稀夢光虹 4332. 9. 6 東韻

울타리 끝에 달 걸리면 마당에 자리하고
모깃불에 도란거리며 함께하던 벗들은
50년이 지나서 손꼽으며 세어 보니
생존자 드물어 무지갯빛 꿈이려니.

匐曆開天節 서력 개천절

上月初三節開天　　神市以來傳統潰
異教領相匐曆遷　　下弦傾晝喙譁諠 4332. 10. 3. 陰8. 24 先韻

상달 초사흘이 하늘 여신 명절
이교의 령과 재상이 서력으로 옮겨
급벌 이래 전통이 붕궤되니
하현달 기우는 낮에 시끄럽게 떠든다.

向陽青山 청산 남쪽을 향해

欲住青山丘向**陽** 　　 菖烌會囊同鄕客
雨雲詩作霽耕**岡** 　　 冬𡖂緯經聞仔**詳** 4332. 10. 7 **陽韻**

청산 언덕 양지쪽에 살고자 하니
비오고 흐리면 시 짓고 개면 언덕 갈며
봄가을로 고향 손과 함께하며
겨울 여름엔 지난 예기 자세히 들으리니.

熟烌過烌風嶺 한가을에 지나는 추풍령

烌山改誤不瞻**來** 　　 常變四時何惡獨
平地至先野滿**回** 　　 歸還迎彩喜心**開** 4332. 11. 4 **灰韻**

가을 山 잘못 바뀔까 보지 않고 오다가
평지에 먼저 이르니 가득 돌아온 들녘이라
항상 바뀌는 사시인데 어찌 유독 싫어하리
돌아갈 적 채색 맞으면 마음 열고 기뻐하리.

疊疊山青 겹겹이 푸른 산

綠山疊疊遠青**青** 　　 下處拄家行問客
霽嶽斑斑近近**屛** 　　 乾坤皆宙曷焦**齡** 4332. 12. 29 **青韻**

초록빛 산은 첩첩 청청히 멀어
설악은 얼룩얼룩 가까운 병풍
하래 있는 집에 가던 객이 묻기를
건곤이 다 우주 어찌 세월 초조하오.

道元 길의 밑

微泉小大會流江　　水淨化源乘天氣
世合運搬至海**邦**　　隨時結雨道元**降** 4332. 12 江韻

작은 가는 샘 크면 강에 흘러 모이고
세상에서 합하여 운반 바다나라까지
물의 근원 정화하여 천기로 오르면
때때로 비로 맺혀 내리는 길의 근본.

千方地軸 천방지축

百剃曾祖諱纇**知**　　況且幾千桓古叓
萬載血根何說示　　无方地軸藉邦**奇** 4332. 12 支韻

백년 전의 증조부 휘를 알지 못한데
만년의 혈통 뿌리 무얼 보여 설명하랴
하물며 몇천 년 앞선 한단 옛 력사를
천방지축으로 기이한 나라들 랑자한데.

時祭鄉 시제 때 고향

麥田鳶上處遲**翔**　　山所路邊乾白布
甎牆暖座曲背**良**　　墓剃跪問子孫**徉** 4332. 12 陽韻

보리밭에 수리 올라 느리게 돌던 곳
돌담 양지쪽 자리해 평안히 등 굽히던
산소 가던 길가에다 흰 베 말리던
묘 앞 꿇어 앉아 노닐던 자손 묻습니다.

先山 선산

乾支淳滿詣先山　　芔路纔探墳下跪
樹木枯殘碑展**班**　　祖前再拜慰懷**還** 4332. 12 刪韻

건지머리 만조 때에 선산에 다다르니
수목은 고사해 남고 비석 얼룩 펼쳤네
풋나무길 겨우 찾아 묘 아래 꿇어 앉아
조부님 전 재배하며 돌아온 회포 위로되.

青天綠地 其一 푸른 하늘 초록빛 땅 기1

峪嵯巖嵲葛林**屛**　　單點染汚能辨別
太古碧空元色**停**　　山天幷謂曰浚**靑** 4332. 12 靑韻

울뚝불뚝 높은 바위 둘린 초림에
태고적 푸른 하늘 원색 머물고
한 점 오점인들 변별할 수 있어
산도 하늘도 아울러 심청이라 하리.

青天綠地 其二 푸른 하늘 초록빛 땅 기2

葛井二光幷曰**青**　　近逢蘩分誰云謂
野山葛綠遠虛**圄**　　吟作省文黽聽**經** 4332. 12 靑韻

풀도 우물도 두 빛깔 아울러 푸르다 했고
들과 산의 초록빛을 멀면 빈 옥이라 했지
가까운 봉우리 분별 않고 누가 말했는가
읊조려 지은 글 살피고 경전 듣기 힘쓰리.

日往來三陟 하루 삼척 다녀오다

霜雩峯側眩回瀛　　五十竹樓巡一足
彼海微光爆露盈　　虎山斜夕消夢榮 4332. 12 庚韻

서리꽃 봉오리 곁 둘린 바다 어지럽고
그 바다 여린 빛 연무로 가득하다
오십 간 큰 루각을 한달음에 돌아보니
호산에 해 기울고 영화로운 꿈은 사라져.

桃紅萅 萅景 복사꽃 고운 봄 봄 경광

解冰江渚霧霞屛　　一葉俯乘湲透視
裸木滿開紅水青　　釣魚雩覽忘耕停 4332. 12 青韻

얼음 풀린 강가에 둘린 놀 안개
벗은 가지 가득 피어 푸른 물이 곱다
일엽편주에 굽혀 올라 깊이 투시하며
꽃 보랴 낚시하랴 농사 잊고 머물었네.

鷗波居 㝁景 구파에 살고자 여름 경광

風起鷗波樹下涼　　啼棲山鵲昏蒙振
泊舟中老睡竿望　　空簞步畦牟御慌 4332. 12 陽韻

바람 이는 신선 골 서늘한 나무 그늘
배댄 중늙은이 낚대 보다 잠들었고
메까치 울며 깃들자 저녁 어스름 털고
빈 바구니 둑 걷자 어렴풋 소 모는 소리.

屛山經 秌景 병풍 산 경계 가을 경광

天靑地緣峻峯紅　　鴻鴈遠鳴時刻近
江色艶文鞝夕楓　　屛山流水逸玲瓏 4332. 12 東韻

푸른 하늘 초록빛 땅 물든 가파른 봉오리
강 물빛은 조석으로 지는 단풍에 얼룩져
고니 기러기 멀리서 울며 시시각각 근접해
병풍산에 흐르는 물 령롱한 채 달아난다.

初霳 冬景 첫눈 겨울 경광

都心降霳屋林閒　　鴈鴨未來琉面渚
湖畔舍廬仙舞嫺　　殘楓慌落阪妝班 4332. 12 刪韻

도심에 눈은 집과 숲 사이에 내리는데
호반과 띠집에는 우아한 선녀의 춤
기러기 오리 오지 않는 물가 유리면
남은 단풍 급히 져 비탈 꾸며 곱다.

風流道 其一 풍류국도 기1

天符神誥戒三經　　有叓桓檀風月道
仙聖現觀傳胤惺　　殷鞝甲契始夷邢 4332. 12 靑韻

천부경 삼일신고 참전계경 세 경전에서
선인 성인 지금에 보는 슬기로운 혈손
한단의 력사와 배달의 도 있으니
은 조가 갑골문 형방 동이 시작한.

老松路石同載 늙은 솔과 길가 돌이 함께 실려

路邊一石億秊容　　有命无生雖異態
山嶺甲衣孤老松　　風霽忍踏處千冬 4332. 12 冬韻

길가 돌 하나 억년의 용모요
산마루 갑옷 입은 로송 한 그루
목숨 있고 없고 비록 모양 다르나
풍우한설 참아내어 천년을 대처해.

渡韓江昏 저문 한강을 건너며

燒昏江影繼西流　　晚暮越橋望邁色
霞水夕棲无變悠　　如剃日落洗吾眸 4332. 12 尤韻

타는 놀 강 그림자 서쪽 이어 흐르고
물 노을 깃드는 석양빛 끝없이 멀다
다 저물어 다리 너머 먼빛 바라보며
전과 같이 지는 해에 눈동자 씻는다.

齡輪 나이테

白倭動物個秊齡　　共協個尊彼我異
東夷植生共歲銘　　日洋來俗廢良寧 4332. 12 青韻

백인과 일본인은 동물 성질로 나이테 날날
동이인은 식물 생태로 세월을 함께 새긴다
공동 협조 개별 존중은 그와 우리의 차이
일본 서양 버릇으로 어질고 편안함 버려.

自害狂氣 스스로를 해치는 광기

勉減增財不計量　　百宗千會尖端疾
産出情報盜盛筐　　子子孫孫害自狂 4332. 12 陽韻

힘줄이고 재물 늘임 계량할 수 없고
생산정보로 도둑 하여 광에 담음이라
온갖 종교 천 가지 모임이 첨단 병에
자자손손 스스로를 해하는 광기니라.

萬代風流 자손 만대 풍류국도

錦繡江山我祖先　　人間弘益無窮理
緜緜悠久五千秊　　萬代風流永安實 4332. 12 先韻

금수강산 우리 조상
면면히 유구한 오천년이라
홍익인간 무궁한 리치니
배달(밝따) 만대 길이 평안을 채우리라.

一空監察 한 하늘 살펴보며

萬壑一圓鑑察乾　　孤高理化投身擧
國家安危守完全　　子子孫孫繼敬虔 4332. 12 先韻

만 골 한 둥근 하늘 감찰하며
국가 안위를 완전 수호하는데
고고한 리화에 온 백성 몸을 던져
자자손손이 경건하게 이어가리.

釜山機中 부산행 기내에서

飛霧上層千里中　　　衽綛藍蔽間間襍
形形薄厚變䨱窮　　　然不傳言此宙宮 4333. 1. 6 東韻

안개 나는 상층 천리 중에
형형으로 두텁고 얇고 무궁한 변화
솜옷이 쪽빛에 덮여 뒤섞인 사이사이
그러나 말로 전할 수 없는 이 우주의 궁.

錦繡蒼蒼 푸르른 금수강산

蔚蔚蒼蒼繡我邦　　　少量湖內龜枯渴
百餘旱魃水惟江　　　鄰近大洋金海瀧 4333. 1. 6 江韻

울울창창 繡수 놓인 우리나라
백여 일간 한발에 오직 강에 물
호 안에 적은 량도 고갈해 균열
대양 린근인지 진개는 젖었구나.

煤煙遮碧 푸르름 매연에 가려

遮碧煤煙不測通　　　殘昏尙美漆初夜
浮雲流下電燈紅　　　瑞蔚近空五色叢 4333. 1. 7 東韻

매연이 벽옥 가려 알아 통할 수 없고
뜬 구름 흐르는 아래 붉은 전등
남은 석양 아직 고운데 초저녁은 칠흑
서울 가까운 하늘은 오색 떨기라.

金教授 聽講 김교수 강의 듣다

幻覺玄玄不學**眞**　　類人孻識如如脫
鄰皆同我作惟**神**　　自性常終守戒**身** 4333. 1. 8 **眞韻**

심오하다 환각하여 진실 배우지 않고
이웃 다 나와 같다며 오직 신을 짓는다
류인원은 무지하여 탈피에 분별없이
자성 상종하자며 몸소 수계한다니.

不出小大韊 소한 대한에는 나가지 말라

小大韊波北地**球**　　千秊作計夢遊唬
傍觀袖手貌原**流**　　實四三三三載**頭** 4333. 1. 9 **尤韻**

소한 대한에는 지구 북위 한파라
수수방관함이 원류의 모습이라
천년을 지어 봐야 꿈속의 범 울음
실년 4333세의 머리에서.

馴致崇明 명나라 숭상에 길듦

奴隷性根馴致**侔**　　胤孫尊日終亡國
崇明稱自幾何**酬**　　低質美親皆猛**酋** 4333. 1. 9 **尤韻**

노예근성에 동무해 길들어
숭명을 자칭한 수작 얼마인가?
핏줄 이은 자손 일을 존중 망국 종말
저질 미와 친하니 다 맹추로고.

遇孫日 손자와 만나는 날

水湀魚聚鳥幽林　　記憶好時生放逸
修德友來不慢今　　衰頭汚惱學何尋 4333. 1. 15 侵韻

물 깊으면 고기 모이고 그윽한 숲에 산새
덕 닦고 벗 오니 게으를 수 없는 지금
기억되는 좋은 때란 방일하던 삶
쇠한 머리 욕된 뇌로 무얼 찾아 배우리.

看歲𪎭作鵲巢 한추위에 집짓는 까치를 보며

歲𪎭催促鵲初巢　　智慧人間生放逸
諸害未然防備敎　　傳家絶嗣不聞咬 4333. 1. 16 肴韻

한추위 재촉하며 까치 둥우리 시작
여러 피해 미연에 방비함 배운다
지혜로운 인간이 방일하게 살면서
전가 이음 끊으니 새소리 들리지 않아.

下看積霙山野南海 눈 쌓인 산과 들 남해를 내려봄

下界一看靑白圖　　合流南海辦波美
洛江千里曲曲趨　　雲影灰斑生命湖 4333. 1. 20 虞韻

푸르고 흰 그림 한눈에 굽어보니
락동강 천리를 쉬지 않고 달려
남해에 합류하여 고개 파문하는
구름 그림자 잿빛 얼룩의 생명 호.

臘月歲轔 섣달 추위

臘旣望街當歲轔　　上頭顔面霏霏芍
晡時霙零夕歸難　　反躾光光消解慱 4333. 1. 22 轔韻

섣달 16일 거리 세한을 만나니
신시 영락하는 진눈깨비에 돌아가기 어려운 석양
머리 드니 얼굴에 함박꽃이 주룩주룩
반사하는 빛빛이 근심 풀어 없앤다.

送己迎新 陰晦日 기묘년 보내고 새해맞이 음력 그믐

送己迎新臨白稀　　自修龒力衰軀晦
逝親哀痛過心嘰　　壯盛豚兒壽父希 4333. 2. 4 微韻

기묘년 보내고 새해 맞으면 69세 임해
어머님 가신 애통에 맘 울며 지내니
스스로 닦기에 무력한 그믐 쇠약한 몸
장성한 자식은 아비 장수 바란다나?

歲首 세수

鵲鳴淸楚聞蕭邨　　兢發柏梅如舊態
空屋後庭過晡昏　　主人離久雀咬園 4333. 2. 5 元韻

까치소리 청초히 고요한 마을 들리고
빈 집 뒷마당엔 저녁놀이 지난다
흰 매화 겨뤄 피니 옛 모습 같고
주인 떠나 오래도록 참새만 지저귀는 뜰.

樂園實狀 락원의 실상

假想樂園洄實相　　終身外說非天道
吾生父母似鞋芒　　子子孫孫舁汚囊 4333. 2. 6 陽韻

가상의 락원에 실상이 몰입해
우리의 부모님은 짚신과 같아
종신토록 외설은 천도가 아닌데도
자자손손 욕된 주머니와 함께해.

不傳非人 인간 아닌 경전도 아닌

非人不道解經傳　　或叱友朋何行士
一衆多言釋聖賢　　溢盈汚穢孰消愆 4333. 2. 9 先韻

인간도 아닌 말도 아닌 경전을 풀고
한 무리 많은 언어 성현을 해석한다
혹은 붕우를 질책하는 어느 선비 행실인가
차고 넘친 오세에 누가 허물 해소하랴?

長短歸土 길건 짧건 흙으로 돌아감

闊葉芽歸過半秊　　榦枝殘枉千長壽
柏松鍼木載加延　　此食人間百歲剃 4333. 2. 12 先韻

활엽은 싹에서 돌아가기 반년 과정
송백과 침엽수는 한해를 연장한다
줄기 가지 남아 있어 천년 장수하나
이를 먹는 인간은 백세 전이다.

公尋乘舟臨夕 배 타고 찾고자 하나 저물어

不繫舟乘欲公尋　　映𤲞便覽違𥻬實
未逃湖水迫春臨　　旣上啓明促夜深4333. 2. 14 侵韻

매지 않은 배를 타고 찾아가고자 하나
달아날 수 없는 호수에 저녁 임박했네
글 가리고 편람하나 실상 없는 방황
이미 샛별 올라 깊은 밤을 재촉한다.

見落薦運動結果 락천운동 결과를 보며

夗木生蘿土牆能　　古今人跡秊餘萬
趨權財愛自非矜　　良逐三千惡貨增 4333. 2. 17 蒸韻

죽은 나무 산 松蘿송라 토담에도 능해
권세 쫓고 재물 사랑 스스로 긍지 아닌
고금의 사람 족적이 일만여 년이라
良人 축출 삼천 년에 악화만 증가.

萬里江山 만리 강산

桃䔢滿里映江山　　柳綠流淸然緩急
魚躍鳶飛受命間　　晴明調化自班班 4333. 2. 17 刪韻

복사꽃 만리 강산을 비추고
물고기 뛰고 솔개 나는 사이에 천명받아
버들 푸르고 맑은 내 느리다 빠른 자연
개어 밝은 조화의 아름다운 자연.

環境家歷 집안 래력과 환경

清泉家歷似人心　　流上兩親危害物
千醜屬汚徹染侵　　下都孫歙放生斟 4333. 2. 21 侵韻

맑은 샘 집안 래력 인심도 같아
千 추태 屬 더러운 침범으로 물든 철딱서니
위에서는 부모가 위해물을 흘리며
아래 도시 자손은 걸러 마시며 산다.

推襟霧戴月光 달빛을 이고 옷깃으로 안개를 밀며

濃霧推衿戴月光　　水田間歇蛙聲聞
池塘路上亂螢忙　　三十緖愁耋一藏 4333. 2. 21 陽韻

옷깃으로 짙은 안개 밀며 달빛 이고
못가 길가에는 바쁜 반딧불 어지러워
무논에선 간헐로 들리는 개구리 소리
삼십 년 향수 실마리 한 늙은이에 간직.

隔週外游 격주의 나들이

二曜星同外異皆　　次生工業將汚物
層家周近貌俱乖　　蕩盡淫兒蔽且娃 4333. 2. 21 佳韻

두 주면 별과 함께 다 달리 나가면
아파트 가까운 주변 모두 괴이한 모습
다음 생의 공업은 장차 오물이려니
탕진 淫奔兒음분아 다시 미인이 가린다.

釜山回航機內 其一 부산에서 돌아오는 기내 기1

闔態交形依舊**天** 瀛中靑潔懷千景
人間汚染海岸**邊** 惟我滯胸向索**緣** 4333. 2. 24 先韻

온갖 상태 교형에도 옛 같은 하늘
인간이 오염시킨 해안가
바다 속 청결과 천경을 안았는데
오직 내 가슴에 엉긴 연기 찾을 방향.

釜山回航機內 其二 부산에서 돌아오는 기내 기2

歲寒松嶽益齊**靑** 三刻疾行千里上
風埽夕天却一**形** 電光明滅日過**停** 4333. 2. 24 靑韻

설악 세한송 가지런히 푸르름 더하고
바람 쓸어간 석양 하늘 한결 먼 형상
40분에 날아 달린 천만리 상공
전광 명멸할 적 멈추니 하루가 지난다.

參孤山崇會 고산 종회에 참석

孤山傍祖慕追**臨** 一片丹充眞一道
遠近意思不二**心** 相今後學討論**深** 4333. 3. 1 侵韻

고산 방조 추원 승모에 임하니
원근 의사가 두 마음이 없어
일편단심으로 진실한 한길이라
서로 금후의 학습을 깊이 토론해.

看冬柏 동백을 보니

燒魄嚴[illegible]落炎咢　　樹陰紅色三旬美
已過三一塔洞斜　　旣公先軀選日蕚 4333. 3. 1 麻韻

엄동에 혼을 태우다 붉은 꽃으로 져
이미 지난 3·1절 탑동 석양인데
나무 그늘 홍색으로 아름답기 한 달
떠나가신 선구자 가린 날의 散咢산화.

塞耳目中庸 중용의 길 막는 눈귀

中庸㞢道住今流　　畿斷韓江存淸濁
耳目塞牆不滌尤　　足濯一洗世傳憂 4333. 3. 2 尤韻

중용의 도 흐르는 지금에 살며
귀와 눈 막힌 담 씻지 않는 허물
경기 가르는 한강은 맑고 흐리며 존속한데
발 한번 씻지 않고 세상에 근심만 전해.

雪中不烈香 눈 속 은은한 향기

梅發雪中不烈香　　傲霜孤倐開冬菊
一叢蘭谷百山祥　　貞竹霰堪爭上牆 4333. 3. 2 陽韻

눈 속에 매화 피면 은은한 향기
山란초 한 떨기 온 산의 상서라
오상고절에 열린 겨울 국화
담 위 정죽 싸락눈과 다투느니.

濁水近民 근민이 흐린 물

韓江淸濁類民**心**　　　始發昭陽臨海潔
或暫靑流政受**任**　　　已今汚辱進精**沈** 4333. 3. 2 **侵**韻

한강이 민심과 류류 맑다 흐리다
혹 잠시 푸르거든 정계 수임할지니
시발한 소양강 깨끗한 바다에 닿아
지금까지의 오욕을 정침하게 진행.

古今同冬柏䳇鳥圖 예와 같은 동백 화조도

基居䳇鳥古今**同**　　　過歲堪𪆫冬九十
傲慢人間變外**風**　　　燒魂紅開遠意**充** 4333. 3. 4 **東**韻

터에 사는 꽃과 새 고금이 같은데
방만한 인간이 외풍으로 변모해
해를 넘겨 90일을 겨울 추위 견디는
혼을 태워 붉게 핀 충실히 먼 뜻.

侈專除𪉩 사치에 오로지 밝음은 제외

侈靡專心所以**然**　　　隰田渠水秈培植
㐫藏全物是除**𪉩**　　　利口鄕原惡聖**賢** 4333. 3. 7 **先**韻

사치 화미 전심하는 까닭이란
두뇌 저장 전물에서 밝음을 제거
진펄 논 도랑물에 메벼 심고 가꿔
향원의 입에 리로우니 성현도 싫어해.

踏步四書 답보하는 사서

先後學文踏步愽　　不敎如嫁焦操感
四書基礎證文看　　戰戰兢兢耇父嘆 4333. 3. 8 灘韻

선후진 학문의 답보가 근심되니
사서 기초의 글을 보면 증거라
가르치지 않고 시집보낸 초조감이라
전전긍긍하며 한탄하는 늙은이.

咊鄭知常詩 정지상 시에 화운함

韓江水映美光多　　海發源泉淸始本
邉景扗今渡不歌　　人情隨伴永汚波 4333. 3. 9 歌韻

한강 물에 비친 많은 빛 곱고
경광 지금도 있는데 노래 없이 건넌다
바다에서 피는 원천 근본은 맑게 비롯
인정에 따라서인가 오탁 물결 길어.

看朝霧晝雲 아침 안개 낮 구름

自三看月晦瞻星　　朝露晝雲曇雨憶
霖變夜玄有獨靈　　凜溫霜霙日常寧 4333. 3. 14 青韻

초사흘부터 달을 보다 별 보는 그믐
밤하늘에 외로운 영혼 있어 변함없어
아침 안개 낮 구름 기억 속 비오다 흐림
추위 더위 눈서리의 편안한 일상.

三冬過時 한겨울 지나는 때

九冬嫌節憾猶**過**　　　憎好遞巡天理定
擧世迎萅溢旅**波**　　　往來今後嬰秌**抲** 4333. 3. 14 **歌**韻

90일 싫은 겨울철도 지나니 오히려 서운
온 세상이 봄맞이에 떼거리로 넘친다
싫건 좋건 갈마도는 정해진 천리
가고 올 금후는 여름 가을 이끌리라.

滿谷裸枝 골 가득 벗은 가지

裸枝滿谷歲[illegible]**松**　　　解霻雩剃交冷暑
朝暮薄煙不美**容**　　　三萅二公猶淩**冬** 4333. 3. 16 冬韻

벗은 가지 온 골에 한겨울 지난 솔
아침부터 저녁까지 엷은 안개 곱지 않은 모양
눈 녹은 꽃피기 전 추위 더위 교체기에
석 달 봄이 두 달 지나건만 오히려 한겨울.

秌風嶺 추풍령

變態雲煙嶺路**南**　　　微[illegible]下待芽羣苦
芳萅積霻孰輕**耽**　　　一至東風滿谷**甘** 4333. 3. 16 覃韻

구름안개 마루길 남쪽에 변한 모습
방춘에도 눈 쌓여 누가 가벼이 즐기랴
미한에도 령 아래 기다리며 괴로운 싹들
봄바람 한 번에 골 가득 피리니.

歸路 돌아가는 길

斗柄南過已向東　　雖朙自古禁雲顯
輪廻晈月掛鬲空　　任意人間下界虹 4333. 3. 20 東韻

북두자루 남쪽 지나 이미 동쪽 향하고
바퀴 도는 밝은 달 서공에 걸려
비록 예부터 밝으나 구름 없어 드러나는
맘대로 자질하는 인간 땅위 무지개꿈.

晩秌木白合 늦가을의 목백합

遲遲九十外門家　　纔脫絮衣煖氣觸
木白單株向北葩　　萅分小苑破剺雩 4333. 3. 20 麻韻

느릿느릿 석 달 집문 밖엔
백목련 한 그루 북을 향한 꽃망울
겨우 솜옷 벗고 온기를 감촉하는
춘분의 작은 동산 먼저 꽃망울 터쳐.

木蓮 목련

霞霪十旬忍未開　　晩齋堪忽韡 齊發
皆頭北上益恩哀　　素服專心四月頹 4333. 3. 20 灰韻

싸라기 눈보라 백일을 열지 않고 참아내어
모두 북쪽으로 머리 드니 더욱 애절한 뜻
늦추위 참다 홀연 가지런히 핀 아침
오롯한 소복 단심 순종의 4월이어!

物皆緣 모두 연기의 생물

相生縈地物皆**緣**　　善惡常挺東道學
膨脹人爲不礙**先**　　賤卑邪術欲欺**天** 4333. 3. 21 先韻

상생으로 얽힌 땅 모두 연기의 물
인위로 팽창하나 미리 거리끼지 않고
선악을 다 이끄는 동방 도리 학문에
비천한 서양 술책 하늘 속인다.

過慾胎敎 태교의 과욕

胎中養性昔人**情**　　晩始賢生進學**業**
孕婦癡圖英語**傾**　　三千正道永通**亨** 4333. 3. 23 庚韻

태중에서 성품 기름 옛사람의 정인데
어리석은 잉부 영어에 치우친 의도인가?
늦더라도 어진 삶이 학업에 매진이니
삼천 년의 바른 길 형통 영원하리.

歸路江邊 귀로의 강변

洛水淸流柳綠**時**　　生生起樹江邊化
濛濛夕照滯峯**遲**　　北上加加漸裸**枝** 4333. 3. 23 支韻

락동강 물 맑은 흐름 버들 푸른 때
석양 비친 는개가 차츰 봉우리 떠나고
생생히 수림 일어 변화하는 강변
북으로 갈수록 점차 벗은 가지.

一食卑屈 한 끼의 비굴

跬步正行未習兒　　身元一食忘分別
如生子女益蒙知　　選擧必臨自處卑 4333. 3. 29 支韻

발짝 걸음 바른 행보 숙달 못한 애
자녀도 같이 살아 더욱 무지해
신분을 한 끼 밥에 분별을 잃고
선거에 꼭 참가하여 비굴 자처한다.

連翹節 개나리 계절

芳春鐵路但連翹　　畓畔茅芽憧遠地
根宿蔓芽處處標　　潮風蘆拂海邊蕭 4333. 3. 29 蕭韻

한봄 철로변은 오로지 개나리
숙근초 싹이 곳곳에 우듬지 싹
논둑에 삘기 싹의 먼 땅 그리움에
들물 바람 갈꽃 흔들던 소량하던 바닷가.

滿開木蓮 만개한 목련

木蓮純白滿開庭　　已丞鄕愁游故里
不似舊園此靡屏　　杏桃櫻序眼前經 4333. 3. 30 青韻

순백의 목련 만개한 뜰
여기 두르지 않아 봄 같지 않고
이미 달려간 향수 옛 마을 노는데
살구 복숭아 벚지 차례로 눈앞을 지난다.

北上萶信 북으로 오르는 봄소식

旬餘既見賞雩**伸**　　數日溫溫惟木白
北上味風嶺下**陳**　　精皆埽樹對空**振** 4333. 3. 31 眞韻

열흘 남짓 이미 보인 꽃피기 기림
북으로 오르는 화풍 재 아래 펼치고
며칠 따스하더니 오직 목련만 피어
다 정침한 수림을 쓸어 하늘 대해 떠는.

巡靜四季 조용히 도는 사계절

五方四季靜迎**循**　　物自獨尊恒不變
柔曲霻[illegible]伏暑**巡**　　常常屬谷隱天**眞** 4333. 4. 1 眞韻

오방은 사계의 조용한 순환 맞으니
설한풍 굽혀 부드러우면 삼복 순회
만물 스스로 독존 항상 변함이 없고
언제나 온 골에 하늘 진리 숨어 있어.

聖然太陽 태양의 성스러움

太陽蒸上水流**聲**　　膨脹人間汚彊性
聖世天然屬物生　　遂今弘益淸殘**幷** 4333. 4. 2 庚韻

태양이 쪄 올려 물로 흘리는 소리
성스런 세상 천연으로 사는 만물
인간 팽창과 강성의 오염을
이제는 홍익으로 모두 아울러 밝히자.

喪母一週忌 어머님 상 일주기

二八媤來逝母姿　　七男多口知斯會
煖途冬柏背離隨　　辛苦考終慕一朞 4333. 4. 3 支韻

열일곱에 시집오셔 어머님 가시던 용자
따스한 동백 꽃길 양지 따라 떠나시고
칠남매 많은 식구 이곳 모임 아시는지?
간난신고 고종하신 일주기의 그리움.

一種寧停 한번 심고 편히 머묾

一種百燒植樹人　　自然生物徒䉁攝
寧停家內樂淸貧　　性態調蕃命理眞 4333. 4. 5 眞韻

한번 심어 백가지로 불사르는 식수인
편히 머문 집안에 청빈을 즐기며
자연 생물 간섭 없이 지나치리니
생태의 조락 번성은 하늘 참리치라.

悠然洛水 유연한 락동강물

百曲悠然洛水遐　　瞋時瀛海茫茫眩
賞萅南向上空斜　　五六島瞠故似家 4333. 4. 6 麻韻

백곡이 유연한 먼 락동강
봄 즐기며 상공 비껴 남행하니
순식간에 큰 바다 아찔하고 망망
오륙도 바라보니 옛 집과 같구나.

芳萅南行 방춘 남쪽 여행

金絲柚下杜鵑咢　　輭粉內藏櫻後麓
雨畔連翹盛侈奢　　釜山萅色直葥**斜** 4333. 4. 6 **麻**韻

금실 버들 아래 진달래 꽃
두 언덕 개나리 사치스리 성하고
연분홍 안으로 간직한 뒷자락의
부산 봄빛은 기울기 직전이라.

長夓蕣咢 긴 여름 무궁화

九旬皆暮蕣蕪**心**　　木白盛時忘自樂
欲賞櫻萅擧囊**侵**　　東啚何處脫魂**今** 4333. 4. 8 **侵**韻

9순이 다 저문데 무심한 순화
벗지 꽃 즐기고자 온 나라 침범
목련 성할 때 스스로 즐기기 잊더니
동서 어느 곳이 지금의 혼을 벗을지?

不待燕再來 기다리지 않았는데 제비 다시 오다

不待萅信燕再**來**　　木蓮盈白羣歡喜
鴈高人字北歸**回**　　會囊櫻咢 賣買**桮** 4333. 4. 8 灰韻

봄소식 기다리지 않았는데 제비 다시 오고
기러기 높이 '人' 자로 북으로 돌아가네
목련 희게 가득 환희하는 무리
벗지 꽃에 모여들어 마실거리 팔고 사는.

陋巷同次序 항간에도 같은 질서

陋巷簪信似序來　　杏雩盆發桃紅後
鵲巢正月霷中梅　　須總選剃櫻適開 4333. 4. 9 灰韻

항간에도 봄소식은 오는 차례 같고
정월엔 까치 둥우리 짓고 눈 속에 매화
살구꽃 분에서 피고 복사꽃 붉은 뒤에
모름지기 총선 전에 때맞춰 피는 앵두꽃.

金冠家圍 집 둘레의 금관

於高下照嫩冠金　　歸路晡時櫻盛發
地面瞻仰輭綠森　　小林同處息還禽 4333. 4. 10 侵韻

위에서 내려다보니 금빛 부드러운 관
땅에서 쳐다보면 연한 초록빛 숲이라
신시 귀로에는 벚지 만발했는데
작은 숲 같은 곳 새들 돌아와 산다.

餠錢公事 떡값 공사

常識不容工事中　　人倫不拄洋蠻態
百難纅責餠錢通　　家家戶戶祖喪痌 4333. 4. 12 東韻

상식이 용납되지 않는 공사 중
백난 책임자 없는데 떡값이면 통한다나
인륜은 존재치 않는 양과 만의 생태인가
가가호호에 할애비 죽은 아픔이라.

快霽淸天 상쾌히 갠 맑은 하늘

門開快霽煖味**淸**　　地滿空盈萼色色
散落霏霏吹拂**英**　　步停餘羨暫時**情** 4333. 4. 16 庚韻

문 여니 상쾌히 개어 화청하고 따뜻해
우수수 흩날리는 꽃잎이 떨며 불리고
땅에 가득 공중에 꽉찬 색색의 꽃
걷다 멈추다 부러운 나머지 잠깐의 정.

巖罅著根 바위틈에 뿌리 붙여

固節柏松著隙**根**　　柢深巨木梁材斬
矮形樹勢忍難**煩**　　醜貌長生善寄**盆** 4333. 4. 17 元韻

오상고절 솔 잣나무 바위틈에 뿌리 붙이고
난쟁이 수세로 번거롭고 어려움을 참느니
뿌리 깊은 큰 나무 기둥 재목으로 잘려도
추한 모습으로 동이에 부쳐서도 착하게 장생해.

滿壑季皆 골 가득 늦봄이

薄霧中林滿壑**梢**　　此行三載身衰老
於萼至美季皆**交**　　過嶺羨心漸魄**抄** 4333. 4. 27 肴韻

숲속은 엷은 안개 나무싹 골 가득
꽃보다 지극한 아름다움 봄여름 교체기
이 길 삼년을 쇠약한 늙은 몸으로
재 지나며 부러운 맘 점차 넋을 빼앗긴다.

夕陽疾行 석양에 달려가다

巒嶽新梢服輭衣　　厚雲濃染閒閒鉃
骉山日落頃昏輝　　明滅電燈遠近飛 4333. 4. 27 微韻

온 산에 새싹은 부드러운 옷을 입고
서산에는 해 떨어지고 황혼 빛 잠깐
두터운 구름 짙게 물들고 사이사이 쏘는데
명멸하는 전등의 원근을 난다.

偏識寡博 박식 없는 치우친 지식

學高偏識博寡知　　同類黨編先聖毁
彼我不分利敵隨　　天憎惡事果何時 4333. 4. 28 支韻

배움은 높되 치우치면 널리 알지 못해
너와 나를 분별 못하고 원수 따라 득리한다
같은 류의 당에 짜여 선성 훼삭하며
하늘이 싫어할 일을 어느 때나 과단한다.

血胤 혈윤

欲覲皇親恨恨癡　　酉時孤亜南遼睹
吾孫子女血緣恖　　的瞋霏霏迓訥詞 4333. 4. 28 支韻

저승 兩親량친 뵙고자 한스런 치기로
우리 자손 혈윤을 생각한다
유시에 홀로 앉아 먼 남쪽 바라보니
때마침 주룩주룩 내린 눈에 어눌하게 맞는다.

柳絮芬芬 버들개지 분분히

街𪚥樹柳絮芬**芬** 閒寂學堂何驟雨
爽霽天蕭濶白**雲** 上投香氣獨偲**耘** 4333. 5. 6 文韻

가로에는 버들이 없는데 개지는 분분히
시원히 갠 소랑한 하늘 흰 구름이 씻는다
한적한 학당에 어인 소나기 소리
뒤에 넣기 點茶점차 향기 홀로 김맬 생각.

頭剛道泰 바른 도의 두강

頭岡妙嶽北勝**屼** 何者峻奇言愼禁
道太智挐南出**山** 坊坊曲曲不𪚥**歡** 4333. 5. 7 刪韻

두강의 오묘한 산 북은 가파르게 견디며
바른 도 지혜로 붙들고 남쪽으로 나는 산
어느 것이 험준 기이한지 삼가 말을 못해
방방곡곡이 환희 아닌 데 없거늘.

綠淸柔 초록 맑음 부드러움

山綠水淸人性**柔** 四時風雨江山潤
鳥飛魚躍貯苗**收** 國泰民安百歲**留** 4333. 5. 17 尤韻

산 푸르고 물 맑아 부드러운 인성
새 날고 고기 뛰며 심고 거두어 간직
춘하추동 비바람에 젖은 강산
나라 태평 백성 평안하니 백년 머물리라.

於大洋雲烝 대양에서 김 오른 구름

厚雲烝烝似大洋　　依依怏疾烋風嶺
離離百壑鬱蒼蒼　　綠綠新新樂景光 4333. 5. 18 陽韻

김 오르고 올라 두터운 구름 대양이듯
가고 가는 온 고을은 울울창창이라
이들이들한 추풍령을 쾌속 질주하며
푸르르고 싱싱한 경광을 즐긴다.

柳雩飛 버들개지 나는

不觀川柳絮雩飛　　翰暮加重餘學業
炎曌日終霧倂霏　　屋剃林爵噪聞歸 4333. 5. 23 微韻

냇버들 보이지 않고 날리는 솜꽃
더운 여름 석양에 안개 어울려 난다
아침부터 저녁까지 가중한 학업 여가
집 앞 새 숲에 지저귀며 깃드는 소리.

宗親同南行 其一 종친과 함께 남행 기1

霦遮月出望天皇　　但美夕陽燒上下
煤氣滿空不顯岡　　向南車列舌遑遑 4333. 6. 5 陽韻

구름 없이 달 뜨니 천황봉 바라보나
매기 하늘에 가득 산등은 드러나지 않네
다만 아름다운 석양빛 위아래서 타는
남쪽 향해 줄지은 차 황황히 달린다.

宗親同南行 其二 종친과 함께 남행 기2

宗親會雧一千人　　傳胤陶陶流善俗
全族代行十萬民　　子孫隆盛萬邦眞 4333. 6. 6 眞韻

종친 일천 인이 회집하니
전 종족 십만 인을 대행함이라
혈윤은 도도히 착한 풍속 흘러 전하고
자손은 융성하되 만방에서 참되리라.

休筆暫游 붓 놓고 잠시 놀라

幾僚休筆軌車乘　　持寢詩囊醒悟視
未盡睡瞑掩襲應　　過停急反又悤憑 4333. 6. 10 蒸韻

붓 놓고 몇 동료와 열차에 올라
미진한 잠 엄습하여 응해 잠들다
시첩 쥔 채 자다 깨어 보니
정류장 지나 급히 돌려 다시 기댄다.

凶秊甘雨 흉년에 단비

綠陰經見布藍天　　長待雨甘欣草木
橆一白張恐旱圓　　盛霉洪水備盈川 4333. 6. 10 先韻

록음 지나쳐 펼쳐진 쪽빛 하늘만 드러내
한 점 없는 흰 종이의 큰 가뭄 두려움에
오래 기다리던 단비에 초목이 흔쾌한데
장마 성해 큰물이 내에 가득 고였다.

上頭看鷲下影 머리 들어 수리 보다 아래 비친

欲視一禽瞋上頭　　今昏夕照紅天際
渡江看下百形留　　二號軌車滌暫愁 4333. 6. 11 尤韻

한 수리 보자 하여 머리 든 순간
강 건너며 굽어보니 온갖 경광 머물러
갓 저문 석양빛에 하늘 가 곱고
이호선 전동차 잠시 우수를 씻다.

渡麻浦大橋 마포대교 건너며

麻浦橋西已日昏　　永登瞋渡堂山洞
韓江輝映電燈邨　　一姥出迎歸耉門 4333. 6. 16 元韻

마포다리 서편에 날은 이미 저물고
한강은 빛 그림자의 전등촌이라
순간에 건넌 영등포 당산동엔
한 할미가 늙은이 오는 문에 나와 맞는다.

吾孫三男二女 삼남 이녀의 다섯 손자녀

別齋輕俊五孫均　　然有子生知孝悌
成績比優外貌豚　　增於億財志吾親 4333. 6. 21 眞韻

輕俊경준 별로 없이 고른 다섯 손들
성적은 비교적 우수 외모는 돈아
그렇게 자식 낳아 주었으니 효제를 알고
억대 재산보다 더한 우리들 뜻을 이어라.

眞數分閗 분명한 진수

本然眞數實如**何**　　雲霧倏淸看海岸
下視分閗有近**波**　　俗稱五迺六言**多** 4333. 6. 22 **歌韻**

본연의 진수는 어떠한 실상인가
내려다보면 분명하고 가까이는 파도가
구름안개 맑은 기후 바닷가를 보니
속칭 흔한 五常오상이니 六言륙언이니.

雲霧重重 구름안개 겹겹이

後蒯左右公雲**飛**　　仙女獨神恖此抂
上下重重漠漠**圍**　　實經天國我坤**歸** 4333. 6. 22 **微韻**

전후좌우에 구름은 날아가고
위아래 겹겹이 둘레는 막막해
독신 선녀가 임재하다 생각하면
천국의 실상 지나 이 땅에 귀의?

壁傍歸路 절벽 곁 길로 돌아감

歸路壁傍炎德**頭**　　醬臺如姊加紅夕
內人驚歎似同**侔**　　微雨露堪頃刻**留** 4333. 6. 23 **尤韻**

절벽 곁 귀로 덕스러운 머리 붉어
안사람이 경탄하길 동무이듯이
장독대 누이같이 더욱 고운 석양이
가랑비 안개가 감당 잠깐 머문다.

三道一時間 삼도를 한 시간에

夜行三道一時間　　星座下臨狂亂繞
燈火屬過瞚息還　　淸天暗暗入京關 4333. 6. 28 删韻

밤에 세 도를 한 시간에 가니
등불 감촉 경과 순식간 돌아온다
성좌 내려와서 두른 광란에
맑은 하늘 캄캄한 경기 관문 든다.

曇天 흐린 하늘

鷹飛山上矢曇天　　雨氣遲遲閒樹昧
盛翆森林暗綠編　　水流荊霧溢江邊 4333. 6. 29 先韻

솔개 산위에 나는 구름 낀 하늘 펼치고
성하의 삼림은 록음으로 짜여 어둡다
비 올 낌새 느긋하여 나무 새새 어둡고
물 흐르는 앞 안개 강변에 넘친다.

天安講義行 천안을 강의차 감

扃窗扣雨電光東　　初夜水原雲厚霽
大德霎飛平澤風　　近京靜肅下星充 4333. 6. 29 東韻

서창은 빗발 두들기고 동창은 전등빛
대덕에선 가랑비 날더니 평택은 바람
초저녁의 수원은 구름 두텁게 개고
서울 가까이는 별 가득한 아래의 정숙.

星消 별은 사라지고

日月星消夜仰天　　十季燈下䴏休備
風雲蜂等肅蕭然　　堂內衆多幾世穿 4333. 6. 30 先韻

해 달 별 사라진 밤하늘 쳐다보니
바람 구름 귀뚜라미들 소연 숙여한
십년을 등불 아래 쉼 없이 갖추고
당내에 꽤 많으나 몇 대나 뀉지.

望庭柯 뜰 나뭇가지 바라보며

出門頭上望庭柯　　三萬日生人每握
一葉拳䴏似貌迦　　單季命止不如蘿 4333. 7. 1 歌韻

문 나서며 머리 들어 뜰의 나뭇가지 바라보니
말린 잎 하나 없이 석가모니 모습인 듯
삼만 일을 살자며 매일을 쥐는 인생
일년에 명이 끊기는 풀 겨우살이만 못해.

盛㬊夕昏 한여름의 석양 노을

漸高霞燎下層玄　　每似天流雲水別
麻浦暫冨倂望沿　　歸如此路公先然 4333. 7. 2 先韻

점차 고공의 노을 불타고 아래 구름 검다
마포까지 잠깐 서쪽 흐름 아울러 보면
하늘과 물은 같고 구름 물은 달라
돌아가는 길 같은데 먼저 것은 가버렸네.

樂園千宗 락원에 천 종교

天地不知目可觀　　　百千宗敎相迷惑
樂園䨵認又何看　　　視覺皆明結黨謾 4333. 7. 5 寒韻

눈으로는 볼 수 있되 천지 알 수 없거늘
락원을 인정치 않고 또 어디를 볼 것인가
백 천의 종교가 서로서로 미혹하며
시각이 다 밝으니 무리로 엮어 속인다.

蟬蚻始歌 매미 씽씽매미 노래 시작

始蟬連次競螗蜩　　　朝了沸湯忽忽歠
爽快於風屋外謠　　　淸淸澹味體神蕭 4333. 7. 6 蕭韻

매미노래 시작하면 차례 이어 말매미 씽씽매미 겨루는
바람보다 상쾌한 집밖에 노래
아침 끝내자 물 끓는 소리 부쩍 마실 생각에
청청하고 담박한 맛에 체와 신기 소연해.

麻浦橋 마포다리

歸昨夕陽漢濁流　　　古來同一疑頭上
今朝復見滌悠悠　　　高潔似秋澣瀏瑠 4333. 7. 8 尤韻

어제 석양 돌아갈 적 탁하게 흐르던 물
오늘 아침 다시 보니 유유히 씻겼네
예부터 한가진데 머리 위를 의심하랴?
고결하기 가을이듯 물 뿌려 씻은 유리를.

靜客 蓮 조용한 손 련꽃

不穢泥中靜客容　　千秊蓮子神仙壽
暴炎堪耐德人庸　　百代新萌命順從 4333. 7. 9 冬韻

시궁창에 더럽히지 않는 정객의 모습
폭염을 감내하는 덕인의 용렬인가
천년의 련밥은 신선의 수요
백대에도 새싹 나니 천명 순종이라.

雨時過韓水橋 回文 비올 때 한강 다리 지나며 회문

燻煤滌洗穢車窗　　剃夜大風焦警戒
聚水潺潺降雨江　　田禾需待渴全邦 4333. 7. 11 江韻

안개 매기로 더러운 차창을 세척하며
물 모인 잔잔한 강에 내린 비
어제 밤 큰 바람에 경계 초조했는데
볏논에 비 쏟기 기다리며 온 나라 갈망.

茶林院 다림원

廣野嵾園坦坦敦　　十人纔囊茶林院
順柔人性命天安　　晩始靑雲世世冠 4333. 7. 12 韲韻

광야 거친 동산에 모여 탄탄하니
인성 순하고 부드러운 천안이라
열 사람 겨우 모인 다림원에
늦은 청운의 꿈 비롯해 세세토록 으뜸이리.

太虛原色 태허의 원색

擧色藍靑太始**虛**　　包裝厚薄唯眞寶
單團有一處人**居**　　異說依然正復**初** 4333. 7. 14 **魚韻**

온 빛깔 람청의 빈 태시에
유일한 한 덩이 사람 사는 곳
포장이야 두텁건 얇건 오직 진보
이설에도 의연히 다시 태초의 바름.

屬江水冠 온 강물의 으뜸

自北南觀水下**冠**　　何昺鬹嶽風門故
渡瞻影底角山**看**　　東起合江黃海**蟠** 4333. 7. 14 **鬹韻**

북에서 남쪽 보면 물 아래가 으뜸
건너며 밑 그림자 보면 삼각산 뵈는데
어찌 서쪽에 산이 없나 바람 문인 때문
동에서 일어 합친 강은 황해에 서린다.

已老窺李杜 이미 늙어 李杜리두를 본다

李杜間窺韓柳**思**　　對相筲斗韻心緩
自爲纔哥已衰**耆**　　少幼徘徊眾後**疲** 4333. 7. 15 **支韻**

리·두를 엿보고 한·류를 생각하며
제 글 겨우 지으니 이미 늙어 쇠했네
대상은 두초지간 운심은 느릿
어릴 적 배회하다 지친 뒤의 무리로다.

合唱蟲 벌레들의 합창

蜩蛁蛥蚻隱陰中　　地下十餘生僅僅
閒歇日終唱合同　　飛翔幾日曰仙蟲 4333. 7. 18 東韻

말매미 참매미 씽씽매미 그늘 속에 숨어
간헐로 종일토록 함께 합창하느니
지하에서 십여 년을 근근이 살다가
날아오른 며칠을 신선벌레라 한다.

南曇北靄 남은 흐림 북은 아지랑이

冠嶽曇曇瞋霎凝　　渡江唇暮燒然止
南山靄靄帶雲陞　　漁父有言翌雨徵 4333. 7. 18 蒸韻

관악산 흐렸는데 순간 엉긴 가랑비
남산 아지랑이 구름 둘러 오른다
서쪽 저물녘 강 건너니 타던 노을 그쳐
어부들 남긴 말 내일 비올 징후라.

相殘五十秊 동족상잔 50년

分斷相殘五十秊　　融昧煖策崩冰壁
亡倫理念啞出然　　極烈癡羣鑄北拳 4333. 7. 18 先韻

남북분단 동족상잔 후 50년에
윤리 통념을 잃어 어이없어라
융화 난연 정책으로 빙벽 허물어
극렬 치중 무리 북녘 철권 녹여라.

三迷多元 다원의 세 미혹

吾今遂省逸三迷　　　　　靡里低雲山野變
一著多元假說霎　　　　　靑天地厚外亡睇 4333. 7. 22 齊韻

지금 우리 길을 살펴 세 미혹 벗으리니
일체 다원 드러내어 가설을 걷어라
먼지 마을 낮은 구름 변화한 산야
푸른 하늘 두터운 땅 외물에 곁눈질 말라.

羣蟬聞唱 매미떼 노래 들으며

羣蟬聞唱耳澄明　　　　　晩始幽房心欲逸
韓水睹流目洗淸　　　　　時時家率念來生 4333. 7. 23 庚韻

매미떼 제창 들으며 귀 씻어 밝히고
한강수 흐름 보며 눈 씻어 맑힌다
만시당 그윽한 방에 숨고자 한 맘
때때로 가솔의 앞날을 생각한다.

汝矣島風景 여의도 풍경

汝矣本來倏鳥洲　　　　　廣場闔頃頻包破
人間奪取及天樓　　　　　結局造成樹種區 4333. 7. 25 尤韻

너이섬은 본래 철새 섬인데
인간이 탈취해 고층이 하늘에 다다랐네
만경의 광장은 꾸리다 풀기 빈번하다
결국은 수림구로 조성했구나.

水觀歸路 물 보며 돌아오는 길

遠路回歸欲水**觀**　　逆流初見遲遲上
皆盈底下靜漫**漫**　　坑渴滿終畀海**瀾** 4333. 7. 26 鏻韻

먼 길 돌아오며 물 보고자 했는데
강바닥 가득하여 질펀하고 조용터니
처음 보는 역류 위로 느릿느릿
마른 구덩이 다 채우고 바닷물 함께한다.

蠅蚊蜩蟬 파리 모기 왕매미 참매미

蠅蚊稀少好開**門**　　至夜星羣窗外播
扣地蜩蟬憾未**喧**　　橫流孤月仰懷**邨** 4333. 7. 28 元韻

파리 모기 드무니 문 열기 좋아해
땅에 구부린 왕매미 참매미 따스하지 못해 서운
밤 되어 별무리 창밖에 흩뿌렸는데
가로지른 고월 우러러 마을을 그린다.

訪堂授受日終 만시당 방문해 종일 주고받다

月谷訪堂溢話**頭**　　本來才越京師學
日終授受古今**流**　　對酌能言歎我**侔** 4333. 7. 30 尤韻

월곡이 당을 방문하니 화두가 넘쳐
종일토록 주고받고 고금을 流歲류세했네
본래 재주 많아 서울 스승에 배워
대작하며 능숙한 말 우리 모두 탄성.

清濁五十秊 청탁 오십 년

五十秊前韓水**流**　　交晴反復今霉狀
清躬濁滌用時**求**　　濯足不能變澮**溝** 4333. 7. 31 尤韻

오십 년 전 흐르던 한강물
탁한 몸 씻어 맑히고 때로 구해 썼는데
오늘에 장마 개기 반복해도
발조차 씻지 못할 도랑물로 변했다니.

使夫負分數 지아비로 하여금 분수의 부담

愚人富貴譬名**公**　　賢者愛鄰憂不義
貪欲始終不滿**恫**　　相生自得對人**崇** 4333. 8. 1 東韻

어리석은 사람은 부귀와 공명 비겨 보며
시종 탐욕으로 불만하며 상심하고
어진 자는 이웃 사랑 불의를 근심하며
스스로 상생하며 남 대해 숭상한다.

雨歇羣蟬 비 멎자 매미 떼울음

濯枝雨歇噪羣**蟬**　　唪唪條垂肥杏子
仰眄庭柯察羽**仙**　　額湔木果葉中**鮮** 4333. 8. 1 先韻

씻긴 가지 비 개자 매미 떼로 울어
마당 나뭇가지 깃 신선을 훔쳐본다
주렁주렁 가지 드리운 은행 살쪄가고
이마 앞 나무과실 잎 속에 선연하다.

滓穢人家濁流 인가 찌꺼기로 탁한 흐름

滓穢人家沛洗流　　二三晴日回淸本
泥黃濁水滿呑州　　透映靑山公白鷗 4333. 8. 2 尤韻

인가 찌꺼기를 씻어 沛沛패패이 흘러
시궁 황토 흐린 물 섬 가득 채우고
이삼일 날 개니 본래 맑음 회복해
청산이 투영되고 백구 날아가느니.

氣流始終 시종 흐르는 공기

嵐氣淸流霖始終　　短長天命萌雩果
單生連續有收容　　雨霽䨏溫褻狎逢 4333. 8. 5 冬韻

산기운 맑게 무시무종 흐르니
한 살이 이어가며 수용하고 있네
짧건 길건 천명의 싹 나 꽃 피어 맺는
비오다 개다 추위 더위 거리낌 없이 만나는.

不暇嬰終 겨를 없는 여름 끝

寸陰不暇嬰覃終　　一段庭園林幾十
韓夕鄕愁屋下逢　　蜩蟬數百一齊從 4333. 8. 5 冬韻

촌음도 겨를 없이 오고 끝난 여름
조석으로 향수는 집 아래서 만나느니
단층의 정원에 몇 십의 숲이요
매미들 몇 백마리 일제히 따라 우느니.

不改爲過 허물 고치지 않은 과실

事大崇明失本根　　　夗魂容貌形唐馬
已今百歲慣奴言　　　非理反倫曷授孫 4333. 8. 7 元韻

승명 사대로 원뿌리 잃고
지금껏 백년을 노복 말 관용하니
죽은 영혼 용모까지 당나귀 형용일까
비리와 반윤리를 어찌 자손이 받으랴?

雨歇電波 비 갠 뒤 방송

驟雨歇間伏晝加　　　稻田傍路三時內
槿籬蕣夕落連蕚　　　乳熟電波念故家 4333. 8. 8 麻韻

소나기 갠 짬에 낮 더위 가중
울타리 무궁화는 조석으로 지며 핀다
볏논 곁길이 3시간 안이었는데
젖익음의 방송전파 옛 고향 생각.

行事祭字癡態 행사에 祭자 치태

自家用國際行爲　　　豫算執行愚百態
季數百奢侈示儀　　　不知祭字必言癡 4333. 8. 10 支韻

자가용 국제 행사 하는데
몇 년을 온갖 사치의 거동 보이려
예산 집행하는 백가지 추태의 우를
祭자 알지 못해 언필칭 치태.

散絮下一靑 솜 흩어진 아래 한결로 푸름

散絮䴌䴌下一靑　　緩流盈底飛機速
洛江千谷水淸經　　五六島觀金海停 4333. 8. 10 靑韻

솜구름 흩어진 아래 한결 푸르고
락동강 일천 골에 물은 맑게 흐른다
바닥 채워 더디 흐른데 빠른 비행기
오륙도를 보며 김해에 정착한다.

上下海邊 바닷가 위아래

上下靑靑白白雲　　航場近處斑爛極
海邊波浪絶勝文　　多色美稱作夭氛 4333. 8. 10 文韻

푸르고 푸른 위아래 구름은 희고
바닷가 파도의 파문이 절승이라
비행기장 근처 지극 고운 얼룩
많은 빛깔 곱다 하여 요분이라 작칭.

七夕相逢 칠석에 서로 만남

灟淚霂三四日連　　俗傳七夕遮雲雨
屬山峯似滌然鮮　　朝暮相逢爲孰爽 4333. 8. 11. 음 7. 12 先韻

비로 뿌린 눈물인지 연이은 삼사일
만 산 봉우리가 씻은 듯이 선명하다
세속에 전하기 칠석엔 비구름 가린다는
아침저녁 상봉하며 누구 속 조이는가?

七層啼蟬 칠층에서 우는 매미

七層窗著輒啼蟬　　本是姥妻消日種
門內幕雩綠色牽　　訪蜩同唱始歌先 4333. 8. 13 先韻

칠층 창에 붙어 매미가 문득 울어대니
문 안 화초 초록빛에 이끌렸나
본시 할미가 소일거리로 심었는데
매미가 방문하여 동창하자 먼저 시작인가?

歸家責吾 집에 가자 나를 책함

歸家辱說外痾心　　耕者遠牽勞灌溉
內子責吾憤怨禁　　散流蕪畓自呻吟 4333. 8. 13 侵韻

집에 와 밖에 애태움 욕설하니
아내가 나를 책하며 분원을 금하란다
농사꾼은 멀리서 물 끌어 주는 수고를
거친 논에 흩어 흘리며 저절로 신음한다.

十風五雨 열흘 바람 닷새 비

十風五雨告豐秊　　農者生存生大本
免稅富糶數頃田　　金資奪取逆天愆 4333. 8. 13 先韻

십풍 오우면 풍년이라 고하느니
면세해도 부자 없는 몇 정보의 논
농사 지어 생존하는 큰 근본인데
황금 자본이 탈취하니 하늘 거스르는 허물.

千人所願橆病而歿 천사람 병없이 죽기 원해

千言萬語出何情　　夫洄墓山胸葬子
五十霜過孰父兄　　女殘同苦縮慈行 4333. 8. 16 庚韻

천언 만어 어떤 사정에서 나오나
오십성상 넘으면 부형 중에 누구일지
남편 가면 산에 묻고 자식은 가슴에 묻는
함께 괴롭던 남은 딸도 자행 줄였으니.

南北離散 五十秊 남북가족 이산 오십년

分袂傷心五十秊　　殘餘千萬惶忙起
京平少數泣迎瞑　　南北同時出月前 4333. 8. 16 先韻

소매 놓고 상심한 오십년에
서울 평양 몇 사람이 자다 영접 울다
나머지 천만이 황망히 일어나고
남북이 동시에 달 앞에 나오느니.

風雨 바람비

南回歸線起颱風　　卥海併東生命降
晝夜北吹大陸豐　　有機相繫一天船 4333. 8. 25 東韻

남회기선에 태풍이 일어
밤낮을 북으로 불면 대륙에 풍년
서해와 동해를 아울러 내리는 생명
유기체로 서로 이은 하늘과 몸은 하나.

屋廡 집안 처마

大地滌流集海洋　　　山窮水盡羅爲象
烝蒸動靜命常常　　　人作樂園自進遑 4333. 8. 27 陽韻

대지를 씻어 흘러 바다에 모인
김으로 조용히 움직이는 일상의 명
산도 물도 다하나 물상은 없어
사람이 락원 만들어 스스로 허둥대 가느니.

屋厓 집 벼랑

野禽馴致屋山棲　　　僅脫十秊蟬語唱
碁鳥稻田厷一齊　　　高層灌木足羣啼 4333. 8. 28 齊韻

들새 길들어 산집에 깃들고
텃새는 볏논으로 일제히 떠났네
겨우 십년에 탈피한 매미 노래와 말
고층 떨기나무에 떼로 울어 흡족해.

庭樹歸家 뜰 숲에 돌아옴

歸家入口寂蟬消　　　雨霽悽悽昏氣襲
庭樹層邊迓蟠廖　　　羅爲自感日常宵 4333. 8. 29 蕭韻

귀하면 입구는 매미소리 사라진 정적
마당 나무 층집 가에 쓸쓸함 서려 맞는다
비 개어 처연함 엄습하는 어스름
지음 없이 저절로 느끼는 일상의 밤.

出入時感 나고 들 때의 시변

出門啅噪上蟠蟬　　畫夜日交晴雨霽
歸屋廖廖下藉憐　　惟吾魯鈍不恖悛 4333. 8. 30 先韻

문 나서면 떠들썩한 매미소리 위에 서리고
집에 돌아오면 쓸쓸하여 憐悼련도 아래 깔린다
밤낮의 일교차에 맑다 비오다 개는데
오직 로둔한 내가 고쳐 생각 못해.

扣屋夜 문 두드리는 밤

颱風扣屋振軒房　　八月過時季例倸
電線鬼聲絶叫狂　　繫心放置每惶忙 4333. 8. 31 陽韻

태풍이 집을 두들기니 추녀 방 떨고
전선은 귀신 소리로 미치듯 절규한다
팔월이 지날 때 해마다 으레 기후인데
무심히 방치했다 매양 황망하느니.

雙立樓閣昪六十三層樓 쌍둥이로 세운 빌딩과 63층 루각

雙立高樓後六三　　五夜電燈宮水底
摩天威勢壓江南　　彼中何事可言談 4333. 9. 1 覃韻

쌍둥이로 선 높은 다락 뒤 63층
마천의 위세로 강남을 압도한다
밤새도록 전등 켜니 물밑 궁전인가
그 속 어떤 일 이야기할 수 있을지?

過麻浦橋 마포다리 지나며

霧中江上葬灰離　　　自地一生因養土
綮船行人欲陸出　　　歿剃心變遺言持 4333. 9. 6 支韻

안개 속의 강가에 재 뿌려 보내고
소복으로 가는 사람 뭍에 가고자
땅에서 한 번 낳아 땅이 기른 인연
죽기 전에 맘 바뀔까 해 지키는 유언.

電影陳上下 위아래 진열된 전등 그림자

電影陳燈上下幷　　　暗光何處人人力
地峯天亜一齊明　　　彼此寡多利害生 4333. 9. 8 庚韻

전등 벌린 그림자 위아래로 어울려
땅 봉우리 앉은 하늘 한결 밝지 않아
어둠 빛 어느 곳인지 사람마다 힘쓴데
피차에 많고 적고 발생하는 리와 해됨.

歆費屬金 만금으로 마시는 비용

如歆渴時費屬金　　　國鄰飢餓吾吝嗇
爲躬蕩盡漸加淫　　　子女盲資犯不禁 4333. 9. 8 侵韻

목마를 적에 마시듯 만금을 써
몸 위해 탕진 점차 더욱 어긋나
이웃나라 굶주려도 인색한 우리
재물에 눈먼 자녀 범죄 못 말려.

流水畀强風 흐르는 물과 강풍

潺潺水勢公流**離**　　清濁順然韲自意
雨畀强風暴不**時**　　海容地負往來**慈** 4333. 9. 10 支韻

물 제 성질로 잔잔히 흐르며 가고
비와 강풍은 때 없이 몰아친다
자연에 순응한 청탁 제 뜻이 없고
바다 안고 땅 진 채 자애로운 왕래.

過麻浦橋 마포다리 지나며

城狐社鼠滿宮**中**　　府庫祭需藏盜取
代代番番暗窟**通**　　供金多益救民**窮** 4333. 9. 11 東韻

성 안 여우 사직 쥐가 궁중 가득하여
대대로 번번이 어두운 굴로 통한다
곳집에 제수까지 도둑으로 취해 간직
돈 바쳐 더욱 리익 백성 구제는 궁색.

帝國的後裔 제국의 후손

失朝傍助帝權**橫**　　文語野蠻傳統捨
國號改稱分斷**營**　　桓檀坐上米魂**迎** 4333. 9. 12 庚韻

조정 잃을 적에 방조하던 황제 횡포 권한
국호까지 바꿔 부르며 분단으로 경영해
문어의 야만으로 버려진 전통
한단의 터전 위에 맞이하는 미국 혼.

沈沍夭言 침몰의 요언

産油沈沍謾夭言　　敵歼同胞爲共詛
癡子拜金亂發喧　　叟來權力作其源 4333. 9. 12 元韻

기름 난다 침몰이다 요언으로 속이고
황금 숭배 못난이에게 시끄럽게 란발해
원수와 동포를 저주로 몰아세우니
유사 이래 권력이 그 근원이 된다.

火蛾 불나비

飛蛾赴火幾旬秊　　臀衽腐黴書執著
席不暇溫手茗煎　　未朙私室日斜剃 4333. 9. 13 先韻

나방 날아 불을 향하기 몇십 년인가
자리 덥힐 겨를 없이 손수 茶 달이며
볼기 옷깃 곪아 썩도록 집착해 쓰니
새벽녘 사실에 해가 앞서 기운다.

園雩飛散 울안에 흩어지는 꽃

早發園雩飛散顚　　霈中天氣經霽障
修身自責進揮鞭　　冬柏地紅於水鮮 4333. 9. 14 先韻

일찍 핀 뜰의 꽃 뒤집히며 흩날리고
몸 닦는 자책의 채찍 휘둘러 가느니
비 쏟는 날씨에도 장애 없는 經涉경섭을
동백은 떨어져도 물에서도 선연히 붉어.

上空飛行 하늘 높이 날아가다

颱風停滯上空行　　金海近臨青靜水
濃霧始終奏衆聲　　㶑汀鮮貌霽歡迎 4333. 9. 14 庚韻

태풍이 정체된 상공을 가느니
짙은 안개 시종 알리는 소리들
김해 가까이엔 푸르고 맑은 물
물안개 선명히 개며 환영한다.

異端僭神 이단이 참람하게 신의 이름을

雉鳴魚躍四端生　　虛像引心移異俗
自律以來釋事情　　善憑偏惑僭神名 4333. 9. 15 庚韻

꿩은 울고 물고기 뛰며 삶은 인의례지
자률 이래 일에 정주지 않았거늘
허상의 맘 끌어다 이속 옮겨 놓고
선을 빙자 기운 유혹 참람한 신명.

獨不生一邨 홀로 살리지 않는 한 마을

天獨不生傲地邨　　閃光一始如釋有
祖先連繫未知元　　教育全民萬世源 4333. 9. 17 元韻

하늘은 홀로 살리지 않는데 땅 마을 오만
조상들과 연계된 근본을 알지 못하고
섬광의 흔 비롯함이 있지 않음 같으니
온 백성 교육이 만세의 근원이리라.

涼風杏黃 바람 서늘하고 은행 누렇다

霽爽涼風已杏黃　　𪋺言木覓㸊嵐氣
世情沈溺昧天祥　　脫愛忘憐晚始堂 4333. 9. 17 陽韻

서늘바람 시원히 자고 은행 누렇다
세상 정은 가라앉고 하늘 기운 어두워
말없는 목멱산엔 산 기운 안개
사랑도 벗고 련민도 잊은 만시당.

路盈散游 길 가득 흩어 놀다

厷日悤料集盡心　　林間磔磔生𪋺作
路盈季少散游沈　　類類相從自適禽 4333. 9. 18 侵韻

지난날을 생각하며 마음 다해 모이니
길에 가득 소년은 놀이에 빠져 산만
숲 사이에선 짹짹 소리 작위 없는 생태
類類相從류류상종하는 새들만 悠悠自適유유자적해.

成林 숲 이룸

一木不林入巨山　　陽陰嶽勢青青盛
平生計事五季艱　　霽後𪋺光小獸還 4333. 9. 19 刪韻

한 그루로 숲 이루지 못해 큰 山 들어
평생을 헤아린 일에 어려웠던 5년인데
日月에도 산세는 성하기 청청한데
갠 뒤 빛없이 돌아가는 작은 짐승.

君子畁巨樹 군자와 큰 나무

君子時空察以頭　　千秊巨樹單立蔽
小人索物慾專求　　巖頂地衣代灌繆 4333. 9. 20 尤韻

군자는 때와 삶을 머리로써 살피고
소인은 물색하며 오로지 얻고자 해
천년 늙은 큰 나무는 홀로 가려 서있고
바위 끝 이끼는 얽힌 떨기나무 대신한다.

馴致鹿程 길든 사슴 길

愚鈍遷生馴鹿程　　別禁咎譽從恩晝
耍浚獨榻每疲傾　　不斁孤行我夜迎 4333. 9. 20 庚韻

우둔하게 옮겨 사는 길든 사슴 길
밤 깊도록 책상에 매양 기운 피로
별 허물 영예 없이 낮엔 생각 좇다
외로운 길 싫어하지 않고 밤을 맞는.

歸路電光 돌아오는 길의 전등불빛

電光屛內列車歸　　剃嶺寢浚還夢裏
夓夕黃昏競至畿　　萅烁發斂計秊稀 4333. 9. 21 微韻

전등불빛 둘린 속을 열차로 돌아오며
여름저녁 황혼과 경기까지 겨뤘구나
추풍령 앞 깊이 든 잠 꿈속에 돌아오며
봄가을 피고 걷기 70세를 헤아린다.

議會醜態 의회 추태

闕席季餘醜議員　　民生疾視偏頗會
泥田似鬪集團遷　　論駁歐人野鼠偏 4333. 9. 22 先韻

자리 비우기 한해 남짓 의원들의 추태
진흙 논 싸우듯이 집단으로 옮겨가며
백성이 질시해도 편파의 모임인가
유럽인이 론박하길 들발 들쥐무리.

蕩盡婦女輩 탕진하는 아낙들

蕩盡敏應婦女羣　　翌朝靡視爲皆敵
儉廉不感國威懂　　私利徹天泉壞棼 4333. 9. 23 文韻

탕진에 英敏영민하게 대응하는 아낙패
검소 겸양 생각 못해 근심스런 국위
래일 아침도 보지 못해 다 원수삼아
사리사욕 하늘 뚫고 저승을 어지럽혀.

秌候出朝晝夕 가을 기후의 아침 낮 저녁

霧朝淸晝夕遲陽　　地嘴蘆林歸落雁
窗外忽蜻欲入牀　　濟飛燕厺自然常 4333. 9. 26 陽韻

아침 안개 낮 맑음 저녁 해는 느긋이
창밖에 홀연한 귀뚜라미 상에 들잔다
땅 끝 갈대숲에 기러기 돌아와 앉고
갈마나는 제비 떠나는 자연의 일상.

君子畀巨樹 군자와 큰 나무

君子時空察以**頭**　　千秊巨樹單立蔽
小人索物慾專**求**　　巖頂地衣代灌**繆** 4333. 9. 20 **尤**韻

군자는 때와 삶을 머리로써 살피고
소인은 물색하며 오로지 얻고자 해
천년 늙은 큰 나무는 홀로 가려 서있고
바위 끝 이끼는 얽힌 떨기나무 대신한다.

馴致鹿程 길든 사슴 길

愚鈍遷生馴鹿**程**　　別蘩咎譽從恩書
叜湥獨榻每疲**傾**　　不斁孤行我夜**迎** 4333. 9. 20 **庚**韻

우둔하게 옮겨 사는 길든 사슴 길
밤 깊도록 책상에 매양 기운 피로
별 허물 영예 없이 낮엔 생각 좇다
외로운 길 싫어하지 않고 밤을 맞는.

歸路電光 돌아오는 길의 전등불빛

電光屛内列車**歸**　　蒯嶺寢湥還夢裏
熨夕黃昏競至**畿**　　萅烌發斂計秊**稀** 4333. 9. 21 **微**韻

전등불빛 둘린 속을 열차로 돌아오며
여름저녁 황혼과 경기까지 겨뤘구나
추풍령 앞 깊이 든 잠 꿈속에 돌아오며
봄가을 피고 걷기 70세를 헤아린다.

議會醜態 의회 추태

闕席季餘醜議員　　民生疾視偏頗會
泥田似鬪集團遷　　論駁歐人野鼠偏 4333. 9. 22 先韻

자리 비우기 한해 남짓 의원들의 추태
진흙 논 싸우듯이 집단으로 옮겨가며
백성이 질시해도 편파의 모임인가
유럽인이 론박하길 들받 들쥐무리.

蕩濜婦女輩 탕진하는 아낙들

蕩濜敏應婦女輩　　翌朝糜視爲皆敵
儉廉不感國威慬　　私利徹天泉壤棼 4333. 9. 23 文韻

탕진에 英敏영민하게 대응하는 아낙패
검소 겸양 생각 못해 근심스런 국위
래일 아침도 보지 못해 다 원수삼아
사리사욕 하늘 뚫고 저승을 어지럽혀.

炑候㞢朝晝夕 가을 기후의 아침 낮 저녁

霧朝淸晝夕遲陽　　地嘴蘆林歸落雁
窗外忽蜻欲入牀　　濟飛燕公自然常 4333. 9. 26 陽韻

아침 안개 낮 맑음 저녁 해는 느긋이
창밖에 홀연한 귀뚜라미 상에 들잔다
땅 끝 갈대숲에 기러기 돌아와 앉고
갈마나는 제비 떠나는 자연의 일상.

仲秌 중추

望斜高屋質素天　　朝夕加哀蜻遠近
綠樹閒觀幽邃鳶　　夜長晝短數茶煎 4333. 9. 26 先韻

고층에서 빗겨 보는 하늘은 질소하고
푸른 나무새에 뵈는 깊숙이 먼 수리
조석으로 더 가여운 원근에 귀뚜라미
긴 밤 짧은 낮에도 자주 茶를 달인다.

斜野溢金 들에 비낀 황금물결

夕陽斜野溢金波　　驛口秌雩陳色色
疊疊林樹綠列羅　　素風習習暗先過 4333. 9. 27 歌韻

저녁 놀 들에 비껴 황금물결 일렁이고
첩첩한 수림은 초록빛으로 곱게 벌려
역구에는 가을꽃 색색이 펼쳐지고
가을바람이 솔솔 먼저 지나 어듭다.

三倍歃 세 곱 마심

一投三盞日何傾　　大小嫩麤非選別
萅夓秌冬不問烹　　恆茶飯事守終生 4333. 9. 27 庚韻

한 번에 석 잔 분 넣어 어찌 마시는가?
봄 여름 가을 겨울 묻지 않고 달이며
크고 작고 어리고 거칠고 가리지 않아
늘 밥 먹고 茶 마시는 일 일생 지키리.

曇霧雲 흐리고 안개구름

曇曇霧霧裏雲雲　　遂顯蕐江光閃閃
袷袷熅熅絮絮霏　　逆流韓水岸焚焚 4333. 9. 28 文韻

흐리다가 안개 끼다 구름 덮힌 속에
겹겹 덮힌 안개에 솜구름 무리
끝내 드러나는 화려강산 번득이는 빛
역류하는 한강물에 불타는 언덕이라!

自金海歸航 김해 공항으로부터 돌아오며

登山臨水飯茶常　　遼眺必詩恒士事
不就憑奔晩始堂　　囚心踏踏野鄉章 4333. 9. 29 陽韻

등산 물놀이에도 항상 밥 먹듯이 한 茶를
바쁘다는 핑계로 나가지 못한 만시당에
멀리 보며 詩시 짓는 선비 일 일상으로
갇힌 마음 답답해서 글 짓는 시골 들.

絶崖鶥鵰 절벽의 독수리

南島絶崖一木鵰　　艱難辛苦堪風雨
芳皙孵卵始拘魚　　仲㜸飛翔子習漁 4333. 9. 30 魚韻

남쪽 섬 절벽 한 그루에 저구새가
한봄에 알 까고 물고기를 잡는다
간난신고하며 비바람을 견뎌내더니
한여름 날아 고기잡이 익히는 새끼.

亭客 정자 손

櫻杕斑雕闧嫛萅　　青青疊疊山雩色
乍風閒起忍[illegible]辛　　彼抂斯存亭客貧 4333. 9 眞韻

새김무늬 진 벗지 아가위는 여름 문턱에서
잠간 이는 바람 차고 매워도 참는다
푸르고 푸른 첩첩 산에 꽃 피어도
그 어디에 있던 가난한 손과 정자.

大邱釜山天安回講 대구 부산 천안 회강

大釜天安敎絶然　　光風燥濕閒閒烈
豆芽灌水二三季　　秀實得難老瘐先 4333. 9. 30 眞韻

대구 부산 천안을 끊일 듯 가르쳐
콩 싹에 물을 준 지 이삼 년인데
빛 바람 가뭄 젖음 간간이 균열
열매 얻기 어려워 먼저 수척 늙는다.

暫逍遙消懊惱 잠시 소요하며 오뇌를 씻다

獨[illegible]車路暫逍遙　　淸濁肅然經緯賦
庭樹畁天懊惱消　　時時適適遡游要 4333. 10. 1 蕭韻

홀로 찻길 없는 곳 잠시 소요하며
정원수와 하늘에 오뇌를 소진한다
청탁에 숙연하여 글 짓는 경위를
때때로 적적하게 찾아 소유한다.

旅路 여행길

僾然曇氣渚濛濛　　兩岸甡甡車緩緩
閃閃江汀霧露紅　　初秌遠景賞歸楓 4333. 10. 1 東韻

애연히 흐린 기운 몽몽한 물가에
번쩍이는 강가 안개 이슬 붉다
량 언덕 모인 느릿느릿한 차들
초가을 먼 경광 지는 단풍 기려.

賞楓歸車陣 단풍 감상하며 차량행진 귀로

夕餐連喫茗三桮　　澹澹耳鳴聽獨堊
半夜肅肅可睡推　　雲心月性洗塵垓 4333. 10. 2 回韻

저녁밥에 이어 茶 세 잔을 마시고
밤중까지 숙연히 졸음을 물리친다
담담한 귀 울음을 혼자 앉아 들으며
구름 맘 달 성품으로 진애를 씻는다.

小鳥庭柯 마당 가지에 작은 새

庭柯唶唶答噍噍　　霜氣季秌斑碧玉
颯溷翩翩杪葉搖　　彈銀閃閃水潺蕭 4333. 10. 3 蕭韻

마당 나뭇가지 짹짹 부르면 초초 대답
바람 살랑 편편한 가지 끝 흔드는 잎
늦가을 서리 기후 얼룩진 푸른 하늘
은빛 쏘아 번쩍이는 잔잔 소연한 물.

淸茶捧典 맑은 茶 마시며 책 들다

半夜淸茶捧典**文**　　淨松汚竹同靑節
如交蟠噪耳鳴**聞**　　今古聖賢不滅**芬** 4333. 10. 4 **文**韻

밤중에 맑은 茶 들고 전문을 받드니
귀뚜라미 교대하듯 귀 울음 들린다
맑은 솔 더러운 대숲 청절은 같고
고금의 성현도 향기 소멸 않느니.

出門下視江水 ++氵玉心 문 나서면 강물을 내려다본다 물 풀 맘 옥같이

葡萄萎葉落英**莊**　　碧玉琉璃瓏璨璨
澹澹淸流滿海**汪**　　恒心悟悅悄情**惶** 4333. 10. 6 四部首戱作 **陽**韻

포도 시든 잎 별장에 곱게 지고
담담히 맑은 강물 바다를 채워
벽옥 유리 밝고 환히 玲瓏령롱하며
항심을 지님 당황한 정에도 초연해.

韓江淸濁 氵亻辶扌 맑다 흐리다 하는 한강 물과 사람 걷고 손씀

漢江淸濁淨波**流**　　遠近遛邉遵達道
億代行停價値**優**　　攢攢奉攩揀揚**搜** 4333. 10. 6 四部首戱作 **尤**韻

한강 맑다 흐려 흐르면 물결 맑아
억대를 가나 쉬나 넉넉한 값이라
멀리 가까이 가다 쉬다 길 잡아 이르고
모인 무리 받들되 찾아 가려 오른다.

太白山文朙 태백산 문명

白山原住始文朙　　雍睦海東檀帝治
先著化融倍達名　　繼承河域闔民平 4333. 10. 8 庚韻

태백산 원주민이 문명을 비롯하니
먼저 도착 융화 변화 이름은 배달
해동을 화합 돈목으로 선임금 다스려
황하류역 계승하여 만민이 평안했네.

燕雁相換 제비 기러기 서로 바뀌다

離燕雁來蕭夕涼　　鳶高魚下收烼穀
萎凋繤木菊淸香　　老鈍恒心晩始堂 4333. 10. 9 陽韻

제비 가고 기러기 오는 서늘한 조석
푸나무는 시들고 국화는 맑은 향기
솔개 높이 날고 물고기 내리며 추곡 거둠
로둔한 항심에 늦더라도 시작하는 서당.

南瓜霎雨 호박덩굴에 가랑비

晩發南瓜霎雨中　　愛憐情況垣霧睹
不來蜂蝶待昏終　　差貌竟烼足蔓同 4333. 10. 11 東韻

늦게 핀 호박꽃 가랑비 오는 중이라
벌 나비 오지 않아 저물도록 기다려
애련한 정황에 담을 볼 수 없느니
어긋난 모습의 가을 끝 넝쿨로 족해.

回流洛東江 돌아 흐르는 락동강

洛東南么曲回賡　　濃霧上層飛俯望
薄暗低熅下不明　　落如雲漢散光盈 4333. 10. 12 庚韻

락동강 남으로 구비 돌아 떠나가되
엷은 어둠 낮은 안개 밝지 않게 내리고
상층에선 짙은 안개 굽어보며 나니
쏟아 내린 은하이듯 빛 가득 흘는다.

燕雁一廻旋 제비 기러기 한차례 돌다

離來鷰鴈一回旋　　孤越下弦雲裏入
黃杏柹紅影水天　　夜浚[illegible]氣逼周邊 4333. 10. 18 先韻

떠났다 오는 제비와 기러기 한 해 돌아
노란 은행 붉은 감 물에 비친 하늘
외로이 넘던 하현달 구름 속에 들고
밤 깊으니 추운 기운 주변을 조인다.

經韓水浚夜 火日辶心 한강물을 ᄒᆞᆫ밤에 지나다 불과 날에 가는 맘

輝煌燦爛照熒熒　　迅速逃途遼邁進
日暮昊曛東昱星　　心惛悾愡悆愪惺 4333. 10. 19 四部首戲作 靑韻

휘황찬란하고 형형하게 비추는
저무 하늘 석양빛의 동쪽 밝은 별
신속히 달리는 먼 길로 매진하니
흐린 맘 바쁜 정성 슬기롭게 근심 잊다.

銀河落雲 은하수 구름으로 떨어져

九天紛爭落河雲　　歸不夜城疲脚引
瑞蔚晭光五彩文　　橆閒逸事老軀焚 4333. 10. 26 文韻

구천에 분쟁하다 은하수 내렸는지
서울에 밝은 빛이 오채 무늬라
불야성에 돌아와 지친 다리 끌며
일사와 무간한데 늙은 몸 사른다.

江涯落雁 강가에 기러기 내리다

江涯落雁埽蘆䓘　　山紫水清橆有憾
穫盡瀰田薄照斜　　虛靈再憾積秊加 4333. 10. 27 麻韻

강가에 기러기 내리며 갈꽃 쓸리고
벼 거둔 차가운 논에 석양빛이 엷다
산 곱고 물 맑으니 서운함 없으련만
빈 마음 다시 서글프게 나이 쌓인다.

言語恥質文 언어 바탕과 꾸밈의 부끄러움

行尸肉櫜學徒羣　　初中高大私邪歪
容動語言恥質文　　彼我同濡不可分 4333. 10. 28 文韻

죽은 듯이 모인 여러 학도라서
행동거지 언어 용모 문식 부끄러워
초 중 고 대 어긋나게 사사로이 질주하여
너와 내가 함께 물들어 구분은 불가능해.

丹風消息 단풍 소식

霪嶽丹風涽火情　　人心地勢相同俗
內藏如少順柔形　　聚屋家庭始菜烹 4333. 10. 30 庚韻

설악산 단풍은 활활 타는 정이요
내장산은 소녀 같아 유순한 형체로다
인심 지세가 민속 서로 함께하는데
아파트 뜰 가지로 채소 삶기 시작한다.

瑞蔚都心 서울 도심

瑞蔚都心潔仲烋　　高風淸日幽天貌
傲霜孤菊白黃修　　行步一隅改髮頭 4333. 10. 31 尤韻

서울 도심이라 한가을이 깨끗하고
희고 노란 국화 늦서리에 씻겼네
바람 높이 불고 깊은 하늘 맑은 날
한 모퉁이 걷다 머리카락 다듬는다.

處處降乘 곳곳에 내리고 오름

處處降乘驛口邊　　自高下至楓反落
紫黃白菊獨專天　　晩淒番番疲足遷 4333. 11. 1 先韻

곳곳에 오르내리는 역 입구 변두리에
자주 노랑 흰 국화가 홀로 하늘을 차지하고
위로부터 아래까지 단풍은 뒤집혀 지고
매번 저녁엔 쓸쓸히 지친 발을 옮긴다.

谷熿 산골 안개

仙人精氣谷熿蒸　　五彩文楓斑翠刻
聖者仁心洛淨增　　杏途黃一白光勝 4333. 11. 2 蒸韻

신선의 정기로 안개 오르는 산골
성인의 어진 맘 락동강은 더욱 깨끗하다
오채무늬 단풍에 비취빛 새긴 얼룩
은행 길 샛노랗고 햇빛이 으뜸이네.

李尙寶博士 古稀際 리상보 박사 고희 맞아

不惑純良邁畜民　　耳容順逆光陰寶
知天盯外定端身　　七十精鮮廣裕陳 4333. 11. 8 眞韻

마흔을 순량하게 백성 기르기 매진하여
쉰에야 밖을 직시하여 몸 단정히 자리해
용납 거역 순한 귀 보배로운 광음
일흔에 정선 넉넉히 갖춰 펴리라.

電光夜路 밤길 전등불

電電光光夜路流　　兪玭耳側童謠唱
疾行車輛緩如牛　　四歲同乘鬱解愁 4333. 11. 14 尤韻

번쩍번쩍 비추는 밤길을 가니
질주하던 차들이 소걸음같이 느릿느릿
유빈이 귓결에 동요를 노래해
네 살배기 함께 타 우수 풀어준다.

季烋懸木 늦가을 나무에 매달림

季烋懸木忍𪈌**離**　　來厺四時常順次
已至孟冬苛酷**錐**　　限人戰戰過感**知** 4333. 11. 14 支韻

늦가을 나무에 매달려 차마 못 떠나고
이미 한겨울 살을 에는 가혹함이어
오고가는 춘하추동 순차는 항상이련만
걱정 많은 사람 조바심에 과민하구나.

闊葉落轉 떨어져 구르는 활엽

闊葉翩翩落轉**翻**　　天玄地黃非人擇
杏烋靜靜下歸**元**　　一瞋入光智感**昏** 4333. 11. 15 元韻

활엽은 줄줄이 떨어져 날다 구르는데
가을 은행은 조용히 근본으로 내려간다
하늘은 멀고 땅은 누르되 사람 몫이 아니고
한순간 볕 들면 저묾도 아는 것이 지혜로다.

單生 한 번 삶

單生一樹短長**番**　　夭壽人人程各異
闔嶽山林物示**存**　　百千億兆永球**邨** 4333. 11. 16 元韻

한 번 삶 한 그루 나무 차례야 길건 짧건
높은 온 山 숲에 보이는 물상의 존재
짧건 장수하건 각기 다른 길로
백 천 억 조 지구촌은 영원하리.

霎雨於淨秌江 맑은 가을 강에 가랑비

秌江潛淨霎來悽　　晳水嬰光然落色
雙鷺雨中橫斷棲　　齏風轉葉將消唬 4333. 11. 16 齊韻

깊고 맑은 가을 강에 가랑비 내려 처연하고
빗속에 백로 한 쌍 가로질러 깃드는데
봄에 흐르던 물 여름 햇빛에 바래가고
찬바람에 구르는 잎 울며 사라지누나.

淨秌江霎 가을 강 가랑비

潛秌江淨霎來悽　　晳水嬰光廻落地
雙鷺雨中橫斷棲　　吹街轉輾似嘷啼 4333. 1.1 16 齊韻

잠겨 맑은 가을 강에 처연한 가랑비
두 해오라기 빗속에 깃들러 횡단한다
봄물과 여름빛이 돌아 땅에 떨어져
길에 불려 전전하며 지져 우는 듯.

一夜吹風 하룻밤 바람 불어

一夜吹風熠路紅　　時時轉轉飄零葉
地枝相牟衽遮充　　齏氣霿剃壁下叢 4333. 11. 17 東韻

하룻밤 불던 바람에 길은 붉게 선명하고
땅 가지 서로 반씩 가득 깔고 가렸네
때때로 굴러가고 흔들리며 지는 잎
눈 오기 전 추위 속 벽 아래 떨기나무.

夕日鄕心 해질녘 고향생각

十月霜楓似盛**萅**　　雨過天翠加深海
以今成夢落全**身**　　夕日歸鄕心自**馴** 4333. 11. 18 眞韻

시월 서리 맞은 단풍 성한 봄인 듯
지금에 꿈 이루려 온몸 떨어뜨렸네
비 지난 푸른 하늘 더욱 깊은 바다
저녁때면 귀향하는 스스로 길든 맘.

出門驚惚 문 나서자 황홀한 놀라움

出門驚惚屋林**間**　　霜霳晩時猶夭態
染髮庭柯色美**斑**　　加憐漸落步行**扳** 4333. 1.1 20 刪韻

문 나서자 숲 사이의 집 놀랍고 황홀함
물든 머리털 같은 뜰 나뭇가지 곱게 얼룩졌구나
눈서리 늦은 때라 오히려 고운 자태
가련하게 점차 지며 보행에 이끌린다.

關楗有三眞 관건은 삼진에

興亡關楗有三**眞**　　俗樂歌房淫性養
正答强要奴隷**馴**　　胎生變貌否天**倫** 4333. 1.1 22 韻

흥망의 관건은 세 진실에 있으니
정답을 강요하여 길들인 노예와
속된 노래방은 음란성 기르고
태생의 꼴을 바꿔 천륜을 거부하누나.

天安大邱 천안 대구

天安出發亥時歸　　千里往來須最速
東大邱離戌還畿　　南方天裏每航飛 4333. 11. 22 微韻

천안에서는 해시 출발 돌아오고
동대구 떠나면 술시에 경기 돌아온다
천리를 가고 오기 비록 최고속이나
남방 하늘 속을 매양 항공 비행한다.

十字卍旗 십자가와 卍자 깃발

加日夜光十字燈　　非倫犯罪季季竝
人家每月卍旗增　　世世美風一代凝 4333. 11. 22 蒸韻

날로 증가하는 야광 십자등과
인가에 매월 증가하는 만자 기
비륜과 범죄는 해마다 아울러 느는데
세세 전한 미풍은 아마 한 대나 갈지.

佛基火蛾 佛寺 基督堂의 불나비

爲佛四分忘國風　　來宗幻想飛蛾火
布基千萬引民忠　　高校漸馴自聹聾 4333. 11. 23 東韻

불을 위한 천오백만 국풍을 잊고
그리스도 포교 천만 백성 잘 이끌어
들어온 종교 환상에 불로 날아든 나방
고등학교 점차 순치 스스로 귀먹고 눈멀어.

竹風聲 대숲 바람소리

金星憾落竹聽**風** 醒曉膽南孤火掛
執盌望天土木**囪** 庚辰十月好宵**東** 4333. 11. 24 **東韻**

금성 떨어지고 대숲 바람소리 들으며
잔 잡아 하늘 바라보니 창문에 토목성이
새벽 깨어 남을 쳐다보면 외로운 화성 걸려
경진년 시월의 밤 동쪽이 좋다.

平常營爲 평상의 운영

喜悲偏一不平**常** 寢所往來何戰戰
淡淡營爲晩始**堂** 單時緩急樂穈**量** 4333. 11. 24 **陽韻**

희비는 한 편에 치우쳐 평상 아니나
담담히 영위하는 만시태학당이라
침소를 왕래하며 어찌 전전긍긍이랴
단순한 때에도 완급하면 무량의 즐거움.

天意惑心 천의와 미혹심

精靜日常天意**從** 時空亂變辨眞理
人爲設置排心**容** 清淨本源洗口**春** 4333. 11. 27 **冬韻**

정미 정연한 일상으로 천의를 따르며
인위의 설치를 맘에 용납 배격하면
시간 공간의 란변에도 진리는 변별되
청정한 본원으로 입방아는 씻긴다.

雲雨均配 구름 비 고루 분배

有時雲雨配均**精**　　此事微人如束手
因氣水要引上**清**　　自然偉大小人**生** 4333. 11. 28 庚韻

구름 비 때가 있어 균정하게 배분되니
인한 氣水기수 수요에 청정히 위로 이끌린다
이 일에 미약 인간 묶인 손과 같으니
위대한 자연이 소인을 살린다.

自京至京 서울부터 서울까지

自天京至視千**林**　　皆占四圍眞𡿺奪
十字紅燈顯夜**陰**　　國家祖上失傳**心** 4333. 1.1 30 侵韻

천안부터 서울까지 천 숲을 보면
십자 홍등이 밤 어둠에 드러나는데
사위를 다 차지해 진뇌를 빼앗겨
국가와 조상의 전래 인심 실추려니.

視蘭恖相殘 란을 보며 동족상잔을 생각함

巖壁閒閒茂盛**蘭**　　吾人自意相殘罵
每萅雩發彙同**歡**　　血淚千烌何屬**難** 4333. 12. 2 寒韻

암벽 사이사이 란초 무성하여
봄마다 꽃 피우니 함께 모여 기뻐한데
우리 인간 자의로 욕하며 상잔하니
천년의 피눈물로 만난을 어찌할꼬?

鈍惱纍休 무딘 뇌 쉴 수 없다

欲身卸事行纍休　　裸木生庭菅夢育
向志工夫惱不優　　藉楓樹下瑞風幽 4333. 12. 5 尤韻

몸은 일을 벗고자하나 행동은 쉴 수 없어
공부에 뜻을 두었으나 넉넉지 못한 두뇌
벗은 가지 뜰에 살아 기르는 봄 꿈
단풍 깔린 나무아랜 그윽한 상서의 바람기.

東山參星 빈 산에 삼성

參星獨夕瞻吾孤　　淮北貊夷誰痛叟
月出東山望我愉　　三千過歲恨執愚 4333. 1.2 12 尤韻

삼성 석양에 홀로 나도 홀로 쳐다보니
동산에 달이 떠 나를 보며 기뻐해
회수 북쪽 맥이 력사 아파한 이 누구인가?
삼천 년 지나 흰겨레 우둔을 한하노니.

新新事事 일마다 새로움

瞋瞋新新不再來　　短疏天命千季計
常常事事送纍回　　未百稺呆叟裏灰 4333. 12. 13 灰韻

순간순간의 새로움 다시 오지 않고
일상의 일마다 보내면 돌아올 수 없네
짧고 소탈한 천명인데 천년을 계획해도
백년도 못되어 치태하다 력사 속의 재로.

已公烋再呼菊香 이미 간 가을 국화향기가 다시 부름

瑞苑晩青雲菊來　　室人迎接安安笑
陋家香滿公烋回　　藹藹鼎談半夜徘 4333. 12. 14 灰韻

서원과 만청이 운국을 가져오니
루추한 집 향기 가득 갔던 가을 돌아와
실인이 영접하여 안안 소담하며
온화한 정담으로 밤중까지 노닌다.

欣欣堂內 흐뭇한 당내

霻斐青藍瑞苑同　　升堂已入連三昧
黌房鼎亜字文工　　未及十秊自步通 4333. 12. 15 東韻

설비 청람 서원이 함께
글방에 정좌하여 문자학 공부
승당하여 이미 입실하니 삼매경 이어
십년도 채 못 되어 스스로 통해 걷는다.

祖上㓞拒逆 조상의 글을 반역

專用諺文合理終　　國寶奎章先魂腐
三千載習聖經空　　來孫㿜夗總民瞢 4333. 12. 19 東韻

언문만을 전용하니 합리 끝나
삼천 년 익힌 성경은 공허하고
국보 규장문 혼이 먼저 썩으며
오는 자손 두뇌 죽고 온 백성 몽롱.

盆柏開始 화분에 동백꽃 피기 시작

傲霜孤節歲齌回　　二十長長過澹澹
冬柏靜醒痛裂開　　冰天冒酷報酬哀 4333. 1.2 23 灰韻

오상고절의 돌아온 혹 추위에
동백꽃 조용히 깨어 터쳐 여는 아픔
이십 년 오래오래 담담히 지나며
언 날씨 혹한에 가엾게 갚는구나.

頃刻吝愛 경각도 아끼며

一頃吝愛脫時空　　究究瞑瞑難老學
轉瞚不休賦日終　　重重負戴未回悾 4333. 12. 24 東韻

일 경각도 아끼며 시공을 벗어나
순간도 쉬지 않고 종일 글 지으면
침침한 눈에 계속하는 로학이 어려워
거듭거듭 이고져도 정성만큼 돌아오지 않네.

湪夜友落葉 밤 깊도록 락엽과 벗하며

窗門內外驟霖雱　　庭面落楓悽杜實
夜歃賦詩晩寢圖　　霖看瑞靄酷齌渝 4333. 12. 24 虞韻

창문 안팎에 소나기 지나는데
밤에 茶들고 글 짓다 늦어 잘 의도
마당에 진 단풍과 팔배열매 처연해
서설은 보이지 않는데 혹한에 달라지는.

競開冬柏梅**霫** 동백 매화가 겨루어 피다

歲蘼冠嶽霽中**瞑**　　梅犇山茶醒噪雀
氳煦氣心三友**先**　　檐頭庭樹忍冬**天** 4333. 12 先韻

한겨울 관악산은 눈 속에 잠들고
온후한 기후 속 앞선 세 벗 松竹梅 송죽매
매화와 동백을 지저귀는 참새가 깨우고
처마 끝 정원수들 겨울 추위를 참는다.

上空下江 위 하늘 아래 강

洛東千里闔空**中**　　反躲海光珠散綠
百景十方絶妙**充**　　青琉天似拄忘**翁** 4333. 12. 28 東韻

락동강 천리에 온 하늘이요
백 경광 십방에 가득한 절묘
바다 반사하며 초록 구슬 흩어
청 류리 하늘 닮은 늙은이 잊고 있었네.

陽曆晦日 양력 그믐날에

晦日廖時晚始**堂**　　自雲從問相談鼎
跮㞢來謗頗咊**房**　　旣作論詩押韻**忘** 4333. 12. 31 陽韻

그믐날 만시당이 공허한 때
일지선생 래방하니 자못 화기한 방
자운이 따라 방문하여 서로 정담하며
이미 지은 시를 론하며 압운을 잊었으니.

出迎歸寧兒 귀녕하는 손자 출영

積白扃空弦月**斜**　　一羣童稺嚾嚾率
永登浦驛待孫**拏**　　迎笑引門洽入**家** 4334. 1. 2 麻韻

눈 쌓인 서쪽 하늘에 조각달 기울고
영등포 역에 기다리다 손자 손을 붙든다
한떼의 아이들을 떠들썩 이끌고
웃으며 맞아 문에 인도 흡족히 집에 든다.

離韓水欲居鄕 한강을 떠나 시골에 살고자

欲居韓水故鄕**離**　　入海溝渠猶適性
巢作於焉三十**期**　　不回鬢白夢頻**馳** 4334. 1. 3 支韻

한강을 떠나 고향에 살고자 한데
까치집 짓기 어언 삼십 년이라
바다에 들어 도랑에 오히려 적성인데
살쩍 희어 돌아가지 않고 자주 꿈에 달린다.

空港 공항

我側天中上海**浮**　　歲[illegible]松柏遼濶塞
下船來往竹爲**舟**　　江口沙場落鳥**洲** 4334. 1. 4 尤韻

내 곁 공중 바다에서 떠올랐는지
이래 왕래하는 배는 댓잎으로 만든 배라
한겨울 솔 잣나무 멀리에 질게 막아
강어귀 모래톱 섬들엔 철새가 앉는다.

賓多開講 손이 많은 개강

放學閒堂開講初　　老師心地常途上
生徒未五賀賓諸　　千育一麟有拔廬 4334. 1. 6 魚韻

방학 사이한 당 첫 개강에
생도는 네 사람 여러 하객이라
늙은 강사 심지는 길 가는 일상
천 길러 한 편린 오두막에 뽑히리.

綮白江山 순수 흰 강산

一見江山服綮衣　　日終加積翻翻裏
擦音聽步故情微　　淸汭外來靜想歸 4334. 1. 7 微韻

한눈에 강산은 흰 옷을 입었는데
마찰음 들으며 걷느니 여린 정 때문
날 저무니 더욱 쌓여 번번한 속에
맑은 물굽이 곁에 와 조용 돌아갈 생각.

促發萌芽 싹나기 촉발

嚴冬促發有萌芽　　仁寺酷風文化講
萬古風霜質忍撾　　五千倍達氣傳粤 4334. 1. 7 麻韻

엄동에 촉발하여 싹날 수 있나
만고풍상의 매질을 참아낸 바탕
혹풍의 인사동에 문화강좌
오천 년 밝따의 꽃피울 기상 전한다.

積霎 눈 쌓임

徹夜霏霏翌晝連　　常時好犯車人懼
韓江不變繼霦然　　如顯罪刑戰戰邅 4334. .1 7 先韻

밤새워 주룩주룩 다음 낮까지 이으니
한강은 변치 않고 무연히 계속한다
평상시에 잘 범하던 사람이 車가 두려워
죄목이나 드러난 듯 머뭇머뭇 전전긍긍.

自雲杏園㞢屋 자운과 행원의 집

自雲暫憾促慰勞　　霎斐瑞原連爲行
頃刻靑藍先動曹　　杏園蝸屋覺賓湖 4334. 1. 16 虞韻

자운이 잠시 서운 위로를 재촉한데
잠깐 청람이 무리를 선동한다
설비 서원이 실행을 이어가는
행원의 와실은 보귀의 호수라.

小庭園 작은 정원

玉龍霦一小庭園　　初有酷癬猶㓞屋
空對密枝不夗魂　　來雲偺用傲㞢暄 4334. 1. 16 元韻

옥룡 한 그루 없는 작은 정원에
빽빽한 가지 허공 대해 혼은 죽지 않아
처음이라는 혹한에도 오히려 집은 열탕
후손에게 빌려 쓰며 따스하고 오만하게 산다.

杜子落枯 떨어져 마른 팥배 열매

不歸杜子落枝枯　　出入小途冰解遞
林上曇空舞霙麤　　夕鞝淡淡瞻同圖 4334. 1. 19 虞韻

돌아가지 못한 팥배 가지 떨어져 마르고
숲 위 흐린 하늘엔 거친 눈발 날린다
출입하는 작은 길 얼다 녹다 교체하는
조석으로 담담히 같은 그림을 쳐다본다.

新班纔五 새 반은 겨우 다섯

新班初面始迎詞　　戰戰兢兢基礎委
纔五生徒先進師　　不安休講老季悲 4334. 1. 20 支韻

초면의 새 반을 맞이하는 말로 시작하는
겨우 다섯 생도의 스승은 선진이라
전전긍긍하며 기초를 맡기고
휴강하고 불안한 서글픈 로년이라.

蒂落間間 간간이 나뭇잎 지다

蒂落庭園盡日間　　全橆佐者加私事
風雲間間遞番艱　　門外喧談老婦憪 4334. 1. 23 刪韻

들에 종일 동안 잎 시들어 떨어지고
구름바람 사이사이 어려움 차례로 갈마든다
돕는 이 전혀 없는데 더욱 사삿일을
문밖에서 떠들썩한 즐거운 할미라.

永宗島巨事 영종도의 거사

永宗爲號孰何**時**　　　嘗作祖先文字捨
巨事竣時僅究**知**　　　音[illegible]示額憾亡**詞** 4334. 1. 24 支韻

영종도라 이름 짓기 누가 어느 때인가
거사 준공 시에 겨우 알아 궁구하니
일찍이 선조께서 짓고 문자는 버려
소리글로 편액에 보이니 알 수 없어 서운해.

茶禮子孫 차례와 자손

茶禮日過夕飯**終**　　　老婆疲睡翁夫喫
子孫生姪自歸**從**　　　泉壤境中惻隱**容** 4334. 1. 25 冬韻

차례일 지내고 저녁밥도 마치니
아들 손자 생질이 각자 좇아가고
로파는 지쳐 자는데 로옹만 차를 들며
저승 경계 중에 측은한 모습이라.

知陛默言 섭돌은 알되 묵언

是非知陛默禁**言**　　　宰相馬牛從御僕
出入諸人不認**存**　　　農家狗犬吠官**尊** 4334. 1. 26 元韻

옳고 그름 섭돌은 알되 말없이 묵묵
출입하는 여러 사람 차마 있을 수 없어
재상의 소와 말과 노복이 따라 모시고
농가의 개가 벼슬 높다 짖어댄다.

喧集靜中 고요 속 들레어 모임

天主敎人二十餘　　世間喧集其中靜
往來朋友一家居　　晩始學文訪不疏 4334. 2. 1 魚韻

천주교 교인 이십여
붕우로 왕래하며 한집에 거처한다
세간의 들렌 모임 그 중에 조용한
학문하는 만시당을 자주 방문한다.

出家流布 출가와 류포

女性出家太甚增　　本空根幹加加害
虛榮流布分聚騰　　低質異端日日興 4334. 2. 2 蒸韻

여성은 출가하여 증가 태심한데
허영만 퍼뜨려서 들뜨기 분수없어
본래 빈 근간을 더더욱 해치며
저질 이단은 나날이 흥한다.

過時不感 때 지나도 느끼지 못해

正午來過不感時　　生徒爲子爲奴僕
松風一二日終支　　私傳添刪弟子詩 4334. 2. 12 支韻

정오가 왔다 가도 때를 느끼지 못해
솔바람 하루 이틀에 갈리어 끝났는지
생도는 자식 위해 노복이 되는데
사사의 스승은 제자들 시를 첨삭한다.

苦盡邁進 고생 다하도록 매진

苦盡甘來歷少**初** 兒童過佑將來沮
難時邁進始竿**車** 自習博知達道**拏** 4334. 2. 19 **魚韻**

고생 다하면 즐거움 오니 어려 처음 겪게 하되
장대 말 타고 시작하면 어려울 때 매진한다
아동 돕기 지나치면 장래를 막느니
스스로 익혀 널리 알면 길 잡아 이르리라.

題數日暴雪 며칠 동안 포설

暴雪聯聯遞一**週** 釜山往復晏晏遂
濃煙數日滯航**留** 臨事超然順氣**流** 4334. 2. 22 **尤韻**

포설 잇달아 일주일을 갈마드는데
짙은 안개 며칠을 항로 체류하다
부산 왕복 수행을 편안히 하여
초연히 일에 임해 기류 순조로워.

芳菁細雪 한봄 눈발

霏霏細雪播飄**零** 地面鎔流時雨水
滿發芳菁仰羨**庭** 高山厚積白頭**亭** 4334. 2. 24 **青韻**

눈발 주룩주룩 나부끼며 흩뿌리는
방춘에 만발한 탐스런 뜰을 쳐다본다
지면을 녹아 흐르는 시우절 물이요
높은 산엔 두텁게 쌓이는 백두정 물.

爽晴暴霪 시원히 갠 포설

暴霪如欺倏爽晴　　日時積載加生限
爲天造化曰何評　　長短命私順應迎 4334. 2. 25 庚韻

포설이 거짓이듯 시원히 갠 날씨
하늘의 조화 어찌 평해 갈하리
날 달 철 해 쌓이며 더해 가는 한계 생명
길건 짧건 주어진 명 맞아 순응한다.

脫服剃憾 탈복 전의 서운

悽愴極度不能書　　思則霧拘霧障礙
敬母離靈迫服除　　三分未及似容初 4334. 3. 2 魚韻

극도의 처창으로 쓸 수조차 없어
세진 떠나신 어머님 공경 복 벗는 아픔
생각하면 막는 것 없건만 안개에 갇혀
서푼도 미치지 못해 처음 모습만.

朋出遠方來 먼 데서 온 벗

蓮堂忽訪夕僚參　　合席霪斐行日式
大德舊朋竝靑藍　　七人各說吐情談 4334. 3. 2 覃韻

련당이 홀연 방문해 당료와 저녁 함께
대덕에서 옛 벗이 청람과 함께 오고
설비가 합석하자며 일식집으로 향하니
7인이 각기 정담을 설토하느라.

萅意散飛 흩날리는 봄 생각

自雲空席代三人　　霻斐日終消息絶
朴庾烋同事勉**親**　　紛紛擾擾霰飛**萅** 4334. 3. 3 眞韻

자운이 비운 자리 3인이 채워
박용현 유수자 추옥자 私親사친 면한 일
설비만 종일 소식 끊겨서인지
어지러이 봄 생각을 흩날린다.

冬柏綻葩 동백 꽃봉오리 터트림

蒂落小庭解霻**冰**　　濃煙帳幕蒙連日
裸林蕭寂惻然**凌**　　墻下柏葩綻反**應** 4334. 3. 4 蒸韻

잎진 작은 뜰에 눈얼음 풀리니
벗은 숲 쓸쓸해 번지는 두려움
짙은 안개 장막 연일 몽몽한
담 아래 동백 꽃봉오리 반응해 터진다.

萅期開講 봄 학기 개강

四三三四復開**門**　　窗外晩齌**萅**扗室
齊唱詩經作韻**言**　　致高佳節旨看**園** 4334. 3. 5 元韻

사천 삼백 삼십 사년 다시 문 열어
시경을 제창하고 운문을 짓는데
창밖은 늦추위요 봄은 방안에 있어
운치 높은 가절의 뜻을 보는 글귀.

天癬鴈飛江 추운 날씨에 기러기 나는 강

野虛癬氣鴈飛江　　夜講歸來婆睡室
夕照黃沙渾滿邦　　雲間窺月拄踰窗 4334. 3. 7 江韻

날씨 추운 빈들 강에 기러기 날고
석양빛 황사가 온 나라 가득 흐리다
밤 강의에서 돌아오니 할미 거실에 자고
구름 사이 달을 엿보니 창 넘어 있구나.

依舊野鳥 예와 같은 들새

野鳥依舊聚邨新　　屋屋層層歸過密
長月鬲山見似親　　全消故貌納箱身 4334. 3. 7 眞韻

들새는 예 같아 새 마을에도 모이고
서산엔 긴 달이 친숙한 듯 보이는데
집집 층층이 과밀한 데 돌아와
옛 모습 전혀 없는 상자에 몸 들인다.

自雲山水畫 자운의 산수화

松下海風萬里吹　　舟翁獨亞千秊釣
破巖地嘴靜無時　　此景高麗畫帖姿 4334. 3. 10 支韻

솔 아래 바닷바람 천만리를 불어와
땅 부리 바위에 부서져 조용할 때 없다
늙은이 배에 홀로 앉아 천년을 낚으니
이 경광 고려의 화첩 자태인가?

京都六百秊橫斷江 서울 륙백 년을 가로지른 강

橫斷京都六百秊　　水量增減悲人喜
屬千醜態倂江邊　　億劫悠悠淡自然 4334. 3. 15 先韻

瑞蔚서울을 가로지른 륙백 년을
온갖 추태가 강변과 함께하니
수량 증감에 기쁜 사람이 슬프기도
억겁을 유유히 흐르는 자연은 담담.

夕陽疲耎 석양에 지친 늙은이

講了夕陽反老疲　　鳧飛洛水尋田水
如人庶逝日遲遲　　將命鵲傳改節時 4334. 3. 15 支韻

강의 마친 석양에 늙은이 지쳐 돌아오면
지친 사람같이 해는 느릿느릿 거의 져
락동강 물에 오리떼 날아 볏논 찾는데
전달자 까치가 시절이 바뀐다고 전한다.

忌祭日 제삿날

慈親忌日雧家人　　存世苦心多養子
男妹一嚴畢接神　　情懷竂盡五更伸 4334. 3. 16 眞韻

어머님 제삿날에 가족이 모여
남매 한결 엄숙 제사를 마치고
계실 제 자식 7남매 기르느라 고심
무궁한 정회로 온 밤을 지새워.

扣醒瞑 其一 두들겨 잠을 깨우다 기1

孍暖睡醒促慢暳　　都心上下惟奔丞
木遲肥蕾裸枝瞋　　加益近來不感鄰 4334. 3. 17 眞韻

추웠다 더웠다 게으른 봄잠을 재촉한데
살찐 물푸레 꽃망울 벗은 가지에 눈 부릅뜨나
도심 상하에 오직 분주한데
더욱 근래에는 이웃 불감증이라.

扣醒瞑 其二 交語 두들겨 잠을 깨우다 기2 말 바꿈

溫冷睡醒催懈暳　　高低市裏東覓丞
木蘭芽節落枝瞋　　旣至暳斜不識鄰 4334. 3. 17 眞韻

따뜻하다 차갑다 게으른 봄잠 깨기 재촉
목란 마디 싹이 가지에서 떨어져 눈 부릅뜨나
높낮이 도심에 동분서주한데
이미 이른 봄 기울도록 이웃 인식 못했구나.

步肇暳茱萸 초봄을 걷는 수유

前週初對笑茱萸　　暳步未看奔晝夜
幾日雕頭不厺留　　改烌風嶺罘過丘 4334. 3. 18 尤韻

지난 주에 웃으며 첫 대면한 수유 꽃
며칠 가지끝 새겨 떠나지 않았는데
걷던 봄 주야로 줜주해 보지 못하고
바뀐 추풍령 언덕 지나며 살핀다.

不息回來君子蘭 쉬지 않고 돌아온 군자란

君子蘭雩羣恣**開**　　蓂家陽地初芽殼
遲遲不振仲萅**來**　　疲苶晨昏不息**回** 4334. 3. 21 灰韻

군자란 꽃 방자하게 때로 열리며
지지부진하던 중춘이 오고
초가 양지쪽 껍질에 첫 싹이
나른히 지친 조석 쉬지 않고 돌아와.

釜山行 부산행

空航兩伴杜鵑**紅**　　冬柏市街斑處處
初裂木蘭向盡**忠**　　萅分陽節屬情**同** 4334. 3. 22 東韻

공항 량 쪽에 붉은 진달래
목란 꽃 터치기 시작 충성 다해 북향
시가지엔 동백이 곳곳에 고운
춘분 양절이라 온갖 것 같은 정서.

歪歪曲曲 삐뚤삐뚤 굽이굽이

地異歪歪合聚**峯**　　上沙下靄安歸俯
洛江曲曲枉枝**容**　　錦繡靑山蠧害**凶** 4334. 3. 22 冬韻

지리산 삐뚤삐뚤 봉우리들 모이고
락동강 굽이굽이 굽은 가지 모양
위에 부사 아래 자욱 굽어보며 편한 귀로
금수 청산이 좀먹은 흉측한 피해라.

相讓共生 서로 사양하며 공생함

議論相讓聚綜來　　切琢個人基佛好
志操固持學不衰　　共生社會道儒培 4334, 3, 23 灰韻

서로 사양 의론하며 와 모이니
지조 굳게 지니고 배움 쇠하지 않아
개개인 절차탁마 예수 붓다 좋아하는
공동생활 사회니 도교 유학 북돋는다.

聞七絃琴 거문고 탄주 들으며

百季不解俯天浮　　不識誰爲哀九壤
千載奏融泣訴謳　　絃琴聽涕惱痲尤 4334, 3, 25 尤韻

백년을 풀지 못해 구천에 떠 굽어보며
천년을 융화 상주 노래로 읍소하며
누구를 위함인가 알 수 없는 구천의 애통
현금 탄주 울며 들으니 더욱 머리 저린다.

悼鄭會長逝公 정주영 회장 서거를 애도함

五十不味敵北蘇　　萬民哀悼離長歲
解怨逢族始開途　　泉壤入成志丈夫 4334, 3, 25 虞韻

오십년을 불화하며 북과 소련 적으로
원망 풀고 동족 만나 길을 열기 시작
만민의 애도 속에 긴 세월 떠나시니
저승에 들어가셔 장부의 뜻 이루소서.

萼姤蘚冒萼 꽃샘추위 무릅쓴 꽃

朝益暮加白木蓮　　芳萅節好衣冬服
姤蘚一夜再浚瞑　　婆老相慰提後先 4334, 3, 26 先韻

아침에 더욱 저녁에 더 백목련이
꽃샘추위 하룻밤에 다시 잠 깊더니
방춘 좋은 계절에 겨울옷 입으니
할미 할아범이 먼저 뒤에 끌며 위로.

躑躅萅信 봄소식 왔다갔다

酷蘚暴䨮號嚴冬　　萼雨參差紛亂霰
南國盛梅已萅春　　朙朝高嶽白頭容 4334, 3, 27 冬韻

혹한과 포설이 엄동을 불러와
남국은 매화 한창인데 이미 저무는 봄
꽃비 뒤섞여 싸라기눈처럼 어지럽더니
다음날 아침 높은 산이 흰 머리 모양.

降䨮下妖風 눈 내린 아래 요사한 바람

高山降䨮下妖風　　日已嶺踰蘚氣滿
欲發百萼縮再忡　　止來萅反凍味融 4334, 3, 30 東韻

높은 산 눈 내리고 산 아래 요풍이
백화가 피려다가 다시 근심 졸어든다
하루 지난 추풍령 너머에 가득한 한기
오던 봄 멈칫 돌아서니 녹던 화기가 언다.

蘻索白屋 동아줄 없는 가난한 지붕

天𪓐白屋索蘻看　　呆氣番番回路上
湥慮少時服有團　　弆参朏伴速追寬 4334. 3. 30 寒韻

추운 겨울 흰 지붕 새끼줄 보이지 않던
어릴 적 깊이 생각하니 둥글게 입고 있었지
치태 끼 번번이 길가에 돌아오는지
삼성과 초승달 보니 빠른 추종이라.

掛檐半月 처마에 반달을 걸다

入講掛檐半月銀　　上家壺執南窗向
下車三夜我追鄰　　厺處如蘻窺屋貧 4334. 4. 4 眞韻

강의 드는 처마 은빛 반달 걸어 두고
차에서 내린 한밤중 내 곁을 따른다
집에 올라 차병 들며 남창을 향하는데
갈 곳이 없는 듯 가난한 집을 엿본다.

㷔霞撫林 숲 어루만지는 안개

㷔霞江上撫醒林　　時不再來憔瘦日
萌動粤衰暖氣臨　　惶惶向務作萅陰 4334. 4. 6 侵韻

안개 노을 강가 잠깬 숲 어루만지는
싹 움직이니 꽃 시드는 따스함 오는 공기
사시 시들은 날이면 다시 오지 않으리니
황황히 일을 향하며 봄 그늘을 만든다.

霏霏零落櫻 훨훨 나부끼는 벚지꽃

暖氣霏霏零落**櫻**　　　晡時樹下紅燈**櫜**
金芽盛發季暮**傾**　　　忍苦山丹始嬰**迎** 4334. 4. 15 **庚韻**

따스한 기후에 훨훨 지는 벚지꽃
금빛 싹 왕성히 피며 삼월도 기우는데
신시 나무 아래 등불 모여 곱고
쓰라림 참던 산단화 여름 맞아 피기 시작.

未觀有形 형체 있으나 보이지 않음

空重未觀覺有**形**　　　月眐隨伴從頭上
水流存下屬汚**并**　　　寢後辭家必再**迎** 4334. 4. 16 **青韻**

소중한 공기 볼 수 없어도 형체 있음 느끼고
아래에 있으며 흐르는 물 만가지 더러움 함께
수반하던 달 바라보니 머리 위에 따라와
잠든 뒤엔 집 사양하나 다시 꼭 맞으리라.

日日加百歲 하루하루 더한 백세

杜實著枝百歲**模**　　　退衰屬物還身殺
新梢綠綠日加**蘇**　　　落地化機再構**圖** 4334. 4. 16 **虞韻**

팔배 열매 가지에 붙어 백세 모습
새싹은 파릇파릇 나날이 소생을 더해
시들어 물러가는 만물 몸 죽여 돌아와
땅에 지면 有機유기로 변화 재구성 그린다.

暖飈不似簪 따뜻하다 춥다 봄같지 않아

相濟暖飈不似簪　　於焉杏落桃梅倂
不看山野役疲身　　朝夕喧囂衆雀鄰 4334. 4. 17 眞韻

추위 더위 갈마드니 봄 같지 않은데
산과 들 보지 않고 지친 몸 부리다
어언 매화 복숭아 아울러 살구꽃 지니
조석으로 왁자지껄 이웃에 참새떼.

孤松長旱風 외솔 가뭄 바람에도 자라

峻嶺孤松長旱風　　少經苦樂分人種
川邊幕柳曲垂同　　養育親心不負蒙 4334. 4. 18 東韻

준령에 외로운 솔 가뭄과 바람에도 자라고
냇가에 버들 장막도 함께 굽혀 드리웠네
어려서 고락을 겪은 인종은 나뉘어
길러 준 부모 맘도 몽매해 부담치 않네.

飄零晚杜英 늦은 팔배 꽃 날며 지다

白雨飄零晚杕英　　堂僚逍日斜歸路
山池水上放徊苹　　谷岸子規未落迎 4334. 4. 23 庚韻

소나기에 늦배 꽃잎 날며 떨어져
산 못 물 위 부평초와 흩어져 떠돈다
당료와 소일하고 저물어 돌아오는 길
산골 언덕 진달래가 지지 않고 맞는다.

闉夓萅 봄 여름 문턱

櫻杜斑鵬闉夓萅　　紅黃炎白雩多色
乍風間起忽癬辛　　暇日歸途八角賓 4334. 4. 23 眞韻

벗지 팔배 새김무늬 봄 여름 문지방
바람 잠깐 이는 사이 매운 추위 다하니
홍 황 적 백 많은 빛깔 꽃이라
한가한 날 돌아가는 길 팔각정 손이라.

黃人血胤異髮色 황인종 혈윤 머리카락 빛이 다름

髮毛黃炎染靑心　　㞢子育孫知漸覺
身體受親不感今　　洋頭稱號外間淫 4334. 4. 24 侵韻

머리털 노랑 빨강 청심에 물들여
신체 양친께 받아 지금은 느끼지 못하나
자식 낳고 손자 길러 보면 점차 알리니
서양 머리 칭호 하니 음일한 외간이라.

古人典書 옛 전문을 쓰다

時過子正古人書　　俛禱敎皇忘上首
寢嫗鼻鳴漸靜初　　頌屛十曲手釋除 4334. 4. 26 魚韻

시각은 자정 지나 옛 글을 쓰는데
자던 할미 코고는 소리 점차 조용하기 시작
힘들여 기도하던 교황 머리 들기 잊고
동다송 열 폭을 손에서 놓지 못한다.

南流洛東江 남으로 흐르는 락동강

洛江曲曲海流南　　暮氣微雲加濃色
霞下山林半黑藍　　遙遙燒日美峯覃 4334. 4. 26 覃韻

락동강은 굽이굽이 남쪽 바다로 흐르는데
노을 아래 산림은 검정 반 쪽빛이라
저녁 어스름에 엷은 구름 빛 짙어 가고
멀리 타는 해 봉우리에 이르러 곱다.

迎接一機元貞 일기와 원정의 영접

著地元貞迎接車　　釜山往復週間隔
回歸換上一機拿　　休日獨室處累科 4334. 4. 26 歌韻

도착지에 원정이 車로 영접하고
돌아올 적 일기 인도 바꿔 오른다
부산 왕복은 격주간이니
쉬는 날 독실에서 쌓인 일 처리한다.

夓來盛曶衰 여름 오자 성춘 시들어

斁厷冬瓣夓急來　　家婆變節瘨痾疾
挽推棼倏盛曶衰　　遑急歸街絢爛枚 4334. 4. 27 灰韻

겨울 추위 다하고 떠나니 급히 오는 여름
당기고 밀고 어지러운 날씨에 성춘 쇠하고
집에 할미가 숙병으로 앓고 있으니
황급한 귀가 길에 현란한 가지들.

傾聽四道講 네 리치 강의를 경청하며

映像傾聽四道情　　太仙林夳蠶關現
先儒後佛督天名　　倍達中咊難得成 4334. 5. 19 庚韻

텔레비젼 네 리치 정황을 경청하면
유학 먼저 뒤에 불교 기독교 하늘 명
탯의 선교는 숲으로 가 현실과는 무관
배달 중화를 이루기 어렵구나.

細雨雀噪 이슬비에 떠들썩한 참새

細雨林中衆雀喧　　氣盈蠶制加兼水
葉杪微拂感恩天　　炎旱霖霖順自然 4334. 5. 20 先韻

중림에 가랑비 오니 참새떼 들레고
잎끝 가늘게 떨며 하늘 은혜에 감사
제한 없이 공기 가득 물을 더 겸했으니
염천 한발에 비 그치지 않는 자연의 순리.

字文敎占 자문 교육의 점령

限定字文罹士網　　未能探理師爲帳
四方敎占不休防　　馴致人間苗育牀 4334. 5. 21 陽韻

한정된 자문으로 선비 그물에 걸리니
사방에 교육 점거 방비 쉬지 않네
리치 탐구 불능 장막 위한 師道사도로
인간을 순치켜 묘상에서 기른다.

育蟲卵彫長桃 벌레 알 기르며 조각되 자라는 복숭아

桃蟲子育長爲彫　　親息棄人兒換鳥
布穀卵孵鶺養寥　　翢天下事倒何韉 4334. 5. 22 蕭韻

벌레 알 기르는 복숭아 조각되어 자라고
뻐꾹새 알 까서 할미새가 길러 날려 보내는
친자식 버린 인간 새와 바꿀 아이인가
래일의 천하 일이 어느 아침에 뒤집힐까?

視映像面 영상 면을 보며

螺貝沙濱輾轉傾　　待機鑿隱土中水
遻淖殘露䠶匍行　　具殼口虛何載鳴 4334. 5. 27 庚韻

소라껍질 모래 물가 엎치락뒤치락
썰물에 드러나니 기어갈 수 없어
파고 숨어 때 기다리는 물속에 살다
조개껍질 빈 입이니 몇 해나 울었던고.

住居八層 팔층에 살며

擾土鑤家住八層　　姪兒攜訪開蘭蕾
自雲小樂幾盆乘　　數日離京滅美燈 4334. 5. 31 蒸韻

움킬 흙도 없는 집 팔층에 사니
자운은 몇 화분 올려 놓아 작은 기쁨
조카애가 가져온 란 꽃봉오리 열렸더니
며칠을 서울 떠났었는데 미등이 꺼졌구나

論文審査 론문 심사

碩士論文閱二**題**　　自今邁進蒸蒸學
內容疏略構多**迷**　　盡老婆心達紅**霓** 4334. 6. 2 齊韻

석사 론문 두 제목 열람하니
내용은 소략하고 혼매한 구성
지금부터 매진하여 배우기에 열심이면
로파심 다하고 무지개꿈 이루리라.

如矢歲月 살 같은 세월

苗長不知麥穫**臨**　　入堂散襆看[illegible]冊
肥於大豆杏多**陰**　　吾等遲遲老舅**心** 4334. 6. 3 侵韻

묘 자라는 줄 몰랐는데 보리걷기 다다르고
콩알보다 살쪄 그늘에 많은 은행
만시당 들어 흩어진 서책을 보노라니
지지부진한 우리들의 늙다리 맘.

口口宣敬老席 입으로만 떠드는 경로석

敬老席周標放**宣**　　直剃父執疲軀立
壯男淑女假如**瞑**　　我國電車養廢**顚** 4334. 6. 8 先韻

경로석 두루 표식 방송으로 선전한데
장년 사내 요조숙녀 거짓 잠자는 듯
바로 앞에 아버지뻘 지친 몸으로 세우는
우리나라 전동차 멋대로 사는 페륜 양성?

老弱姙娠婦席 로약자와 임신부석

抱母孩兒察兩眸　　　四端根善來今歷
糴辭本性彼疑頭　　　趨欲獸人何動尤 4334. 6. 9 尤韻

아이 안은 어머니 량쪽 살피는데도
사양 않는 저 머리를 의심한다
근본이 선한 사단 겪어 온 지금에
욕심 쫓는 수성의 허물 어찌 우직이랴?

宗敎夫妻間 종교부터 부부 사이까지

自宗敎至夫妻間　　　易地行悤賢聖性
爲對徒糴主導頑　　　凡人誤習本忘還 4334. 6. 9 刪韻

종교부터 부부 사이까지에
상대하여 도무지 완고가 주도하니
역지사지 행보는 성품이 성현인데
범인 그릇 익혀 근본 환원 망각이라.

修後公人 수신 후 공인

修齊以後確公人　　　三段未能唯可授
治國伴隨結世眞　　　抱文溫故達相親 4334. 6. 10 眞韻

수신제가 이후에 공인을 확정하면
치국에 수반하여 세상 진실 결실하고
세 단계 능치 못하여 오직 받기만 하니
온고지신 포괄 문화로 서로 친히 달성.

老人 늙은이

闔苦風霜歷老人　　初浚考後心悲憤
頑存二固保如**親**　　次傳溫故愛抱**均** 4334. 6. 12 **眞**韻

만고풍상이란 로인이 겪느니
둔한 두 고질 있으면 부모같이 보호하라
처음 깊이 생각한 뒤에 비분한 맘이면
다음은 온고한 사랑으로 고루 포옹하라.

蛙躍方向 개구리 뛸 방향

靜中具爨起鞆**瞑**　　以後行言蛙向躍
牀滿多餇相勸**先**　　不知口躲近遊**燃** 4334. 6. 13 先韻

조용히 불 지펴 차리고 아침잠 깨면
상 가득 많은 음식 서로 먼저 들기 권
이후 언행은 개구리 뛰는 방향
구사를 알지 못한 채 불 가까이에 논다.

未求栽植 심기를 구하지 않음

山川雖好未求栽　　徵會不應猶訪纛
機俯觀周足往**來**　　許躳生此外加**栽** 4334. 6. 17 灰韻

산천이 비록 좋으나 심기 바라지 않아
기내에서 두루 굽어보며 왕래하기 흡족
모임 불러 응치 않고 오히려 집단 예방에
이 삶에 허낙한 몸 밖에 더 심으랴?

憶故鄕 고향 생각

古記風聲憶故**鄕**　　　或時胸裏吹過感
搖林海浪里後**望**　　　殘緖幸今鮮慨**慷** 4334. 6 陽韻

옛 바람소리 기억에는 고향의 추억
바다 물결 숲 흔드는 마을 뒤 보던
혹 때로 가슴속에 느껴 부는 바람
남은 정서 다행한 지금 강개가 선명.

不息中庸 중용의 도를 쉬지 않음

至誠不息道中**庸**　　　朙德親民胎性善
詩易古經屬物**容**　　　太平天下及皆**丰** 4334. 6 冬韻

지성으로 쉬지 않는 중용의 길은
시 역 옛 경서에 만물을 수용하여
덕 밝혀 백성 친히 선한 성품 배리니
태평천하는 다 어여삐 미치리라.

天安歸路 천안에서 돌아오는 길

露出不知國恥**元**　　　天生地理人咊否
黎民染色背乾**坤**　　　類有書齋大學**門** 4334. 6. 20 元韻

드러나도 알지 못하는 국치의 근본
검은 머리 물들여 하늘땅을 등지고
하늘 낳고 땅 다스리는 인화를 거부
무리만 있고 글은 없는 대학의 문.

弘益豐 홍익의 풍요

竝育相存弘益**風**　　川流小理河洋遠
幷行大德用咊**中**　　敦化地天古來**豊** 4334. 6. 23 **東韻**

함께 길리어 상존하는 홍익의 풍류
대덕을 아우른 행보 중화로 쓰이니
천류는 작은 덕이요 강 하 양은 오래
돈화한 하늘과 땅은 예로부터 풍요로워.

雨止厺雲 비 그치자 가는 구름

千峯閾谷景生新　　水厺悠悠山爽近
雨止飛雲緩始**巡**　　一經青物相存**親** 4334. 6 **眞韻**

천 봉우리 만 골짜기 경광 새로이 살아
비 그치자 구름 날아 느긋이 순회 떠난다
물은 유유히 흘러가고 산 가까이 상량
한바탕 겪은 청물이 친히 상존한다.

同根派類 같은 뿌리 갈레 무리

古來同處兩居**夷**　　鮮北合興文甲骨
河內東淮外貊**隨**　　族呼turn毫散糳**知** 4334. 6 支韻

고래로 함께 두 이족으로 거처했으니
하내 회수 밖 예맥조선이 따르고
조선 북쪽과 함께 일으킨 갑골의 글을
종족 불여 흔밝인데 무지해서 흩어졌네.

庭柯鳥聲 뜰 가지에 새소리

吹拂庭柯入密**林**　　行街已省量餘日
雀聲幾鳥筌篌**沈**　　空手往來䕯憾**心** 4334. 6. 29 **侵**韻

뜰 가지 바람에 흔들거린 빽빽한 숲 들며
몇 마리 새소린지 공후에 빠져든다
이미 지난 길 돌이켜 남은 날 헤아리니
공수로 왔다 가되 서운한 맘 없으랴?

少季好游 젊어 놀기 좋아하다

近視少季好旅**行**　　自然箇箇爲珍化
濜消目力學文**傾**　　五道不成公醜**名** 4334. 7. 1 庚韻

소년의 근시안으로 여행을 좋아하다
목력 다 소비하니 학문은 기울었고
자연은 날날이 진기로운 조화로 되었는데
오도를 이루지 못하고 추한 이름으로 가느니.

小暑剃蟬聲 소서 앞서 매미소리

忽聞蟬噪輒量**期**　　霉線北乘經下公
小暑閾剃的不**差**　　伏中孤室整殘**私** 4334. 7 支韻

홀연 매미 소리에 문득 때를 헤아리니
소서가 문지방 앞에 어김없이 적중이라
장마전선 북상했다 아래로 지나가니
복중 방에 홀로 남은 일을 정돈한다.

白衫戰戰兢兢 흰 적삼 전전긍긍

白衫緣紫戰兢剃　　當代蘼心過母世
佛宇陛陳歌讚姸　　青文後胤記嘉先 4334. 7. 4 先韻

흰 적삼 자주치마 인연 전전긍긍한 앞에
절 계단에 진렬해 예쁘던 찬불가
당대엔 무심했던 어머님 세대 지나
臀青文둔청문 혈윤이라 먼저 좋아 기억해.

若季男女埡 젊은 나이 남녀가 앉아

敬老席侵三七雙　　賣菖密室矧公座
合脣愛撫側人亡　　作甚於淫近妓娼 4334. 7. 8 陽韻

경로석 침범한 20대 한 쌍이
입술 합치며 애무하는 망신스런 곁
매춘도 밀실인데 하물며 공석에
매우 음란한 짓 창녀 기녀 가까워.

一巡又月中 한 차례 돌고 또 한 달을

七曜一巡又月中　　四時十載全蘼履
爲吾單日불休船　　以後如今自役空 4334. 7. 8 東韻

칠요에 한 바퀴 또 월중을
나를 위해 하루도 몸 쉬지 못해
춘하추동 십년 다 밟을 수 없어
이후도 지금같이 자신 비우며 부릴.

地中過汝矣島 땅속으로 너이섭을 지나다

摩天汝矣地中過　　名外實纍麻浦睡
江底穴經渡公河　　夢非醒不下聲俄 4334. 7. 10 歌韻

마천루 여의도 지나는 땅속
강밑 굴을 경과 내를 건너간다
이름 밖에 실체 없는 졸리던 마포
잠도 아닌 꿈도 아닌데 갑자기 내리라는 소리.

雨日心悤 비오는 날의 심사

雨日行離彼氣風　　霎時止筆聞除落
不瞑捨賦未悤充　　再降又䨻絶肙終 4334. 7. 15 東韻

비오는 날 떠나고 그 바람에
생각 채우지 못해 잠자지 않고 짓던 글 버렸네
개인 때 그친 붓 섬돌에 낙수소리
다시 내리니 또 쓰노라 절구로 끝낼 것을.

後日爲悤 후일 위한 생각

又齊澹澹笑纍言　　或任後門常注視
皆動水金入杏園　　夕旓風雨蔽東原 4334. 7. 19 元韻

우제는 담담하여 말없이 웃고
모두 행원에 들어 수 금을 활동
혹 뒤에 문을 말길까 늘 주시한데
조석으로 비바람이 동원을 가린다.

蟬歌齊唱 매미 노래 제창

蛰始單啁次蚸音　　小林百種蟬聲噪
總應齊唱有蟲心　　基鳥皆驚迹隱浚 4334. 7 侵韻

씽씽매미 하나 우니 다음 말매미 소리가 비웃자
모두 호응 제창하니 벌레도 맘이 있나 보다
작은 숲에 온갖 종류 떠들썩한 매미 노래
텃새가 놀라며 종적을 깊이 숨긴다.

金浦仁川兩航 김포와 인천의 두 항로

分航金浦設仁川　　老體常乘佗壯眾
國內行機舊貌延　　單身介入行亡秊 4334. 7. 26 先韻

김포를 분항하여 인천에 신설하니
국내행 비행기 연장하는 옛 모양
늙은 몸 늘 타고 장년 군중 달리
단신으로 개입하여 나이 잊고 다닌다.

冷房惡循環 랭방의 악순환

高於體褺一週餘　　彼惡循環人助長
氣候上中有悏居　　雲孫未及警先[illegible] 4334. 8. 3 魚韻

체온보다 높은 열이 일주여인데
기온 상승 중에 상쾌히 기거할 수 있어
저 악순환은 사람의 조장이니라
먼 후손 미치지 못할까 먼저 써 경계한다.

夏節百日蕣槿 여름철 백일의 무궁화

蕪盛庭中不一槿　　今朝小路迎門側
昨歸心惜蚸喧家　　灌木灼灼蕣須葩 4334. 8. 4 麻韻

무성한 뜰 속에 꽃 한 송이 없는데
어제 서운한 심사 말매미 울어대는 집
오늘 아침 소로 문 곁에서 맞는
떨기나무에 화들짝 드디어 핀 무궁화.

釜山堂號 부산 당호

釜山總務電言聞　　契帶夜長兼別額
嬰苑嘗求堂號文　　推强溽暑夜浚勤 4334. 8. 7 文韻

부산 총무 전언으로 묻는다는
아원이 일찍이 당호 글 구한다니
긴 열대야에 별도 액자 겸하여
욕서를 억지로 밀고 밤 깊도록 열심이라.

一循南北極 남북극을 한바퀴 돈다

二極一循晝夜長　　厺來四立剔時項
兩分節候始陰陽　　纇意盲從洹日常 4334. 8 陽韻

남북극을 한바퀴 돌면 밤낮이 길고
춘분 추분 절후 음양이 바뀌는 시점
가고 오는 네 '立'은 앞 계절의 절정
뜻 모르고 맹종해도 태양은 항상 잠긴다.

釜山行機內 부산행 기내에서

高天下視巧雲間　　蒙混霧中依械體
霎雨過然發氣山　　作詩未了告言還 4334. 8. 10 刪韻

하늘 높이 내려 보니 구름 사이 교묘해
가랑비 지난 듯 산에 피는 기운
어둡 침침 안개 속 기계에 몸 의지하고
글 짓다 마치지 못했는데 돌아 내린다는 말.

一血雙兒 한 혈통 두 새끼

珍虫血犬長雙兒　　剃者食猙餘狩獵
一尾富家又困移　　母慈盲鞠使孖癡 4334. 8. 11 支韻

진돗개 혈통이 난 두 새끼를 길러
한 마리는 부자 집에 또 하나는 가난한
부자 개는 밥개로 나머지는 사냥개로
어미는 사랑으로 기르고 쌍둥이는 어리숙.

三角山摩天樓 삼각산 빌딩 숲

遠鬲三角眺風模　　六百長秊躤害賊
遮隔摩天醜怪都　　尖峯近接何盜洿 4334. 9 虞韻

서쪽 멀리 삼각산 風貌풍모를 바라보니
마천루 가로막아 괴이한 도시의 추태라
륙백 년 긴 세월 도둑 피해 없었는데
첨봉까지 근접한 더러운 도적을 어찌할꼬?

瑞蔚四大門 序 서울 사대문 서

瑞蔚四方號大門　　東扃南北呼倭改
興崇義肅聖賢文　　野獸本心義亂分 4334. 9 文韻

서울 사방 대문이라 호칭하니
흥인 숭례 돈의 숙정의 성현 글이라
동 서 남 북은 왜가 바꾼 호칭으로
들짐승 본심이 뜻을 어지럽혔으니.

瑞蔚四大 其一 서울 사대문 기1 흥인지문

健拄興仁日米譚　　殘名敦義黃文滅
常存崇禮嶺湖南　　弘智北穈半失擔 4334. 9 覃韻

흥인문 건재하여 일본 미국에 미치고
숭례문 상존하여 령남 호남이라
돈의문 이름만 남으니 황하문명 소멸
홍지문 북에 없어 반을 잃어 부담이네.

瑞蔚四大門 其二 宮改苑 서울 사대문 기2 궁을 바꿔 원이라

道路標書反本名　　王宮秘慶呼園改
地中案內日汚盈　　化一魂門穈意驚 4334. 9 庚韻

도로 표지 글 본명을 위반하니
땅속 안내라니 일식 가득한 오류
왕궁을 비원 창경원 동산 바꿔 부르니
光化 유일 영혼의 문 무지함에 驚愕경악한다.

瑞蔚四大門 其三 六百季 崇明 서울 사대문 기3 륙백년 숭명

六百崇明失自身　　相殘同族何爲起
南蠻鴃舌錯人倫　　天道不知日米因 4334. 9 眞韻

륙백 년 명을 숭상 자신을 잃고
남만 격설하는 인륜을 어지럽혀
동족과 상잔하며 어찌 일어나려는가?
천도를 알지 못하니 일 메가 원인이라.

南瓜日葵蜜蜂 호박 해바라기 꿀벌

蓊鬧南瓜闒藒更　　不過百歲專積飼
炑午尋葵蜜蠭生　　順命釋私君子行 4334. 9. 26 庚韻

아침에 떠들썩한 호박꽃과 온갖 풀 번갈며
가을 낮 해바라기 찾아 꿀벌이 살리느니
백세도 넘기지 못하며 오로지 밥만 쌓을까
천명에 사사로움 없는 생이 군자의 일생.

忠魂葵 충혼의 해바라기

向日長炑晝夜心　　納衣殘骨頭容直
忠魂燒盡一恖任　　墻上依然不可侵 4334. 9. 26 侵韻

해를 향해 긴 가을 밤낮 같은 맘
충혼을 다 태우며 한결같은 임무에
누더기에 뼈만 남아서 두용직 하니
담장 위에 의연하여 침범할 수 없네.

天安茶林軒 천안 다림헌

日洹暫望入軒門 形音義說精微極
大東夷博厚經言 不位孔丘用禮論 4334. 9. 26 元韻

지는 해 잠시 바라보며 다림헌 들어
대동이 넓고 도타운 경전의 말씀
형 음 의 정미 지극하다 설명하면
공자 자리하지 않고 례기 론어만 인용.

麓綠木樣 푸른 산자락 나무 모양

紅峰麓綠氣風涼 銀杏同歸盈子實
木樣皆黃併落場 逝先父母嗣生彊 4334. 9. 29 陽韻

붉은 봉우리 푸른 산자락 바람 상량한 공기
나무 모양 다 누르러 지는 마당도 아울러
은행도 함께 돌아가는데 열매는 가득
가신 선대와 부모 강인한 삶의 이음.

晩始八載 늦 시작한 팔년

八載殘留學百餘 爲文外本堅私意
開闢晩始意圖虛 倚世乖常汚不除 4334. 9. 29 魚韻

팔년에 잔류한 백여 학생이
늦게 시작 밝음 열자 헛된 의도였나
밖에 근본한 문을 하며 사의만 굳건
괴상한 세상 의존 더러움 제거치 못해.

黃菊節 황국 계절

大小紫黃白菊**芳**　　樂園洞道中秌至
列盆三四巷盈**香**　　朝夕往來適爽**涼** 4334. 9. 30 **陽**韻

크고 작은 자 황 백색 향기로운 국화
줄지은 분 세넷에 거리는 향기 가득
락원동 길 중추 이르니
아침저녁 가고오니 상량함 즐긴다.

西山四時 서산의 춘하추동

萅斯午後日微**西**　　秌著暗中輝電色
夓到夕陽雀鳥**栖**　　冬來已寢外風**凄** 4334. 10. 24 **齊**韻

봄날 오후 서쪽에 미온한 해
여름 오면 석양에 새들 깃들고
가을 되니 어둠 속 전등불 휘황
겨울 오면 이미 잠들고 쓸쓸한 외풍.

自行佗行 스스로 가건 타의로 가건

車不自行又國**家**　　襍神混抂艱分理
況文化質幾人**挐**　　直道橫途易廻**邪** 4334. 10. 25 **麻**韻

자동차와 또한 국가는 스스로 가지 않아
하물며 문화의 질이 몇 사람에게 붙잡혀
잡신까지 뒤섞여 리치 나누기 어려우니
곧은길과 가로길이 거짓에 빠져 바뀐다

七十常道 인생 일흔 떳떳한 길

人生七十顯常途　　壽命報天餘長短
再世成私益壽敷　　子孫永代緣起軀 4334. 10. 28 虞韻

인생 칠십 항상 길은 드러나니
다음 세대 성사 펴며 익수하리니
받은 목숨 장단간 남았으니 하늘에 보답
자손 만대 영원할 연기의 몸

錦繡江山 수놓인 비단 강산

山紫水淸上下紅　　瞚時日月恒常變
換衣四季昨秌同　　視視自驚感夢蒙 4334. 10. 29 東韻

산 자줏빛 물 맑고 위아래 붉은
사계절 갈아입은 옷 작년 같은 가을
일월은 잠깐에도 늘 변모하여
볼 때마다 스스로 놀라며 꿈속인 듯

舍那寺山水 사나사의 산과 물

舍那寺景靜吟觀　　體覺漸消靡洹我
目耳水聲山色間　　千季已故計龕般 4334. 10. 29 刪韻

사나사 경광을 조용히 보며 음미하니
눈과 귀 물소리가 山빛 사이에서
체감은 점차 사라지고 나도 없는 몰아
천년 이미 옛적의 감실 반야 헤아린다.

汶湖周光 문호 주변 경광

兩水合湖帶晩烋　　千峯㟽壑形形色
斑斑綠綠柏松丘　　錦繡山川一目優 4334. 10. 29 尤韻

북한 남한강 합친 호수 늦가을 두르니
알록달록 푸릇푸릇 솔 언덕에 잣나무
천 봉우리 만 골이 가지가지 물색이라
금수 산천이 한눈에 넉넉하다.

風流 바람결

來者皆波厺後𥻆　　木膚調息休絡局
氣風水命理緣俱　　𠞰進動文鎖生扶 4334. 10 虞韻

오는 것은 다 물결에서 간 뒤에는 없어
공기 바람 물 목숨 모두 연기의 결
조식하는 나뭇결 조리 굽고 쉬면
전진의 활동 무늬가 생을 돕는 사슬.

憶少鄕 어릴 적 고향생각

南瓜瓠縷蔓𥻆妨　　家率犬雞惟寢別
桃柿別𥻆食摘常　　基羣倏鳥訪時鄕 4334. 11. 1 陽韻

호박 박넝쿨 거침없이 뻗고
복숭아 감 가림 없이 늘 따 먹던
가솔과 개 닭만 오직 따로 자며
텃새 철새떼 때로 찾아오던 고향.

三淸公園 삼청동 공원

一谷小川洗耳**流**　　涼風撒霧行淸逕
次岡松柏目瞑**瘳**　　紅落踏聲默默**侔** 4334. 11. 2 **尤韻**

한 골짜기 작은 내에 귀 흘려 씻고
다음 언덕 솔 잣에 어두운 눈 고친다
량풍에 안개 걷힌 깨끗한 길로 가며
단풍 밟히는 소리에 묵묵한 당료들.

誠信女大聚眾 성신여대에 모인 무리

誠信敎臨十八**人**　　南蠻駃舌時魂徹
個優生聚密常**呻**　　榭臺樓閣本橆**頻** 4334. 11. 3 **眞韻**

성신 강의 임한 열여덟 사람
개개 우수생 빽빽이 모여 늘 신음
남만격설이 혼을 해친 때이니
정자 돈대 다락 전각 본디 頻復빈복 없어.

冰壺殢雨 청렴과 매달림

冰壺秌月賤渾**羣**　　臭勢鞦韆先吠顧
殢雨尤雲犬馬**勳**　　一生醜惡處紛**紛** 4334. 11 文韻

빙호추월이 천한 무리에 흐리고
체우우운하여 견마 공훈이라
권세 냄새에 그네 타며 앞서 은혜 짖어대
한평생 추악한 어수선한 곳.

北風南枝 북풍과 남쪽 가지

胡馬北風欲公馳　　扼喉撫背何誰鎖
作巢越鳥向南枝　　不忍閉門每憶追 4334. 11. 7 支韻

호마는 북풍에 달려가고자 한데
넘나는 새 둥우리 남향 가지에 짓네
목 조르고 등 눌러 누구의 쇠사슬인가
차마 문 닫지 못해 매양 추억만 하느니.

落轉徘徊 떨어져 굴러 배회하며

落轉徘回脫綠羣　　生時玩賞遮歸云
因緣完遂土從薰　　石道縱橫彳亍棼 4334. 11. 7 文韻

떨어져 구르며 배회 록색 무리에서 탈락하나
인연을 완수하고 흙 향기를 따른다
생시에 완상하며 돌아가기 기다리다
돌길 종횡으로 어지러이 척촉거린다.

釜山往復翩翰 부산 다녀온 다음날 아침

單回往復釜山歸　　日日諸峯傍察樹
一夜經翰晚烋幾　　四時强弱造光暉 4334. 11. 9 微韻

하루에 부산을 왕복해 돌아와서
하룻밤 지난 아침 늦가을 낌새
하루하루 여러 봉우리 곁 나무 살피면
사시에 강약의 광휘를 조성한다.

消燈望月 불 끄고 달을 바라본다

愛月消燈瞻上門　　復來圓貌重重遇
斜扃炎片隱低雯　　雲集氣昏後不分 4334. 11. 16 文韻

달 사랑 전등 끄고 문 위 쳐다보니
서쪽에 기울어 낮은 구름에 숨었네
다시 올 둥근 모습 거듭 만나려니
구름 모인 저문 날씨 불분명한 뒷날.

萎凋瑞蕮 시드는 상서로운 풀

奇雩瑞蕮序萎凋　　落木罽天臨降雲
縹炎青黃上疾飍　　榮濃松柏遂鮮彫 4334. 11. 16 蕭韻

기화서초 시드는 차례가
분홍 빨강 푸름 노랑 위에서부터 드러나
잎 진 추운 날씨 눈 내릴 적이면
짙게 둘린 송백 마침내 꾸밈 선명하리.

化石落雩 망부석과 지는 꽃

望夫化石固瀕魂　　著地向窗鮮炎態
雩待鳥媒落潔媛　　看時憐感擬忘存 4334. 12. 16 元韻

망부 화석은 물가에 굳고
새 중매 기다리는 꽃 져서 곱고 깨끗
땅에 붙어 창을 향해 선연히 붉은 자태
볼 때에 애련한 맘 잊을까 헤아린다.

落紅味暮 붉게 떨어져 풀과 조화

常綠落紅暮木味　　序生禽獸從天理
匏瓜縈匐競松蘿　　靈長自稱殺背佗 4334. 11. 18 歌韻

늘 푸르다 붉게 져 푸나무와 조화하니
박 오이 얽혀 기며 담쟁이와 겨룬다
금수 사는 질서 하늘 리치 따르건만
령장이라 자칭하며 배타하고 죽이느니.

天地經緯 하늘 날줄 땅 씨줄

天經地緯物味生　　常保九如人爲自
不二維新大道明　　時環從順聖賢情 4334. 11. 21 庚韻

하늘 날줄 땅 씨줄 화생하는 만물
둘 아닌 유신은 명명덕한 대도라
九如구여로 상보 인간 스스로를 위하면
성현의 정 순종하는 때 돌아오리라.

虞犯校內 학교 안이 우범지역

校內中高虞犯區　　耽耽虎視純眞子
友朋作黨悖多流　　遠近緣由傳絶尤 4334. 11. 21 尤韻

중고교 교내가 우범 구역이라
붕우 작당 흔한 류행 패륜이라
순진한 자식들을 호시탐탐하여
원근에서 연유하니 허물 전함 끊기를.

雲海曲流 구름 바다와 강구비

尖尖雲海秀千峯　　席不暇溫多日課
大小白流一目逢　　未登山嶽解今從 4334. 11. 22 冬韻

구름바다에 뾰족뾰족 드리운 천 봉우리
크고 작은 하얀 흐름 한눈에 만난다
좌석은 따뜻할 겨를 없이 일과가 많아
산악을 오르지 못함 오늘따라 풀린다.

憾猛爆 맹렬한 폭격이 서운함

綠繫本生物有機　　人尊外蔑爲沙漠
至今神話極盲追　　天地自然逆理居 4334. 11. 21 魚韻

엽록소는 생명의 근본으로 유기의 물
지금에 신화를 맹목 추종하는 극성은
사람 존중 외물 멸시는 사막을 만드나니
천지자연의 리치에 거슬러 사는 것.

釜山歸路機內 부산에서 돌아오는 기내

弖空弦月競慈春　　家率十三如今一
禾束歸擔苦父農　　機中孤望似親恭 4334. 11. 21 冬韻

서공에 조각달 어머님 방아와 겨루고
볏단 지고 돌아오시던 고달픈 아버님 농사
가솔 열셋에 지금과 하나라도 같았으랴?
비행기 안 외로운 달 바라며 부모님 공경이듯.

詩書日美語 시서와 일어 미어

塗抹詩書未百秊　　埀頭塞耳憎傳統
語言日美競爭先　　乞市夕酗驛舍涎 4334. 11. 24 先韻

시경 서경 벽 바르기 백년도 못돼
일 미 언어를 먼저 하려 경쟁하느니
머리 드리우고 귀 막아 전통 증오하기
저자 걸식 저녁 주정뱅이 침흘리는 역사.

戴白難游 백발 이고 놀지 못해

埀髫戴白難游幷　　萬古風霜方老練
故舊相嚬訪不迎　　無爲徒食歎多情 4334. 11. 25 庚韻

드리웠던 다팔머리 백발 이고 함께 놀지 못해
옛적을 서로 빈축하며 찾아 영접 아니 했네
만고풍상에 바야흐로 노련하여
무위도식 다정을 한탄하느니.

楓葉調味 조화로운 단풍잎

眞紅楓葉綠中焚　　人獸混存生態本
歎美調味未染文　　比愚尊者蔑何羣 4334. 11. 26 文韻

진홍빛 단풍잎 록색 중에 불타니
조화 탄미하다 글로 물들이지 못해
사람 짐승 섞여 있는 근본 생태라
어리석고 존귀 비겨 어느 무리 모멸하랴?

北丕南行 북으로 달리다 남으로 가다

扗家癡日不知寧　　社鼠城狐邪路作
北丕南行或放聽　　私私瀆職每汚廷 4334. 11. 27 青韻

집에 있을 날이 없어 평안을 알지 못해
북으로 달리다 남으로 가다 혹 방송 청취
사서와 성호 속여 만든 길 다니는데
사사로이 독직하며 매양 조정을 더럽혀.

萬葉一夜 온갖 잎 하룻밤에

百樹千枝萬葉枯　　地天生滅同根命
霜風一夜落歸匍　　靈長傲摶過分辜 4334. 11. 28 虞韻

백수 천 가지 만 잎 시들고
서릿바람 하룻밤에 져 기어 가네
천지에 살고 죽고 근본 명운 같건만
영장이라 뭉친 오만 허물이 과분해.

坔井觀天 우물에 앉아 하늘 보기

坔井觀天半用韓　　萬人共怒爲公所
語言容貌古憎冠　　先動作家作異端 4334. 11. 30 寒韻

우물에 앉아 하늘 보며 한어 반만 쓰니
自言對語자언대어하는 용모에 옛 증오만
만인이 공동분노할 공공장소의 짓
선동하는 작가가 이단 짓을 만든다.

上京紅燈 상경길 홍등

微雨海離上向京　三更臨迫天安道
忠淸暴霎瞋燈驚　翊日講言備忍情 4334. 12. 2 庚韻

가랑비는 바다를 떠나 서울 향해 오르고
충청도 포설에 가로등 놀라 눈을 부릅떴다
자정 임박한 천안 길
다음날 강의의 말 여정 참으며 갖춘다.

旱魃百日 백일의 가뭄

三秌旱魃繼初冬　五代祖時誠薦日
省墓墳墳遍族逢　雨來蒸霧應天宗 4334. 12. 2 東韻

가을 내내 가뭄 귀신 초겨울까지 잇는데
묘소 찾아 성묘하고 친족상봉 두루하다
오대조 시제 정성으로 올리는 날은
비오며 증기 안개 하늘이 근본 응하심.

瑞霎外看 서설 내리는 밖을 보며

瑞霎夜來下外看　此時過後新菅至
煖溫車內目季寒　寂寂心恖襲未安 4334. 12. 2 寒韻

서설 내리는 밤 밖을 내려다보니
차 안은 따뜻 섣달 추위 목격돼
이 때가 지난 뒤면 새봄이 이르리니
적적한 심사가 편안치 않게 엄습한다.

啚空熟路 서공과 익숙한 길

下弦啚掛瘠韡光　　萎菊從開冬柏娜
熟路躪波散亂楊　　出門恆樂改平常 4334. 12. 5 陽韻

하현달 서공에 걸려 있어 아침빛이 여위다
익숙한 길 한파 버들가지에 어지러이 흩고
국화 시듦에 따라 동백이 娥娜아나한데
문 나서자 항상 즐거운 평상으로 바뀐다.

大邱㚈來 대구 가며 오며

烁風千嶽霎新衣　　南白北靑融積睹
松柏加雕景悽稀　　躪淸歲暮日蕭圍 4334. 12. 6 微韻

추풍령 천 산악이 눈 쌓인 새 옷이요
송백이 더 드러나 상쾌하고 드문 경광
남은 희고 북은 푸른 녹고 쌓임 보노라니
차고 맑은 세모의 소량한 둘레의 일상.

千壑萬巖 천 골짜기 만 암벽

老瘠連勞洄睡間　　遙屏嶠霧淸消盡
嶺巔不見少醒艱　　皆骨綠斑松柏圜 4334. 12. 6 刪韻

늙어 수척 연일 피로 잠깐 잠에 빠져
산꼭대기 보지 못하고 어렵사리 조금 깨니
멀리 두른 산정 안개가 소진해 맑아
개골에 록색 무늬 둘레엔 솔 잣나무.

出奴習幼 나가면 노복성을 어려 익힘

入主出奴習幼時　　眞言馬耳東風世
偏知强要復師詞　　兩脚書廚博識癡 4334. 12. 7 支韻

들면 주인이 나면 종 어려서 익혔으니
치우친 지식을 강요한 사의 말 복종이라
진언은 세상의 마이동풍이요
두 다리와 책상자의 어리석은 박식.

蕭室扁額 소랑한 실내 편액

日終蕭室櫂蒴亭　　以諺誤詞文倂悖
徹夜論評似典經　　內闥寇入袖觀庭 4334. 12. 8 青韻

종일토록 소실 정자 앞에 노 젓고
밤새워 론평하니 전경을 닮았구나
그릇된 상말로써 아울러 어긋난 글
도장방에 도둑 들어도 수수방관한 뜰.

染髮少季 머리카락 물들인 소년

宕濜少季染髮流　　歲非畀我時彈疾
自生如偺一機浮　　出養反消結實尤 4334. 12. 9 尤韻

소년 머리털 물들임이 류행 탕진해
제 생명 빌린 듯이 한탕에 띄웠으나
나와 함께하지 않는 세월 때는 쏜 화살
낳아 길러줌에 소비로 돌리니 더욱 결실이야.

朝暮望樹 조석으로 나무를 바라봄

恝然朝暮樹間望　　死魄前臨虛暗夜
上下弦量遇月忘　　勝星多色亂輝光 4334. 12. 10 陽韻

개연이 조석으로 한가로이 나무를 바라보며
상현 하현달 헤아리다 만월 보기 잊어
죽은 넋 임하기 전에 암야는 비어
별빛보다 더 많은 색깔 휘광은 어지러워.

盡宕放生 방생이 탕진을

若僭多秊盡蕩游　　受賕枉灋崇金世
癡牛騃女放生尤　　共自縛繩不脫繆 4334. 12. 11. 尤韻

빌린 듯이 많은 해를 놀이에 탕진
치우 애녀를 더욱 방생이라
굽은 법 뇌물 받는 속세 숭금에
나와 함께 줄로 묶어 얽힘 벗지 못하네.

十字燈數愁增 십자등과 수심 증가 헤아림

不夜城光十字燈　　獨孤鰥寡離婚暴
悖倫正比數愁增　　雨後竹筍卍對應 4334. 12. 12. 蒸韻

불야성 빛 십자가 등불에
패륜도 정비례 수심 증가 헤아린다
환 과 독 고에 포증하는 리혼에
우후 죽순인양 卍자가 대응한다.

機內俛仰 비행기 안에서 쳐다보고 굽어본다 기내 부앙

瞻上暗燂俯白雲　　一機便乘釜山著
海珠五六不單文　　行起坐言顧自分 4334. 12. 13. 文韻

위를 쳐다보면 어두운 안개 굽어보면 흰 구름
바다 구슬 오륙도 한 줄 글도 짓지 못하고
일기에게 편승해 부산에 도착하고
앉으면 말 일어나 가는 내 분수를 돌아본다.

柏衰星孶 동백꽃 시들자 별꽃이

蘇天落木庶椿衰　　朝北暮南㞢苦役
陰地星孶蔓團來　　歸家籬側復憐徘 4334. 12. 14 灰韻

잎 진 추위에 동백 거의 시들고
음지에 별꽃이 덩이로 와 엉켰다
아침에 북 저물면 남 고역으로 살며
집에 오면 울타리 곁 다시 어정거린 련민.

休講增事 휴강에 일은 불어

堂休校放事增加　　曲世污㞢季老苦
力不足師十手挐　　靑松根著美昏斜 4334. 12. 15 麻韻

만시당 휴강 학교방학에 일은 증가해
힘 부친 선생을 손잡은 제 십년이
곡세에 그릇 살며 고달픈 로년인데
뿌리내린 청송에 비낀 석양 곱다.

俛仰厶煩 우러르고 굽어보며 번거로움 제거

鐲潔厶煩俛仰生　　視聽言動多唆我
起時謨慮或佗成　　處處受教不欲平 4334. 12. 18 庚韻

오탁을 깨끗이 번거로움 제거 부앙하며 삶
일어날 적 계획이 혹 달리 이룰까
보기 듣기 말하기 행동하기 내게 많이 使嗾사주하나
곳곳에서 가르침 받으니 편안코자 하지 않는다.

蟾津江水 섬진강 강물

蟾津休憩吹蘆萼　　離雁一羣翔厶夜
江水潛弦騷客拏　　蔽空山上月何遮 4334. 12. 18 麻韻

섬진강 휴게소 갈대 꽃 불리고
강물에 현월 잠겨 소객을 붙잡네
기러기 한떼 떠나 들로 비상해 떠나고
가린 하늘 산위 달은 어이 막혔는가?

竹林橫麓 대숲 가로지른 산자락

江畔竹林吹海風　　籭鞆淸氣蕭然廣
藍空橫麓茂松叢　　地嘴巖上處處絨 4334. 12. 22 東韻

강둑 대숲에 바닷바람 불고
쪽빛 하늘 가로질러 다복솔 무성
추운 아침 맑은 기운 소연하고 넓은
땅 부리 바위 위가 곳곳이 융단이라.

外島頂食 외도 정상에서 먹다

人作樂園小錦**山**　　奇卉瑞草盈周島

海落弮食頂平**圜**　　萬古風霜岸石**刪** 4334. 12. 22 **刪**韻

사람이 만든 락원 작은 금수강산에
해태 주먹밥 정수리 평원에서 먹고
기이한 꽃과 상서로운 플 섬 둘레 가득하고
만고풍상에 돌이 깎여 언덕 되었네.

雪原凜氣 설원에 찬 기운

雪原松柏岬鳶**飛**　　曲水靜中唯一動

冷氣滿空地理**巍**　　萬生休歇守凜**塏** 4334. 12. 22 **微**韻

설원에 솔 잣나무 솔개는 산허리를 날고
랭기는 공중 가득하고 지리산은 높다
조용한 중에 오직 움직이는 한 물굽이가
쉬고 있는 온 생물의 희고 차가움 지킨다.

朝光水淸 아침햇빛 물 맑은

朝日初光地水**淸**　　潺潺海面離干渼

於洋祈願國泰**營**　　雨順根源自萬**亨** 4334. 12. 23 **庚**韻

해돋이 아침빛 물 맑은 땅에서
서양에다 국태민안 경영 기원해
잔잔한 해면 물 나면 비옥하고
우순 풍조 근원에 만사형통 자연.

南江義巖 남강 의암

崖斷南江固義巖　　志人一事驚天動
燒魂忠節半千緘　　今世參徒歷歷劖 4334. 12. 23 咸韻

남강 단애 의암은 굳건하고
충절의 혼 사르고 잠긴 오백 년
한 사람 지인의 일 경천 동지를
금세에 참관 무리 력력히 새긴다.

飛霙夜田 눈 날리는 들녘

浚山飛霙野田風　　家率南行稀送載
冬至迎新瑞氣充　　歸途蕭杳淡心空 4334. 12. 23 東韻

깊은 산에 눈 날리고 바람은 들녘으로
동지에 새해맞이 충만한 서기라
가솔 남행하며 드물게 새를 보내니
오는 길 소묘하고 맘 비워 담묵해.

前朝沍覺 전날 아침에 느끼지 못해

聖誕前朝貌霙來　　人間失性犧基督
當時沍覺不恖哀　　救世未完惜益烖 4334. 12. 24 灰韻

성탄 전날 아침 눈 내리는 모습
당시 서글픔을 생각 않고 몰각
인간 성품 실추를 그리스도 희생이
구세 미완인가 더욱 재앙 애석.

冒殆大魔 위태를 무릅쓰니 대마가

鬱憤解消冒胎**多**　　今當感樂禁遙慮
小危先免大呼**魔**　　必近患胎遠不**咊** 4334. 12. 25 歌韻

울분을 해소하려 많은 위험 무릅쓰니
작은 위험 먼저 면하려 큰 마를 불렀네
지금 이후 락원 감사 멀리 사려하지 않고
반드시 가까이 밴 근심 불화를 멀리하리.

寺刹畀教會堂 사찰과 교회당

寺刹賀先基督生　　客觀人視剬源質
會堂妬惡釋尊**輕**　　入立出佗後栗**籯** 4334. 12. 25 庚韻

사찰에서 먼저 성탄절을 하례했는데
교회당은 시기 미움 석존을 가벼이 해
객관으로 사람 보기 견통 근원 앞이요
먼저 든 주인 출타한 뒤에 좁쌀 바구니.

不待晦日 기다리지 않는 그믐날

陽曆晦臨盡又**秊**　　歲吾不待同限命
絜陰餘月對嚴**虔**　　睡語幾殘自愧**憐** 4334. 12. 29 先韻

양력 그믐에 임하니 또 해가 다했는가
남은 달을 음력으로 헤아려 엄숙 경건히 대한다
세월은 나를 기다리지 않으니 생명 한계도 같아
자고 말하기 얼마나 남았을까 자괴 련민이라.

除夜 그믐 밤

古稀送舊惠迎新　　步二不休殘命慦
病骨力衰辛巳**身**　　壬午瘠馬進柔**馴** 4335. 1. 1 **眞韻**

일흔 살을 예로 보내고 새해 은혜로이 맞는
병골에 쇠진한 힘의 신사년의 몸이다
걸음 걸음 쉬지 않고 성실할 잔명
임오생 지친 말 유순히 나아갈.

除初一束 그믐과 초하루가 한 묶음

歲除秊初一束**時**　　古今來倂同豩有
過三已厷不分**離**　　剎刻餘生未疾**遲** 4335. 1. 2 **支韻**

그믐과 년초가 한묶음인 때
삼경 지나가니 떠남 불분명이라
고금 미래가 함께 있을 수 없어
찰각 여생이 빨리도 늦지도 말라.

萬秊文睭 일만년의 문명

一萬餘秊相厷**同**　　血緣斷絶原形備
文睭德化派流**東**　　四海寶存不幾**崇** 4335. 1. 2 **東韻**

일만여 년 서로 같은 거리에
문명 덕화 동으로 파도쳐 흘렀는데
혈연을 끊기고 원형만 갖춰
사해 보존하되 얼마 숭상치 않으리니.

說文小篆 소전문을 설함

說文受講夔多人　　織義形音通徑路
小篆忝燈楷正呻　　其型異變釋何眞 4335. 1. 3 眞韻

설문을 수강하려 많은 사람 모여
소전을 주마등 하고 해자 정자 끙끙거려
뜻을 짜고 꼴과 소리 지름길로 통하려
그 거푸집 이변을 어찌 진실로 풀지.

待耆百疾 늙은이 기다리는 온갖 질병

百疾待耆苦古稀　　近加肩痛堪孤鬪
始頭末足不霽幾　　子女遠離絜四圍 4335. 1. 4 微韻

백질이 늙은이를 기다려 고희가 괴로운데
첫머리에 부족할 낌새가 있어
근래에 견통이 더해 고투하며 감내
자녀는 멀리 떨어져 사위를 헤아린다.

四端七情 인의례지와 희노애구애오욕

浚索四端六蔽冥　　朝朝心脕昏加重
七情如井挹霽停　　如納縫衣百陋形 4335. 1. 6 青韻

사단을 깊이 찾으니 륙폐의 어두움
칠정은 우물 같아 그침없이 퍼낸다
아침마다 맘에 싹 나 저물면 가중이라
누더기 기운 옷 같아 온갖 루추한 꼴.

三聖於我 세 성인이 나에게

佛慈於我捨偏**相** 博愛耶蘇均忠恕
孔子絜佗行克**强** 難今處世獨慌**忙** 4335. 1. 8 **陽韻**

부처님은 내게 편상을 버려라 하고
공자는 남을 헤아려 자기 극복 행하라
박애의 그리스도 고루 충서 하라시며
지금의 처세 어려워 홀로 황망하느니.

會員四秊 회원과 사년

炭白會員三百**人** 其中一個微研粉
侈奢四載爲平**民** 十屬染汚露本**眞** 4335. 1. 10 **眞韻**

검고 희고 삼백 명 회원이
사년을 사치하다 평민이 되어
그 중에 일개는 가늘게 가루로 갈아
십만의 오염 근본 진실을 드러낼꼬?

行釜山講 부산 강의 가며

白雲千里一時**間** 一國破傳禽獸向
恩念百端十秊**刪** 獨身苦鬪古人**還** 4335. 1. 10 **刪韻**

흰 구름 천릿길을 한 시간에
온갖 사념의 단서에 십년이 깎인다
이국 전통 파탄 내 금수를 향하는데
독신 고투하며 옛 사람으로 돌아온다.

上白雲下波點 위는 백운 아래는 파도 점해

水潺青海白雲流　　江口沙場生活染
波點間間出命求　　空航依舊薄霞浮 4335. 1. 10 尤韻

물 잔잔한 푸른 바다 흰 구름 흐르고
파도 점한 사이사이 천명 찾아 나간다
강어귀 모래톱에 물든 생활
공항은 예같이 엷은 노을이 떠.

西洋準尺東方 서양의 잣대와 동방

西洋準尺弊東方　　私意對人多誤錯
仁義四端不度量　　率先絜矩我平常 4335. 1. 16 陽韻

서양 잣대로 동방을 기준하지 말라
인의례지 사단을 도량할 수 없느니라
사사로이 남 상대하면 오차가 많으니
솔선하여 상도 헤아리면 평상의 우리.

任員規矩 임원의 규구(재량)

任員誰各有宏長　　計面未容何大事
規矩正持小度量　　捨私程尺欲包相 4335. 1. 17 陽韻

임원 비록 각자는 굉장함이 있으나
상도를 바로 잡기 도량이 작아
체면 헤아리고 용자 못 미쳐 대사를 어찌
사사 버리고 법 자를 서로 포장코자 해.

漉漉都心 눈 펄펄 날리는 도심

漉漉吹屋日終紛　　出著安遷馴野性
千闔都心獨步勤　　忽然恖到舊鄉芸 4335. 1. 21 文韻

표표히 종일 어지럽게 눈 날리는 집
천만인 도심을 홀로 부지런히 걷노라면
떠나 옮겨 안착에 야성이 길들여
홀연한 생각 미치자 향기롭던 옛 고향이.

五六島 오륙도

晴日下觀七八岨　　平均五六常存島
㸌雲蔽目二三疏　　曰可否人玩口琚 4335. 1. 24 魚韻

갠 날 내려다보면 돌산 일여덟이
안개 구름 눈가리면 성근 두세 섬이
평균하여 대여섯이 상존하는 섬
사람이 왈가왈부 입구슬로 희롱해.

數雩繼嫩芽 몇 송이 이어 여린 싹

冬柏數雩繼苦終　　獸禽人驀憐初發
嫩芽幾葉美於紅　　背後奪濜嫗舁翁 4335. 1. 25 東韻

동백 몇 송이 괴로움 끝남에 이어
여린 싹 몇 잎이 붉은 꽃보다 곱다
길 짓 남 풀 처음 피면 애련한데
등 뒤에 진을 빼앗기는 할미와 할아범.

果拾失野禾 과일 줍다 들 벼를 잃음

庭果拾中失野**禾**　　　三冬忍苦纔瞀氣
晩時外出白純**羅**　　　除側目芽躅歲**過** 4335. 1. 26 **歌**韻

뜰에 과일 줍다 들에 벼를 잃고
늦은 때 밖에 나가니 순백의 비단
삼동을 겨우 참고 겨우 봄기운인데
섬돌 곁 눈뜬 싹이 해 지나기 멈칫거려.

手移秧 손 모내기

剃山漸遠後丘**親**　　　長長耘耘故鄉事
中孁俯田稻植**呻**　　　秊中不努僭生**人** 4335. 1. 27 **眞**韻

앞산은 점점 멀어 가고 뒷산은 가까워 온다
仲孁에 논에 굽혀 끙끙대며 모를 심던
자라고 자라 풍성한 고향의 일
년중 노력 않으니 참람한 사람의 삶이라.

傳髮長毛 전통 두발과 긴 털

[illegible]欺傳髮一時**黃**　　　父母貪情休子息
不見長毛補本**忙**　　　幼童別有未來**彰** 4335. 1. 28 **陽**韻

전통 두발을 한때의 노랑으로 속이지 말라
털 자람 보이지 않으나 황망히 뿌리를 보충
부모는 정을 탐하나 자식은 그만두느니
유아 아동도 미래에는 드러남이 있으리.

蕭瑟老婆 쓸쓸한 할머니

弅婆欲出鎖其時　　先取閉門糵配慮
乘降旣童竝不怡　　遲遲敎秩太糵癡 4335. 1. 30 支韻

할머니 함께 나가고자 하나 그 때 잠기니
승강기엔 이미 아이가 함께하기 싫어
먼저 취해 문 닫아 배려하지 않았으니
더딘 질서교육에도 어리석음 전혀 없었거늘.

庭柯杕子 뜰 가지 팔배 열매

雙鵲庭柯杕果嘗　　雧籬羣雀㞢基忍
雽飛瑟瑟漏林徨　　霰霳蕭晨向晚堂 4335. 1. 31 陽韻

까치 한 쌍 뜰 가지 팔배 열매 맛보는데
눈은 슬슬 숲을 새어 날리며 방황한다
울타리에 참새떼 모여 터에 참고 사느니
눈보라 소랑한 새벽에 만시당을 향한다.

單居晝夜 홀로 밤낮을 지내다

一日單居感浹旬　　終糵二日糵通電
洹書晝夜益渾身　　鰥寡獨孤得處眞 4335. 1. 31 眞韻

하루 홀로 지내기가 열흘로 느껴져
밤낮으로 책에 몰두함이 온 몸에 유익
끝내 이틀 동안 전기 통하지 않아
환과독고의 진실한 처지를 터득하느니.

傲慢人間魑魈 인간의 오만과 두억시니

人間傲慢至怨魔　　大陸發生新地奪
百態魑魈不治迓　　變形世習蠹稱咊 4335. 2. 2 歌韻

인간 오만이 마귀의 원한에 이르러
백태 도깨비를 맞아 다스리지 못해
대륙과 신대륙 약탈이 시작되고
변형 세습은 화평 칭탁하여 좀먹는다.

欲住田園 전원에 살고자

欲住田園旦有三　　倏基多鳥鳴常濟
巳時綠色海川藍　　老幼童兒湣樂談 4335. 2. 2 覃韻

전원 살고자 다만 세 갖춤 있어야
사시의 록색과 쪽빛 내와 바다
철새 텃새 항시 물 건너는 울음소리
늙은이 아이들 삶을 얘기하는 즐거움.

靜裏江頭 조용한 속의 강머리

東風靜裏解黃河　　韓水仁咊生命化
湖汐江頭濁重波　　濛濛暖氣促芽柯 4335. 2. 4 歌韻

봄바람 조용한 속에 황하는 풀리고
호수 개펄 강 머리 물결은 무겁고 흐려
한강은 인천에서 화합 생명으로 바뀌며
는개비 따뜻한 기운 가지 싹을 재촉한다.

立萅滿㶖 입춘에 안개 가득

旬日天味已立萅　　霧途瞑柳蘩微動
萅芽不見滿㶖濆　　流但濁水濟二旬 4335. 2. 6 眞韻

한 열흘 날씨 화창 이미 입춘이라
봄 싹 볼 수 없도록 물가 안개 가득
안개길 버들은 잠들어 미동도 않고
다만 흙탕물 흐르기 스무날이 지난다.

遞番常道 떳떳한 길은 번갊

四季遞番立至分　　次名節候成中月
日躔常道地溫蘊　　㶈暑萅烋永歲昕 4335. 2. 10 文韻

사계절 번갈아 4립 양분 하동지라
해길 떳떳하여 지온이 쌓이고
다음 절후 이름 월중에 성립하니
한서와 춘추가 영원히 밝은 세월.

未格獸心 回文 인격 미비와 수성 회문

單身未格詎尊親　　人種會㞢基礎秩
親放獸心豈佗人　　秩先於禮敎胎身 4335. 2. 10 眞韻

단신도 갖추지 못하고 어찌 부모 공경하며
부모 내친 수심으로 어찌 타인을 친히 하랴
인종으로 나고 만남이 기초질서인데
질서를 례보다 먼저 몸이 태중일 제 가르쳐라.

毛根抗出 털뿌리의 항거

毛根抗出色傳**親**　　幻樂崇金言必濟
子女悖倫炎髮**人**　　德纍資本不幷**貧** 4335. 2. 11 **眞韻**

항거해 나오는 모근 빛깔 어버이 유전
패륜 자녀의 사람 머리털이 붉다
환락과 황금 숭상하며 언필칭 제민이라
덕 없는 자본은 어울리지 않는다.

舊巳午新 기사는 예로 경오는 새해로

舊巳午新子正**過**　　外宗來後忘如矢
百餘堂內五人**咊**　　練緞不能銈鐵**鍋** 4335. 2 **歌韻**

경오년 새해 기사년은 자정을 지나고
백여 당료 중에 화합하는 다섯
외래종교 들어온 뒤에 살같이 잊고
련단을 할 수 없는 놋쇠 냄비라.

一人妖說 한 사람의 요설

狂信敎徒入一**人**　　外來不確强要賁
甘言妖說糊塗**眞**　　四性異端反理**脣** 4335. 2. 13 **眞韻**

광신교도 한 사람 들어와서
감언 요설로 진리를 호도
불확실한 외래 강요를 꾸짖느니
인의례지의 이단설로 리치 반하는 입술.

機內俯看舊雨 기내에서 춘우를 굽어봄

萬谷千山望保存　　解冰淸水流陽地
白文巠皺霧陰屯　　多島海邊秀麗邨 4335. 2. 14 眞韻

천산 온 골짜기 보존됨 바라보니
흰 무늬 주름 흘러 모인 산그늘 눈
얼음 풀린 맑은 물은 양지에 흐르고
다도해변 마을이 수려하다.

上空不見 상공은 보이지 않고

瑞蔚上空不見星　　幾千萬照煌煌惚
荂於三月下光朙　　俯景彩文好夜淸 4335. 2. 14 庚韻

서울 상공에선 별 보이지 않으나
삼월보다 화려히 밝게 내려 비추는 빛
몇 천만 황홀하게 번쩍여 비추니
채문 굽어보면 경광 맑은 좋은 밤이라.

地生化育天 땅이 내고 하늘이 기름

萬物地生化育天　　回歸南北風文理
太陽中有順規躔　　永遠交新不二編 4335. 2. 17 先韻

만물은 땅에 살고 하늘이 양육시켜
태양은 중심에 있고 日月 길 순조로워
남북으로 돌아오며 바람결 결 치니
영원히 교신하되 다시 짜지 않으리라.

光父綠母 햇빛 아비와 록색 어미

爲父日光太始**乾**　　新朙朙德環常道
生芽綠母地圍**賓**　　改進安安不變**聯** 4335. 2. 17 先韻

햇빛 아버지 되기 태시의 하늘이요
싹 내 록색 기르며 땅을 둘러 메워
새로이 밝은 덕 밝혀 상도로 순환
안안이 개진하여 이어지는 불변함.

氣雲生變 대기 구름 변화와 삶

上霧造雲不後**先**　　霖言萬灋盈坤內
同時生變大循**然**　　中斷冓爲識起**緣** 4335. 2. 17 先韻

안개 올라 구름 되기 선후가 없고
동시에 생겨 변하는 대자연 순환
만법은 말이 없으나 땅 안에 가득
중단하지 않는 연기를 알만.

始暴光水 태시의 폭발과 광 수

穹蒼始暴未知**圓**　　百億餘過因物起
光水酸滋命變**遷**　　類人猿太千萬**剃** 4335. 2. 17 先韻

처음 포발 하늘 둥글 줄 알 수 없었으나
빛과 물 산화 번지니 변천된 하늘이라
백억여 년 지나며 만물 일어나기 연유
류인원은 일천만 년 전의 태고라.

巖壁松聲 바위벽에 솔바람소리

不休扣散靡同波　　悤念自由停動意
巖壁松聲已氣過　　物生視錯有眞佗 4335. 2. 19 歌韻

쉬지 않고 두들겨 흩어 같은 파도 없는
암벽에 솔 소리 이미 지난 바람기에
자유로운 사념에 정취 움직이다 쉬다
생물 발생 착시하여 진실은 달리 있어.

每夕往同歸 저녁마다 가서 함께 돌아옴

朝朝每夕往同歸　　燒盡殘情何尙抂
十載心期未日晞　　種耕欲牧儼生希 4335. 2. 20 微韻

아침마다 저녁마다 함께 갔다 오기
십년의 마음 벗 하루도 줄지 않아
소진하고 남은 정이 어찌 아직 있는지
갈고 싶으면 걷고자 한 바램 의젓한 삶.

假睡未了 뜬잠 다 못 잠

假睡往來或驛忘　　失多於記稀季學
起詩未了後完章　　弟子百餘負效匡 4335. 2. 21 陽韻

뜬잠으로 왕래하니 역을 혹 망각하고
시 짓다 못 마치고 일어나 글 완성 뒤
기억보다 많이 잃으니 일흔에 배움이라
제자 일백여 바르다 본받을까 부담이라.

琢磨成就 절차탁마로 성취

揀石琢磨獨習全　　千師屬傳誰任事
育英成就勸相硏　　私捨何閒盡命先 4335. 2. 22 先韻

돌 가려 쪼고 갈아 홀로 온전 익히면
영재 길러 성취하고 서로 연수 권하며
천만의 사부 누구에게 일 맡길지라도
어느 짬 사사 버릴지 천명 먼저 다하리니.

拄堂藁稿 만시당에 있으며 초고하다

休日拄堂十卷完　　學期臨迫多敎目
千章藁稿引來慱　　恬眊看書探意端 4335. 2. 23 [illegible]韻

휴일 당에서 완성한 열 권인데
일천 장 초고가 서운함 끌어 온다
학기 임박하여 교목은 많은데
어른거린 눈으로 글 보며 뜻을 찾는다.

渡江計水深 강 건너며 물깊이를 헤아림

船舶渡江計水深　　澗川步涉吾經顧
航空飛宇廣觀心　　早晩餘生佗不侵 4335. 2. 25 侵韻

선박으로 강 건너면 물 깊이 헤아리고
항공기로 공중을 날면 마음 넓혀 바라본다
시냇물 걸어 건너며 겪어 온 나를 돌아보니
빠르건 늦건 여생을 달리 침범 않으리라.

壬午開講 임오년 개강

孟春昧日始開門　　傳曰日新加月進
不遇三冬識路君　　歲灘長勉發章芬 4335. 2. 26 文韻

초봄 따스한 날에 문을 열고 시작하여
삼동을 만나지 못했어도 그대 길을 알리라
전하여 말하노니 날로 달로 매진하기를
한겨울 오래 힘써 글 향기 짙으리라.

柳開芽冬栢葩 버들 싹과 동백꽃

蔽中熻霧柳開芽　　不見太陽雲上燒
梅落檐頭發柏葩　　消剃如燭燦匐斜 4335. 2. 28 麻韻

공중 덮은 안개에 버들 눈 열리고
처마 끝에 매화 지며 동백꽃 핀다
보이지 않는 태양은 구름 위에 타다
목전 소등 때처럼 서공 기울며 찬란해.

講論畢照光 강론 마치자 찬란한 빛

大學講論畢夕陽　　照光匐向觀斜日
同行四友海行場　　頃刻夢中金浦航 4335. 2. 28 陽韻

대학 강론을 석양에 마치고
네 벗과 동행해 바다 사장 가서
빛 고운 서쪽 하늘 기운 해 보다
잠깐 자는 동안 김포공항이라.

步庭噪雀 뜰을 걷는데 참새 소리

出屋步庭聞雀聲　　落林空對𪉺遙日
外門剃賞促詩情　　持命脫䊉僅守名 4335. 3. 2 庚韻

집 나가 뜰 걸으니 참새소리 들려
바깥문 앞 감상에 시정이 재촉이라
숲 잎 떨친 하늘 대하니 날 멀어 차갑고
벗고 없이 목숨 지니고 겨우 이름만 지켜.

動公靜留 움직여 가고 고요히 머묾

江水欲觀渡鐵梁　　菖炑雩實猶戀外
解疲期待地中方　　冬嬰如然靜盛藏 4335. 3. 3 陽韻

강물을 보고자 하여 철교로 건너서
피로 풀기 기대되는 땅속 방향이라
봄꽃 가을열매 들 밖을 연모하듯
여름 겨울 그러하듯 성함 조용 감추리.

誠信終九講 성신여대 아홉 강좌 끝나고

誠信週終九講勤　　晡時暖氣醒芽睡
千斤重步下坡曛　　三角頂峯掛片雲 4335. 3. 9 文韻

성시여대 일주일간 힘써 아홉 강의
천 근 무거운 걸음 석양빛 언덕 내리면
신시 따스한 기운에 자던 싹 잠깨고
삼각산 정봉엔 조각 구름 걸렸네.

遲遲過還去 더디 지나 돌아감

晩學遲遲過請人　　今䓪始落連翹俛
十來還去不知春　　老益沈偏歎自顰 4335. 3. 18 眞韻

늦은 학문 더딘데 사람 초청 과분인가
십년을 오고 가기 몇 봄인지 알 수 없어
오늘 아침 지기 시작한 개나리 굽어보며
로익장 치우침에 저절로 찡그리며 한탄이라.

多主客不食 주인 많은 나그네 밥 굶는다

多主客人未食家　　今如第月幷季去
逍春出外欲看花　　或後離靈覽上霞 4335. 3. 18 麻韻

주인 많은 나그네 얻어 먹을 집 없어
밖에 나가 봄 거닐며 꽃 보고자 하나
지금 달 가듯이 해도 함께 가리니
혹 뒷날 혼령 떠나면 노을에서 보리라.

小芸一菊 소운과 일국

小芸齒痛第喪流　　然美青文誰授口
一菊晩先斷電休　　春來不似一堂憂 4335. 3. 19 尤韻

소운은 치통에다 상을 당해 거르고
일국과 만선은 전기 끊겨 쉰다며
연미 청문은 누군가 구전 받았다니
봄 오되 봄답지 못한 만시당 한 근심.

諺文蒙昧 언문만은 몽매

專用諺文三十**餘**　　晩時嗟嘆先吾學
自經瞢昧傲癡**居**　　性命維新有礿書 4335. 3. 22 魚韻

언문 전용하기 삼십여 년에
스스로 겪고 몽매 치거의 오만
때 늦었다 차탄되면 나 먼저 배워라
천명 성품 새로이 하면 글 책 있느니.

迎萶縮頸 목 줄이고 봄맞이

黃白迎萶上下**開**　　降坡閑眺遙三角
冬衣縮頸夢醒**梅**　　斜日遮光夕紫**堆** 4335. 3. 23 灰韻

노랗게 하얗게 봄 맞으니 열리는 위아래
겨울옷 목에 움츠렸던 매화의 꿈도 깨어
언덕 내리며 한가히 먼 삼각산 보니
지는 햇빛 가려 자줏빛 쌓이는 석양.

祈成釜山教育 부산 교육 성취를 기원

圓光灋界靜常**眞**　　社會教融含萬理
物格天朙修本**身**　　敦化大德布維新 4335. 3. 25 眞韻

원광의 법계 상도 진여 정숙하니
천명의 물격으로 자신의 근본 닦아
사회에 융화 본보이며 만 리치 포함
대덕의 돈화로 유신을 편다.

芳菁粲心 방춘 소검한 맘

芳菁木蓮始落萼　　庭樹金芽柔撫照
忠節粲心悼月遮　　連翹叢盛發矜誇 4335. 3. 26 麻韻

한봄에 목련 꽃 지기 시작하며
충절의 소심을 달이 가려 애도해
뜰 나무 금싹 햇빛 부드럽게 만지고
개나리 무성한 떨기 자랑하며 핀다.

梨霙金芽 배꽃과 황금싹

梨霙滿園竝路櫻　　嗚咽染血悽山帶
金芽柳色不縶情　　布穀鳴邱愛惡盈 4335. 4. 4 庚韻

배꽃 가득한 과원 길에 아우른 벗지꽃
금 싹 버들 빛도 무정하지 않은데
오열하다 피로 물든 처연 산허리에 두르고
뻐꾹새 우는 언덕에 가득한 사랑과 미움.

授敎弟子 가르침 받는 제자

三月授敎四載剃　　一箱海藻今傳達
忘名弟子饋遺緣　　疲老解消輕步遷 4335. 4. 4 先韻

사년 전 석 달을 가르쳤는데
이름 잊은 제자가 인연의 선물 보내
한 상자 김이 지금에 전달되니
늙은이 피로 풀려 걸음 가볍게 옮긴다.

遠道天安大邱 먼 길 천안 대구

遠道天安昨往**來**　　透窗周覽南萅嶺
大邱千里使今**回**　　暮後上京緩進**欸** 4335. 4. 4 灰韻

먼 길 천안을 어제 다녀오고
대구 천리를 지금 다녀 돌아가며
창문 비춰 둘레 바라보니 봄 마루 남쪽
저문 뒤 상경하니 그리 느긋 진행이라.

辰時地下 진시의 지하도

辰時僅僅脊支**撐**　　半夢幻悤鐘路至
地下鐵中沈寢**傾**　　日終溫故丈堂**誠** 4335. 4. 4 庚韻

진시에 겨우겨우 등을 지탱해
지하철 속 잠 기울어 빠지면
반 꿈 환상 중에 종로에 다다라
종일 손바닥 방에 정성껏 온고지신.

拙教堂僚盡歲 당료 못난 가르침으로 해가 다하다

解冰迎㬉拙文**敎**　　落口炑咢遠待熟
聯肙願心不忍**捎**　　二三百名幾秊**抛** 4335. 4. 8 肴韻

얼음 풀린 봄 여름 맞아 가르치는 졸문
글귀 잇기 원한 맘 차마 자를 수 없어
입에 감 떨어질까 오래 익기 기다리며
이삼백 명 던진 해가 얼마인가?

木蓮連翹 목련과 개나리

白黃紫落盡迎暑　　兒鳥長成雄號噪
庭樹新芽始閔循　　山鳩竊入寓生賓 4335. 4. 10 眞韻

희고 노랗고 자색의 꽃 지니 맞은 봄 다해
정원수 새싹에 여름 순환 시작된다
아이들 새떼 씩씩하게 떠들며 커 가는데
산비둘기 숨어 들어 손으로 부쳐 산다.

斂黃沙處處葩 황사 걷히자 곳곳이 꽃

蔽空遮視斂黃沙　　唐棣偏反望遼室
林裏蕚奢處處葩　　有怱不至觀日斜 4335. 4. 10 麻韻

하늘 덮어 시야 가리던 황사 걷자
숲속 화사한 꽃들이 곳곳에
산 앵두 먼 방에서 뒤척임 바라보다
생각하나 가지 못해 비낀 빛 바라본다.

松柏彫輭綠琱 솔 잣나무와 연록 구슬

歲寒然後柏松彫　　冠嶽看過鮮唐棣
老色間間輭綠琱　　冬暑閔各布自描 4335. 4. 10 蕭韻

한겨울 추위 뒤에 새겨나는 솔 잣나무
늙은 빛 사이사이 연록의 구슬이라
관악산 지나며 보니 아가위 꽃 선명
겨울 봄 여름 각기 스스로 그려 편다.

通徹薄雲 엷은 구름 뚫고

沙層通徹裏微煙　　發著縱橫千里道
次入薄雲上碧天　　公菩來嬰氣知先 4335. 4. 11 先韻

황사 층 꿰뚫으니 엷은 안개 속
다시 엷은 구름에 드니 벽천이 위에
뜨고 내리는 종횡의 천릿길을
봄 가고 여름 오는 낌새 미리 알아.

青陰透視 푸른 그늘에서 뚫고 봄

冠嶽青陰薄霧陽　　歸京昏夕恩無事
叢芽透視縮纏囊　　刻刻加疲足日常 4335. 4. 11 陽韻

관악산 푸른 그늘 남쪽 엷은 안개
싹 떨기 뚫어 보니 주머니 졸라맨 듯
서울 돌아오는 석양빛 무사했다 생각에
때 없이 피로 가중하나 일상에 만족이라.

播種循期 파종 순기

十季播種育肥培　　結實三分其一可
收穫循期得幾材　　況誰代事次耕栽 4335. 4. 12 灰韻

십년을 뿌려 심고 북돋아 기르기
거두는 때 오면 몇 재목 얻으려는지
결실하기 삼분의 일이나 가능할지
하물며 누구를 부려 다음 농사지을지.

堤防絲柳 제방의 실버들

鐵道堤防幕綠陳　　歸知候鳥翔空豫
多田廣野未耕人　　絲柳飄然促已萅 4335. 4. 17 眞韻

철도 제방에 줄지은 푸른 풀
넓은 들 논은 많은데 경작인 없어
철새 돌아갈 줄 알아 공중 미리 비상하고
실버들 나부끼며 이미 온 봄 재촉한다.

樹間羣雀 나무 사이 참새떼

新芽細葉樹間籬　　游泳暖陽飛異鳥
羣雀話啼似樂時　　出家淸息跬遲遲 4335. 4. 18 支韻

새싹 가는 잎 울타리 나무 사이에
참새떼 떠드는 말 때를 즐기는 듯
따뜻한 양지쪽 헤엄치듯 다른 새 날아
집 나서자 맑은 숨 더딘 발짝 한 발짝.

歸化候鳥 귀화한 철새

定著何時後幾孫　　本生候性移基鳥
滿田水上不歸昏　　世世忘鄕抂異邨 4335. 4. 18 元韻

어느 때 정착했나 몇 세대 호손인가
논물 가득 찬 위 저물도록 돌아가지 않고
본생 철새 성질 텃새로 바뀌었나
세세토록 고향 잊고 이방에 있느니.

眉月伴星 조각달 짝별

消昏顯出月如**眉**　　千里還行三友客
側又孤星倂疾**追**　　昨今麜斁獨歸**時** 4335. 4. 18 **支**韻

저물녘에 드러난 눈썹 같은 달
곁에 또 외로운 별 달려 쫓으며 함께해
천리를 돌아가는 세 나그네 벗
어제 오늘 싫지 않은 홀로 돌아갈 적.

屆湖青雲 서호 청운

水原經疾望屆**湖**　　混拄鄉愁悠久憶
三十青雲慕少**夫**　　松林徑路今橫**鼯** 4335. 4. 18 **虞**韻

수원을 질러 지나 서호를 바라보니
삼십대 청운의 어린 지아비 그리움
향수와 뒤섞인 유구한 추억
솔숲 지름길 지금도 다람쥐 횡단하랴.

裸枝木蓮 벗은 가지 목련

柔葉木蓮免裸**枝**　　杏檞杕櫟單單美
眞青朱樹節孤**支**　　紅紫翳楓勝此**時** 4335. 4. 20 **支**韻

목련 부드러운 잎 벗은 가지 면하고
질푸른 주목 외로이 절개 지탱한다
은행 무궁화 팔배 상수리 날날이 곱고
홍자색 단풍 일산이 이때의 으뜸이라.

逆風幕芝洙 물가 풀 잔디에 역풍

丙寅辛未亂洋飄　　兼耐海風雙老樹
激戰傷痕僅僅蘇　　數枝爲杖二猶蕭 4335. 5 蕭韻

병인 신미 서양 회오리바람 소란에
격전의 상흔으로 근근이 소생하여
해풍을 겸해 참아내는 늙은 두 나무
몇 가지 지팡이 되니 오히려 소량한 둘.

山雲 산 구름

起朝上山掛峯邊　　先著衽中彷後集
至夕下谷霧入瞑　　或遲歸去夜行天 4335. 5. 16 先韻

아침에 일어 산위 봉우리에 걸리고
저녁이면 골에 내려 잠드는 안개
이불 속에 선착하면 뒤에 모여 방황
혹은 늦게 밤에 돌아가 하늘로 간다.

去雲心載 가는 구름에 마음 싣고

去雲熅發靜中山　　內外往來行嶺越
欲載心恩動裏閒　　千峯萬壑好時還 4335. 5. 16 刪韻

구름 안개 피어 떠나는 고요한 산 속
마음 싣고자 해 한가로운 속 이동하는
안팎으로 가고 오는 추풍령 넘는 행로
천 봉우리 만 골에 돌아온 호시절.

霽水樹長 물이 없어도 나무는 오래

昨流霽水樹存**長**　　天地依然人欲亂
匪變海淸野未**常**　　江山蠶蠹痼斑**傷** 4335. 5. 23 **陽韻**

어제 흐른 물은 없으나 나무는 오래고
변치 않는 바다는 맑고 들은 일상 아니며
천지는 의연한데 사람 욕심 어지러워
강산은 좀먹어 얼룩상처 고질이라.

薔薇梓籬 가래나무 장미

薔薇一種短人**伽**　　飽食昆蟲羣雀**集**
庭壁梓籬長似**蘿**　　自𩏩臨夕綠紅**歌** 4335. 5. 26 **歌韻**

장미 한 그루 심겨진 가람에 생은 짧으나
뜰 벽 가래나무 울타리에 송라처럼 자라
곤충 포식하니 참새떼 모여
아침부터 저녁까지 잎 꽃을 노래해.

不知異端邪說 이단 사설을 알지 못해

儒釋不知破賤**頭**　　黨𠛬於國狂魔殿
異端邪說裂身**修**　　勢合放言挾𥜥**謀** 4335. 5. 26 **尤韻**

유학 석가 알지 못한 천한 머리 깨며
이단 사설이 몸 닦느라 찢기는데
나라보다 패거리 앞세우는 광마전에
방송 언론 세 합하여 꾀로 협잡하면?

移畓青苔 모낸 논에 푸른 이끼

移苗終畓滿青落　　熟視暮㷇霏一樓
埀柳小川公鷺徘　　先峯燒照有田栽 4335. 5. 29 灰韻

이종 끝난 논에 푸른 이끼 가득
작은 내 수양버들 백로 배회해 가고
눈에 익은 저녁안개 한 오라기 없는
앞 봉우리 타는 놀 논에도 심겨 있네.

紅黃上下 붉고 노란 위아래

色色紅黃上下陳　　舊鄉㬉夜今何態
電燈加益四方濱　　薪火逐蚊緩篆煙 4335. 5. 29 眞韻

붉고 노랑 색색이 절진한 위아래
전등불 사방 물가에 더 증가하니
옛 시골 여름 밤 지금은 어떤 상태
섶 불 천천한 연기 모기 쫓으리라.

月上消霞 달 뜨자 노을 사라져

噱噱早朝近鵲鳴　　已過正午遙通電
來擯當日世人情　　㷝㬉問安弟子聲 4335. 6. 2 庚韻

이른 아침 가까이 까치 깍깍 울면
그날에 손 오신다는 인정의 세속
이미 지난 정오에 멀리 전화 통한
여름 더위에 문안하는 제자의 목소리.

正常志士 정상의 지사

疾視正常好俠**人**　　　蟄蟲方長稀成褉
非難志士悖非**倫**　　　縱絶橫離世不**均** 4335. 6. 2 **眞**韻

정상을 질시하고 협인을 좋아하며
지사를 비난하는 비륜의 패악이라
경칩 벌레 곧 자라나 성숙 드물고
세로 끊고 가로 나뉜 불균의 세상.

中夜塡熌 밤중에 안개 가득

戴星中夜自天**安**　　　爲友海雲來往浦
綠樹塡熌復嶺**看**　　　耆秊闢道固陋**難** 4335. 7. 3 **寒**韻

중야에 별을 이고 천안으로 부터
안개로 매운 록수의 재를 다시 본다
바다 구름 벗삼아 갯길 가고 오며
늘그막에 길 열기 고루해 어려운.

照炎電燈 붉게 비친 전등

紅照歸車路密**侵**　　　薄熌冠岳靑靑寂
炎燈十字塔爲**林**　　　濃霧空航氣涸**霖** 4335. 7. 11 **侵**韻

붉은 빛 돌아가는 차 밀집한 길
붉은 십자등 탑 밀림이 되었네
엷은 안개의 관악산은 적적한 푸르름
공항엔 짙은 안개 마른 장마 기후라.

時變月來季公 때 변하고 달 오며 해가다

時變人心改日遷　　吾唯足智驛終處
月來季公固初緣　　窈窕根湥守士然 4335. 7. 11 先韻

때와 인심 변하면 날도 옮겨 바뀌고
달 오고 해 가기 첫 인연 굳건한데
나 오직 지식에 족한 끝없는 처지에
뿌리 깊은 요조의 선비이듯 지키리니.

迎元貞送一機 원정이 맞고 일기가 보냄

韓航金海出元貞　　未及先生番道恥
洛渡一機遞送京　　彼親於父每回迎 4335. 7 庚韻

아침에는 김해 공항 원정이 나오고
락수 건넌 일기가 교체해 서울 보낸다
미급한 스승이라 번번이 부끄러운 길
저 부모보다 친히 매회를 영접하는.

游安眠島一日 其一 船材封山 안면도 하루 기1 선재봉산

封山養木用船材　　落落樹林羣衆入
十杖長松孰代栽　　吐香湥吸遡風徘 4335. 7. 16 灰韻

봉산 나무 길러 배 재목으로 쓰고자
열길 장송을 어느 대에 심었는가
락락한 수림에 군중이 들어와
솔내음 깊게 마시며 소풍 배회하네.

游安眠島一日 其二 峨山亭 안면도 하루 기2 아산정

忠武稱憑僧款**資**　　鐵艦堂堂輸百國
造船王國立初**基**　　峨山奧義木亭**遺** 4335. 7. 16 **支韻**

거북선 빙자하여 빌린 자본으로
造船조선 왕국 첫 기초를 세우고
鐵艦철함 당당히 온 세계 수출하던
아산의 깊은 뜻 木亭목정에 남겼어라.

綠水鷺來 초록빛 물에 백로 오다

山綠水淸樹靜**齊**　　遲遲斜日消昏暫
飛來鷺鵲暗荊**棲**　　雨氣炎蛉木末**迷** 4335. 7. 18 **齊韻**

산 푸르고 물 맑고 가지런 조용한 나무
날아 왔던 백로 까치 어둡기 전 깃든다
기운 해 느릿느릿 노을 삭는 잠깐에
비올 기후인지 고추잠자리 나무 끝 헤맨다.

蚊爋畁十字燈 모깃불과 십자등

不見蚊爋代電**燈**　　天時地利味何處
點紅十字恥增**增**　　擊鼓牛皮夕禮**應** 4335. 7. 18 **蒸韻**

모깃불은 보이지 않고 전등이 대신해
붉은 십자 점점이 더더욱 부끄러운데
천시와 지리는 어느 곳에서 화합하며
소가죽 북을 울림에 응할 저녁 례불.

颱風至上 태풍과 상층

颱風地面拂雲層　　瞚課不離公命運
至上安安止怖昇　　降時平險豫何徵 4335. 7. 25 蒸韻

지면의 태풍에 구름층 떨리고
안안토록 위까지 두렵게 오름 멈춘다
순간의 과업 이탈 않고 명운의 공변
내려올 적 평탄 위험 어찌 미리 징거랴.

遲遲遑遑 기다림 갈팡질팡

遲遲霖期待霽天　　晚時堂事東畐丕
遑遑斜歲顧過季　　初志孤行焦燥遷 4335. 8. 13 先韻

더딘 장마 때라 날씨 개기 기다리다
황황히 해 기울어 지난해를 돌아본다
만시태학당 일로 동분서주하느라
첫뜻 외로운 행보를 옮기기 초조로와.

抱含常道 포함 상도

可非常道近包含　　天地相存纍序列
是靡爲名遠破三　　生剬限卒有成談 4335. 8. 29 覃韻

옳고 그른 상도를 가까이 포함하나니
명목 위하지 않고 광원이 삼교 깸이라
천지 상존하되 차례가 없나니
생전과 삶의 한계 말로는 이룰 수 있어.

邱光慣看 언덕 경광을 익혀 보다

谷景邱光羨慣**看**　　　途中安住非初志
頂峯登事辨忘**閑**　　　已意濜人有鍵**關** 4335. 9. 7 刪韻

골 경광 구릉 빛을 익혀 보다 부러워
정봉 오를 일 막아 잊고 말리니
도중 안주는 첫 뜻이 아니기에
이미 뜻 다한 사람 관건해 있으리라

殘暑蟋鳴 남은 더위 귀뚜라미 소리

淸天殘暑入陰**連**　　　稍熟稻田消息暗
閒歇蟀鳴易晝**蟬**　　　京都密衆愧輕**肩** 4335. 9 先韻

하늘 맑고 남은 더위에 이어 그늘에 들며
간헐로 귀뚜라미 소리 낮엔 매미로 바뀐다
조금 익은 볏논에 어두운 소식인데
서울 빽빽한 무리 어깨 가벼운 부끄러움.

根幹葉萼 뿌리 줄기 잎 꽃

於土發根不可恖　　　榦恒未葉經惟夓
根何非榦理𣡡**知**　　　葉又願萼暗四**時** 4335. 10. 7 支韻

땅에 뿌리 뻗음 생각하지 않고
뿌리는 줄기 리치를 알 수 없으니
줄기는 늘 잎 못 되고 오직 여름 겪으며
잎은 또한 꽃을 원하며 사시에 어둡다.

不視疾行 질주 보이지 않고

不示恒空亦野登　　四圍滿火加𪆶氣
疾行車內顧䨻應　　百事千想不好憎 4335. 10. 9 蒸韻

초승달 하늘 벼 익은 들 보이지 않고
질주하는 차 안에서 돌아 응함이 없네
사위에 불빛 가득하여 한기만 더하고
백 가지 일천 가지 생각 미움도 좋음도 없다.

山雲改氣 산 구름 바뀌는 천기

尙睡山雲故急𪆶　　未聞大雨時登稻
難堪改氣洛流安　　金海稱名藉熟漫 4335. 10. 10 𪆶韻

아직 山雲이 자니 급히 온 한기 때문인가
공기 바뀌기 난감인데 락동강 편히 흐른다
큰 비 듣지 못하고 벼 익음 때라선지
김해는 명칭처럼 질펀히 익어 펼쳤다.

絳夜光 진홍 밤빛

眉月下雲燒絳光　　參差絮暗斑斑底
夜臨篆水靜加彰　　金浦低空照熀煌 4335. 10. 10 陽韻

초승달 아래 구름 진홍 불빛 타며
밤 되니 굽은 강물 더욱 밝고 조용해
어두운 솜 뒤섞여 얼룩진 밑에
김포 낮은 공중을 황황히 비춘다.

韓江銀漢 한강에 은하수

爲見韓江二綫**乘**　　美於銀漢玄天夜
越橋匎覩水中**燈**　　今夜霦風受反**丞** 4335. 10. 12 蒸韻

한강을 보기 위해 전철에 올라
다리 건너 서쪽 보니 물속 등불
은하보다 고운 검은 밤하늘이
오늘 밤 바람 없어 반사 도움 받느니.

𦺇𡡉陽節 봄여름 양절

𡡉𦺇陽節輒驅**涷**　　落木䨮[illegible]松柏著
黃紫高峯氣不**通**　　同名四季嶺秌**風** 4335. 10 東韻

봄 여름 양절 번번이 소나기 몰아가던
황색 자색 높은 봉우리의 불류통 기운
잎진 추운 겨울이면 드러나던 솔잣숲
한 이름 사계절의 가을바람 마루.

不安鈍感 불안 둔감

景氣不安鈍感**羣**　　多消於入家家債
日加月益極霦**分**　　明事不恖膨滿**氛** 4335. 10. 18 文韻

경기는 불안하다는데 군중은 둔감하여
날로 더 달로 더욱 무분별의 극치라
수입보다 많은 소비 집집이 빚이라는데
명일을 생각지 않고 요기만 팽만하다.

甘棠小果 감당나무 작은 열매

甘棠孟嬰發蕚奢　　不解曲腰先世代
小果敦枝落落斜　　異端邦滿洹齊家 4335. 10 麻韻

감당나무 꽃 한여름 화사히 피더니
작은 열매 도타운 가지 주룩주룩 빗겨
굽은 허리 펴지 못하고 세대를 앞서서
이단 가득한 나라에 제가에 몰두하는가?

襲鄰落葉 추위 엄습 잎 지다

鋪道襲鄰落葉行　　空來一命何知逝
天時豫測獸禽生　　長公機緣轉復程 4335. 11. 3 庚韻

포도에 추위 엄습 잎 떨어져 가니
천시를 예측하기 금수의 생태인지?
공수래 유일 생명 갈 날 어찌 알리
가고 오랜 연기 기회 다시 구를 과정이리.

飯三麤茶 세끼 밥과 거친 차

幾百萬圓價歲茶　　人皆過道離何獨
飯三必茗老橆邪　　急雨松風洗落差 4335. 11. 4 麻韻

몇백 만원 한해 차 값으로
세끼 밥 반드시 차로 사무사 늙어
사람 다 가는 길 어찌 홀로 벗어나리
솔바람 소나기에 락차를 씻는다.

鴻雁來賓懷舊 기러기 오면 옛 생각

青雲回想越烋風　　鴻雁來賓翔水上
紫霧洛江零落濛　　薇熤遠節立冬空 4335. 11. 7 東韻

청운의 뜻 회상하며 추풍령 넘으니
락동강 자즛빛 안개에서 는개비 오고
철 손 홍안이 물위에 날아 돌고
안개 덮인 먼 하늘 계절은 입동이라.

櫟松杏柿 상수리 솔 은행 감

青紫櫟松美混中　　濃熤濛雨烋風嶺
近郵黃杏柿甹紅　　不別冬萅雁客空 4335. 11. 7 東韻

청자빛 상수리 뒤섞인 중에 고운 솔
가까운 마을에 은행 노랗고 감은 붉은 꽃
짙은 안개에 는개비의 추풍령
겨울 봄 분별 어려운데 기러기 손 공중에.

蘆甹賓鴈 갈꽃과 기러기 손

蘆甹抱霧默江沈　　遮日濛濛如夕暮
賓雁輕輕竊茂心　　野鳧一族索田侵 4335. 11. 7 侵韻

갈대꽃 안개에 안겨 강에 가라앉은 정묵
기러기 손들 살며시 속으로 훔쳐들고
안개비 해 가리니 저녁 어둠인 듯
들오리 한 무리 논에 들어 더듬는다.

零風初霳 지는 단풍잎과 첫눈

庭路零楓鄰霳濡　　長時交褋如相讓
已衰五彩似丹朱　　歸地自光變化圖 4335. 11. 10 虞韻

뜰 안길에 단풍 떨어지며 눈에 젖는 이웃
오채무늬 이미 시들어 주목이 단풍이듯
장시간 뒤섞이며 서로 사양하듯이
땅에 돌아가 스스로의 빛을 그리며 변화한다.

古木羣鵲 고목 까치떼

邨剬古木䧿羣飛　　白氣滿空愁旅路
大霳造雲蔽晝煇　　烼風嶺遠嶂雲巍 4335. 12. 6 微韻

마을 앞 고목에 나는 까치 떼
대설 짓는 구름이 날빛 가리고
백기 하늘 가득 여로의 수심
추풍령 멀리에 가파른 봉우리 구름.

家賓一族 참새 한 가족

六角霏霏落木園　　䧿羣相召尋棲所
家賓一族渡枝奔　　加數雙鳩隱索軒 4335. 12. 10 元韻

륙각화 펄펄 내리는 뜰 잎진 나무
참새 한 가족이 가지를 바삐 건너고
까치떼 서로 부르며 깃들 곳 찾으며
더 많은 비둘기 추녀 찾아 숨는다.

水鍾社古人詩 수종사 옛사람 시

水鍾纂錄覲先詩　　或有名章如組片
賞者嘆聲破格罹　　而今敦樂孰麩琦 4335. 12. 17 支韻

수종사 집록의 선인 시 근독하니
어려움 파격에 감상자들 탄성이라
혹 명문장의 편편을 조립한 듯
지금껏 도탑게 누구 옥가루를 좋아했나?

天安終講 천안 종강

夜淩京道透車窗　　作別天安僚上路
亂躱電光競鬪雙　　滅明回憶驛終哤 4335. 12. 18 江韻

깊은 밤 경기길 차창을 투시하여
전광 어지러이 만쌍 겨뤄 쏘는구나
천안 벗들과 작별하고 올라오는 길
명멸하는 회억이 서울역에서 끝난다.

七十古人書 칠십에 옛 책을 읽는다

冬至俄過七十餘　　夕前明滅恖淸濁
冷房靜讀古人書　　始夜齎襟出暗虛 4336. 1 魚韻

동짓날 엊그제 지나니 70여 년에
랭방에 옛 사람 글 조용히 읽으면
석양 전 명멸하는 청탁을 생각하며
밤들자 차가운 옷깃으로 암허를 나선다.

往來作詩休瞑 왕래하며 시 짓다 자다

韓出夕來習旅余　　　二千餘首靡閒顧
作詩時睡拾經書　　　氣盡微看或難疏 4336. 1. 26 魚韻

아침 나가 저녁 오는 내 여행 버릇에
시 짓다 때로 잠자다 경서를 잡다
이천여 수를 돌아볼 짬도 없이
기진한 눈으로 보면 혹 풀기 어려워.

忿怒流風 분노와 풍류

忿怒流風勿露呈　　　自兒至老恒調息
心如炭火熾空迎　　　止感達成復本程 4336. 2. 13 庚韻

류행 바람 분노를 드러내지 말지니
마음이 탄화 같아도 불꽃 맞아 비우면
아이로부터 늙은이까지 조식을 항상 하고
지감을 달성하고 보본 길 회복하리라.

見戰爭 전쟁을 보며

宜處畀時出聖賢　　　相生亳土連天命
東畐有別各行泉　　　好奪地中習手專 4336. 3. 25 先韻

마땅한 처지와 시기에 성현이 나되
동방 서양이 달리 샘물 각기 행한다
밝따의 상생은 천명으로 이어가고
약탈 좋아하는 지중해 전일한 솜씨 익혀.

課程經營 回文 과정과 경영 회문

萅雨夓蕃有課程　　新季循搭同皆物
斂秌冬埩爲經營　　巡[illegible]橆來屬命生 4336. 6 庚韻

봄비에 여름 번무 과정을 두어
가을걷이 겨울 숙정 경영삼아
새해가 타고 돌기 만물이 같아
돌아오지 않을 수 없는 온 삶 천명.

五十億乾坤止變 오십억 년 천지 변화 정지

草子一芽宿地生　　綠球鳴鳥橆聲寂
起原宇宙歷新更　　弘益人間何用程 4336. 6 庚韻

풀씨 한 싹 돋는 땅 별 자리
우주의 기원 새로 바뀌 지나기
푸른 지구에 새 소리 없는 정막이면
홍익인간을 어느 과정에 쓰일지?

起居處身 기거와 처신

灑埽起居行處身　　巧言佞色何應對
不教家出害殘鄰　　稱禮削修節退[illegible] 4336. 6 眞韻

쇄소응대 기거의 처신 행동을
가르치지 않고 집 나면 이웃에 해 남겨
교언 녕색으로 어찌 응대하랴
례를 칭하기 먼저 수신 진퇴를 갖추리.

江流不待秊 강물에 세월 기다리지 않고 흐른다

歲舁江流不待秊　　同時地上何先後
孩童壯次後今連　　存逝敖言舁改悛 4336. 6 先韻

세월과 흐르는 강물 해를 기다리지 않고
애기 아동 장년 로년 지금과 다음을 잇는다
땅 위 한 시대에 무엇이 먼저 뒤이랴
있을 때 거만한 말 가면 개전치 못하느니.

飄風有始 표풍은 때가 있다

飄風不久暫連流　　易老難仁閒雨雪
時有卽終反必憂　　恆心物外順萅秌 4336. 6 尤韻

회오리바람 오래지 않고 잠시 흘러 이으며
때 있으면 곧 끝나며 반드시 근심으로 돌이킨다
늙기는 쉽고 어질기는 어려워 눈비 짬짬이
항심은 물외에 춘추를 순종한다.

母情 어머님의 정

微時子女患憂輕　　幾失舁回知已晩
懲自甚湥隱母情　　爲其麖憚不歸行 4336. 6 庚韻

어릴 적 자녀가 가벼운 환우라도
자신 깊이 징계하시던 어머님 숨은 정
몇 잃고 돌리지 못해 이미 늦어 아는데
그리 꺼림없어 하십 가셔 오시지 않네.

瞑雲養生 어두운 구름이 양생함

炑風嶺谷厺瞑雲　　南北龒川成河海
天地養生示證文　　人趨下利自累紛 4336. 8 文韻

추풍령 골짜기에 자던 구름 떠나고
천지에 생명 기르는 무늬 증거로 보이네
남북의 개천 모여 하해를 이루는데
사람은 아래 리를 쫓아 스스로 분란에 얽혀.

炑夕 추석

平休慢者節樵岡　　八耋譯翁開小室
俗說反芻至晚堂　　餘佗虛號電吾房 4336. 9 陽韻

평소 게을러 놀다 명절에 산에 땔나무
속설을 반추하며 만시당에 이르니
팔십 번역가 로옹의 소실만 열렸고
여타는 빈 호실, 내 방엔 전화 소리.

襍樂四海 잡스러운 음악의 인류

淫聲襍樂漲蚤春　　四海先頭奢放極
幻影色情接夕重　　十秊强行夓雲從 4336. 9. 11 冬韻

음탕하고 잡스러운 성악 조석으로 넘치니
색정을 현영하며 저녁에 거듭 접한다
온 지구촌 사치 방탕 극한의 선두에
십년을 강행하는 여름 구름 쫓음이어!

夗時禽獸人間 죽을 때 금수와 인간

夗時禽獸泣哀喧　　今世命終遺至醜
臨卒人間語善言　　晩烌落紅四中冠 4336. 9. 11 元韻

금수는 죽을 때 슬픈 소리로 운다 하고
인간은 죽음에 임해 착한 말을 남긴다는데
지금은 생명 끝날 제 지극히 추함 남기니
늦가을 붉게 지는 잎 넷 중에 으뜸이라.

寂居鱀戚親 친척 없이 적거함

惟伴寂居鱀戚親　　仰頭門外歸南客
庭柯密蔽送家賓　　先發雁鴻落散陳 4336. 9 眞韻

오직 친척도 없이 동반과 적거하는데
밀폐된 마당 나뭇가지에 참새 보내고
머리 드니 문밖 남으로 돌아오는 손
먼저 떠난 기러기 고니 줄 흩어 앉는다.

凹凸江山 요철의 강산

立瞽困酷苦芳剃　　百曲千川均藉白
凹凸江山斜照熅　　祖宗瀛海抱靑天 4337. 2 先韻

방성 전 고충이니 곤혹의 입춘이라
강산은 들쭉날쭉 석양 노을 비추고
온 구비 천 내 고루 희게 깔려
형해는 조종으로 푸른 하늘 안았네.

青雲水原 청운의 수원

青雲始踏水原**城** 依舊扃湖靡古樹
四十三間大改**營** 影星反躲電燈**屛** 4337. 2. 19 **庚韻**

청운의 꿈으로 수원성을 처음 밟은 지
사십삼 년 동안 경영이 크게 바뀌었으나
서호는 예와 같은데 옛 고목은 없고
별 그림자 전등이 아울러 반사해.

廣野落鴈 광야에 기러기 앉다

棼霫怏晴廣野**昏** 飛行雲直華城上
紅中落雁似鄕**邨** 隔世茶山又後**言** 4337. 3. 8 元韻

쾌청한 광야에 눈 날리며 저물고
노을 속에 기러기 내리니 고향인 듯
비행운 화성 위에 곧게 그으니
격세에도 다산의 또 다른 뒷얘기.

瑞蔚韓江 서울의 한강

漢水本名瑞蔚**江** 東扃夷脈根同一
半千渡影日星**矼** 今古絶因小視**囪** 4337. 3. 8 江韻

한수 본명은 서울 강인데
오백 년 도영의 해와 별 징검다리
동이 혈맥은 동서 동일한 뿌리
고금 인자 끊으니 작은 창으로 본다.

萅再來 봄은 다시 온다

肇萅過道季重來　　碧水潛雲山再蔚
紅白桃梨瑞節開　　眉巖霖變舊模衰 4337. 4. 15 灰韻

이른 봄 지나는 길에 거듭 온 계절
홍백 도리화 핀 상서로운 계절
푸른 물에 잠긴 구름 다시 울창한 산
미암은 예같이 시든 옛 모습 (眉巖은 室人 號).

松柏香樹 향기로운 소나무 잣나무

根腐梗枯盛一方　　翰陽幕露乾臨已
死生榦葉倂慇香　　松柏霻齌不改蒼 4337. 6 陽韻

뿌리 썩고 줄기 마른 한 쪽만 무성
죽고 산 줄기 잎 은근한 향기 어울려
아침 햇빛에 풀잎 이슬 벌써 마르고
송백만 설한에도 푸르름 변치 않네.

漫步校庭 仲萅 圓大校庭 교정 느긋이 걸으며

漫步校庭望夕逡　　講茶連日來勞擾
愈愈輕樂煖時萅　　暫後臨季厺息恂 4337. 6. 5 眞韻

느긋이 교정 걷다 지는 해 바라보며
유유히 가볍게 즐기는 따뜻한 봄 한때
연일 茶 강의 지치고 어지러우면
잠시 뒤 늙으면 정성 쉬어 떠나리.

處處住居 곳곳에 주거지

松林處處住居佳　　忠孝不知敎改惡
鄰麓爲遊造絶涯　　害佗私利破家齊 4337. 6. 10 佳韻

솔숲 곳곳에 좋은 주거지
이웃 자락에 놀이터 깎아질러 만들고
충효를 알 수 없도록 개악한 교육에
남 해치는 사리탐욕 수신제가는 파탄.

幾人護雧 몇 사람이 보호하는 집단

幾人有盜擁圍團　　會寇濟民糶古叓
護雧皆同三段幹　　有時惟必亂相殘 4337. 7. 1 雧韻

몇 사람 있는 도둑 집단이 두루 옹호하고
다 함께 집단 보호하는 줄기 삼 단계
도둑 모여 백성 구제한 고사 없었으니
있는 때엔 반드시 동족상잔의 소란.

小技求利 작은 재주로 리를 찾음

小技下遺致遠怨　　大倫自閉生微視
導先求利欲鄰持　　日月蝕終復明時 4337. 7. 4 支韻

작은 재주 내리 유전 멀리 원함 불러
사리 구하기 선도하면 이웃도 갖고자
대륜은 저절로 닫혀 좁은 눈으로 사나
일식 월식 끝나면 밝은 때 돌아오리니.

江流厺海 강물 흘러 바다로 가는

止江流水至終支　　剃後未明量兎尾
幷厺海留向上㞢　　斜陽照屋五童兒 4337. 7 支韻

멈춘 강 흐르는 물 갈래 끝에 이르면
어울려 바다에 가 머물고 위를 향해 가는데
앞 뒤 밝지 못한 토끼꼬리 헤아리니
석양 빛 비낀 집에 아이들이 다섯.

依舊下今流 예와 같이 지금도 흘러 내림

韓江依舊下今流　　雲起道峯時爲雨
定體京都甚染溝　　水淸心滌永悠悠 4337秊 尤韻

한강은 예같이 지금도 흘러 내리고
정체된 서울은 봇도랑 오염 심해도
도봉산 이는 구름 때때로 비가 되어
맑은 물에 맘 씻으면 유유히 영원하리.

老鶴飼支㞢 늙은 학 몸 지탱하려 먹는다

雖瘦老鶴飼支㞢　　豫感南賓歸九闔
蕚外內飢不入耕　　鴈鳧從次燕離鳴 4337. 9. 12 庚韻

비록 수척한 학이나 생명 지탱하려 먹고
속 줄여도 걸 화려해 논에 들지 않는다
남녘 손 예감인가 구만리를 돌아오니
기러기 오리 차례 잇고 제비 울며 떠난다.

古步行今窟 옛 보행길 지금은 굴길

步行乘公窟通**過**　　兩口靑林如舊貌
雨霾雲熩百變**阿**　　炑風嶺遠霧中**嵯** 4337. 9 **歌韻**

걸어 가다 타고 가다 굴 뚫어 통과하니
눈 비 구름 안개 언덕은 백가지로 변모
량 출입구 푸른 숲 옛 모습 같은
추풍령 멀리 가파른 안개 속.

尋理黎旫 밝아 오는 리치 찾아

捨私尋理一平生　　此地常途緣夙再
宿老黎旫結**雧精**　　重於救恤義仁**成** 4337. 9. 22 **庚韻**

사사로움 버리고 리치 찾아 평생 일관하니
다 늙어서야 가는 빛 정수 모여 맺힌다
이 땅에서 죽고 다시 사는 연기의 상도
구휼보다 소중한 인덕 의로운 이룸.

齊家守土 수신제가 국토수호

齊家孝悌及**鄰邦**　　地利天時䨲旅事
仁義保民本國**逢**　　眈鵰鍛翼守山**江** 4337. 9 **江韻**

수신제가는 이웃과 나라에 미치고
인의로 백성보호 국가방위 근본이라
지리와 운수 따위는 군려에는 없는 일
독수리 굳센 날개 노려보며 강산 지킨다.

霧中洛江 안개 속 락동강

洛江一葉寂浮流　　千里長程何公遣
濃霧四圍躑躅溝　　炼風嶺下水熡留 4337. 11. 4 尤韻

락동강 잎 하나 떠 흐르는 정적에
짙은 안개 둘린 봇도랑에 머뭇머뭇
천릿길 장정을 언제 다 가려는가
추풍령 아래 머무른 물안개.

過炼風嶺 추풍령 지나며

講了歸途薄暮斜　　收田處處喧羣䳡
邨邨綠樹灮炼咢　　已暗虛空半月拏 4337. 11. 4 麻韻

강의 마치고 돌아가는 길 저녁 어스름에
마을마다 푸른 숲 가을꽃(감)이 붉고
거둔 논 곳곳에 까치떼만 떠든다
이미 어두운 허공에 잡힐 듯 반달이.

長短生涯 回文 길고 짧은 생애 회문

輕費爲人怠放生　　營衰侈約千差別
生涯長短等經營　　別卜糊塗黷敢輕 4337. 11. 4 庚韻

사람 위한 경비 흩어 살지 말지니
생애가 길건 짧건 경영은 차등 있고
경영과 노쇠 사치 절약 천차만별에
특별 점을 호도하며 감히 가볍지 말라.

鳴耳眼霧遝遝 回文 귀울고 눈 침침 답답함 회문

鳴耳眼霧混六情　　程功彼我途然歲
情況遝遝煩寱程　　歲羿水流至海鳴 4337. 11. 4 庚韻

귀 울음 눈 흐리고 륙정도 흐려
정황이 답답함은 길 없다는 번민
공 들인 길 너도나도 그러한 세월 길
세월과 물 흐름 바다에 울어 가느니.

一夜飈風 하룻밤 찬 바람

昨夜飈風藉滿庭　　循幾瑞霎飛微雨
生霧落惜一茶經　　林樹約萌睡晏停 4337. 12 青韻

어젯밤 바람도 없었는데 뜰 가득 깔려
생화 락엽이 차 한잔 동안의 애석
순환 낌새 첫눈 올 듯 가랑비 날리고
수풀은 싹을 약속하고 편히 멈춰 잠든다.

天山上元甲子 텬산에 상원갑자

蔥嶺天山勃軌神　　九千二百兩當歲
上元甲子始桓仁　　雙秭大先合作身 4338. 1. 26 眞韻

파마루 텬뫼에 흔굼 일으키시니
상원갑자 한인이 비롯하시고
구천이백 년 지금껏 父母系부모계 세월
이자 대수 선영의 합작하신 몸이라.

梅後索畬 장마 뒤에 따비밭 찾아

梅後索畬索穗禾　　稼人苗稻長風雨
救荒塡代莠盈羅　　必有登黃祈竟贏 4338. 3 歌韻

장마 뒤 따비밭 찾아 벼이삭 찾았더니
구황을 대신 매워 가라지 번져 가득구나
농인은 벼를 심되 풍우가 기르거든
반드시 누렇게 익고 끝내 쌓이기 기원.

復活節與寒食 부활절과 한식

復活耶蘇記念堂　　夗焚佗子㬙烌事
教人熟卵食分相　　一日東方飼冷粮 4338. 3. 27 陽韻

예수님 부활을 기념하는 례배당에서
교인에게 익힌 달걀 서로 익혀 나눠 먹인다
남의 새끼 불살라 죽이니 춘추의 력사
동방에선 하루 찬밥을 먹는다오.

木蘭忍苦 목란의 인고

忍冬辛苦木蘭葩　　已越仁風猶未杪
殘霾壤中始發萼　　顚枝北向白肥芽 4338. 3. 30 麻韻

쓰리고 아픈 겨울 참아낸 목련 꽃봉오리
땅속에 눈 남았을 제 꽃 피기 시작하여
이미 인풍이 지나도 오히려 싹 내지 않고
가지 끝에 북향하고 하얀 싹으로 살찐다.

滿空同色 온 하늘 한 빛깔

滿空千里障浮**沙**　　　闔古舁蟾琉裏水
同色洛江剖落**霞**　　　百秊人染積危**挐** 4338. 3 **麻**韻

천리 공중에 부사가 가렸는데
락동강 한 빛으로 지는 노을 가른다
만고에 달과 함께한 류리 같은 물속
백년에 사람이 오염 위험 끌어 쌓인다.

九夷南北國 回文 구이의 남북국(韓鮮殷) 회문

京濱本有首韓**城**　　　**明**德九夷南北**國**
城右河東遠軌**明**　　　**國**名韓夏貊殷**京** 4338. 3 **庚**韻

서울은 본시 황하 물가로 한성의 수도
성 오른쪽이 하동 멀리 밝은 해돋이
명 명덕의 구이 남북국은
나라이름 韓(혼 선) 夏하 貊맥 殷은의 서울.

家賓喧庭 참새 뜰에서 떠듦

家賓數日噪喧**庭**　　　一夜開齊哀潔貌
北向裸枝木白**醒**　　　雙鳩近樹寢枝**停** 4338. 4. 2 **青**韻

참새 며칠을 뜰에 떠들며 조잘대더니
가지에 북향하고 잠 깨는 목련화
하룻밤 일제히 열려 청결 애틋한 모습
비둘기 한 쌍 가까운 나뭇가지에 머물러 잔다.

春游 봄나들이

尙早桃李開强葩　　浮砂促夏千萬里
杜鵑流血滿猶嘉　　歸路晡時疾丞車 4338. 4. 20 麻韻

아직 이른 도리화 억지로 피어나고
두견화 흘린 피로 만발하니 오히려 좋구나
여름 재촉하는 황사는 천만 리 날고
돌아가는 다섯 시 차는 질주한다.

行休生 삶을 쉬러 감

看綠出家洗眼塵　　月星爲友復衰勞
步街雲睹棄殘嗔　　半百同居應對呻 4338. 5 眞韻

집 나서자 록색 보며 눈 티끌 씻고
길 걷다 구름 보며 남은 탐진치 버린다
별 달 벗삼아 쇠약 피로를 회복하고
오십 년 함께 살며 신음하는 아내 응대한다.

獨居五月八日昏作 其一 오월팔일 홀로 지내며 저물녘 짓다 기1

人皆歌曲樂親恩　　老我懸花孫女昨
不孝生時後難翻　　今季唯一件孤昏 4338. 5. 8 元韻

사람이면 다 부모님 은혜 노래하며 즐기는데
생시에 불효하다 뒤에 뒤집을 수 없어
늙은 내게는 어제 손녀가 꽃 달아 준
금년 어버이날 유일한 홀로 저문 사건.

獨居五月八日昏作 其二 **오월팔일 홀로 지내며 저물녘 짓다** 기2

為親一日守空**房**　　遠近間間安慰**電**
子女五孫禮拜**堂**　　晡時聽樂執茶**觴** 4338. 5. 8 **陽**韻

어버이 위한 하루 독수공방 하니
자녀와 다섯 손은 례배당에
원근에서 간간이 위안하는 전화
인시에 음악 들으며 찻잔을 잡는다.

獨居五月八日昏作 其二 **오월팔일 홀로 지내며 저물녘 짓다** 기2

為黍墾荒十載**畬**　　老農力不行休**際**
一過飄雨莠蕪**遮**　　歸厺遠丘被蕮**䓘** 4338. 5. 8 **麻**韻

기장 심으려 황무지 개간 따비질 십년에
소나기 한바탕에 강아지풀 덮여 번무하니
늙은 농부 힘 부쳐 쉬러 갈 즈음에
떠나면 먼 언덕에 풀꽃을 덮으리니.

獨居五月八日昏作 其六 **오월팔일 홀로 지내며 저물녘 짓다** 기6

島人根性好欺**侵**　　麗末始貪吾國**土**
剃拜隱刀異外**心**　　番番千歲掠當**今** 38季 **侵**韻

섬 사람 근성인지 속임 침탈 좋아해
칼 숨기고 앞에서 절하는 안팎 다른 맘
고려말엽 우리 국토 탐하기 시작하여
천년을 번번이 지금껏 략탈인가?

去釜山 부산에 가다

夕照淸江上下鄰　　　　羃山新綠依依賀
式剃男女遇昏姻　　　　漸厚雲㷄被兩身 4338. 5. 13 眞韻

저녁 빛 맑은 강물 이웃한 위아래
례식 전 혼인할 남녀를 만나니
만 산 신록이 이들이들 하례하고
점차 두터워지는 구름안개 두 몸을 덮는다.

私敎疏忘 사교육과 소원해 잊음

私敎十秊崇拜師　　　　輕忙喜色闊婆笑
疏忘弟子饋信儀　　　　億代賄車賫惡怱 4338. 5. 13 支韻

사교 십년에 스승을 숭배한다며
소원해 잊었던 제자 헤아린 소식 보내
경망스레 희색하며 파안대소 흉쳐보고
억대 뇌물 수레보다 나쁜 맘이라 꾸짖는다.

蕪關有機環 무관과 유기물 순환

人皆不可斷蕪關　　　　呼氣體溫交未識
授受爲鄰遠近間　　　　縱橫存洄有機環 4338. 5 刪韻

사람이 다 무관하다 단정 옳지 못하니
이웃되어 원근 간에 주고받느니
호흡 공기 체온 상교 인식치 못함
삶과 죽음은 종횡의 유기 순환임을.

行九曲山 구곡산을 가다

遮雲地異況靈峯　　降雨晴間行九曲
斂霧散時冀人逢　　汰纚心氣合然邕 4338. 5. 13 冬韻

지리산 구름에 가렸는데 하물며 령봉이야
안개 걷고 흩을 때에 사람 만나기 바라며
비오다 개인 짬이면 구곡에 가려니
티끌 씻는 심기의 화응 합연함.

上下歸路 돌아오는 길 위아래

歸路上靑下絶工　　仙人舊事論何口
罧邉展示自雲空　　黙語著時覺幻夢 4338季 東韻

귀로 위는 푸르고 아래는 공사 끊겨
가없는 전시의 구름만 스스론 하늘
신선의 옛 일을 어찌 입으로 말하리
말없이 바라볼 적 꿈속의 환각이라.

恆星不見 조각달은 보이지 않고

日夕恆星不見終　　臨京窗外懸空上
霏霏降雨甚加濛　　歸屋迎吾著已汎 4338. 5 東韻

날 저물어도 365일 6시간 9분 9초 종말 당할 수 없어
부슬부슬 내리는 가랑비 더욱 심해 가는데
서울 임박할 적 창밖 상공에 매달렸던 달이
집에 돌아오니 벌써 떠 드러나 나를 맞는다.

降霎剃歲躋過 눈 내리기 전 한겨울 추위 지나

降霎剃松勢綠生　　三朞凍土仁風解
歲躋過柏氣雕貞　　旺長新枝化色程 4338. 5 庚韻

눈 내리기 전 소나무 록색 생생한 기세
한겨울 추위 지난 잣나무 정절 새겨난 기세
봄 석 달 언 땅을 풀어 준 어진 바람에
왕성히 새 가지 자라는 잎 빛 과정의 변화.

土壤太陽 토양과 태양

土壤如親長闔生　　乾坤現世存人類
太陽似聖照均明　　善惡傳連可否評 4338. 5 韻

토양은 어버이같이 만 생명 기르고
태양은 성스러운 듯 고루 밝혀 비추네
건곤 현세에 오직 인류가 있어
선악 이어 전하며 가부를 꼬는다.

益山行 익산을 가다

湖南大野至仁風　　不見輩夫機往復
闔頃水田始種豐　　日終農樂記懷中 4338. 5. 17 東韻

호남 큰 들녘 봄바람 불어 오니
만경 무논에 풍년을 심기 시작
지아비 농군 보이지 않고 이앙기만 왕복
하루 종일 농악소리 회고 속의 기억.

大邱行 대구에 가다

嶺陽巨陸到來東　　　　䉛顯手痕培百果
千曲園園樹紙工　　　　行行處處石家充 4338. 5. 18 東韻

산마루 남쪽 큰 육지 동으로 와 이르고
천 구비 밭마다 비닐 공작 집이요
손 자욱 드러남 없이 온 과실 재배되며
가는 곳곳에 가득 찬 돌집만.

作別 其三 작별 기3

舊習月餘獨自邪　　　　失羊探幸違終日
古家迎出乞僾車　　　　十載輓歌入昧霞 4338. 6. 5 麻韻

구습 한 달포에 스스로를 속여
옛집 나고 맞고 남의 수레 빌어 탔네
양 잃고 요행 찾아 왼종일 허둥대니
십년의 저승길이 노을 들어 어둑하다.

高速烌風嶺 고속의 추풍령

穴軌暗中審疾行　　　　古今一變烌風嶺
谷間山麓美於英　　　　恰似雨林祕瑞城 4338. 6. 16 庚韻

굴 궤도 어둠 속에 질주하여 살피니
골 사이 산자락이 꽃보다도 아름다운
고금에 추풍령은 한껏 바뀌어
흡사 열대우림의 상서로운 신비경.

姚說狼藉 랑자한 요설

十載加季盛蔚驚　　異邪妖說扇交亂
人情漸險四端傾　　狼藉洋流逼擧兵 4338. 6. 16 庚韻

십년을 해 더하니 서울 왕성에 놀라느니
인정은 점차 험악하고 사단은 기울어
이단의 邪慝사특 요설이 교란을 부채질
서양 바람 랑자하고 거병을 조인다.

向釜南行 其一 부산 향해 남으로 가다 기1

噎氣日終霉雨中　　遠光霾霾冥山野
稻田瞰眺逼林豊　　間惑曲江影霧空 4338. 7. 7 東韻

근심스런 날은 장마 속에 저물어
볏논 내려 보니 풍성한 숲 다가온다
흙먼지 먼 빛에 산야가 어두운데
간혹 굽은 강에 안개 하늘 어린다.

向釜南行 其二 부산 향해 남으로 가다 기2

醒夢朙窗瞥眼間　　下流天井包圍水
霧中近洛釜龜關　　調息報酬命受刪 4338. 7. 7 刪韻

잠 깨자 밝은 창 眼界안계 간 언뜻 보니
안개 속에 가까이 락동강 부산 관문 귀포를
천정천 내리 흐르며 물이 포위했으니
조식으로 보수하며 받은 천명 깎는다.

肇烁 其二 초가을 기2

四時風理例今季　　菑慢獲烁加欲賢
有物惟人戰利先　　心身盡力積何天 4338. 8. 27 先韻

춘하추동 바람결 올해도 그대로인데
만유 중 인간만이 利리 앞서자 싸움질
봄에는 게으르다 가을 수확만 더욱 귀하고자
심신 진력하나 어느 하늘에 쌓아 두랴?

出鼎堂家 정당의 집을 나서며

講了釜山出鼎堂　　路邊十字炎燈計
上京千里酉時强　　僅到奉天高屋岡 4338. 9. 1 陽韻

부산 강의 끝내고 정당 집을 나서니
상경 천릿길을 7시 지나 출발한다
길가 십자 붉은 등 세어 보며
근근이 봉천동 높은 언덕 집이라.

烁風嶺 추풍령

嶺南縱斷剖濃煙　　盛褧如菑離又暫
五月山雩散綠宣　　烁光似昨來再旋 4338. 9 先韻

령남을 종단 짙은 안개를 가르니
오월 산꽃은 록색 선양 흩어지고
성하는 봄같이 또 잠깐 이별인가
가을빛 어제인 듯 다시 돌아 오리니.

負債默談 부채와 묵묵부담

負債於吾不反機　　奔丢四時䙴不念
默談六載慕心朞　　季季二月倍加恖 4338. 9 支韻

나에게 빚지고 기회 돌아오지 않아
묵묵부담 륙년에 또 한 돌 그리웠네
분주했던 사시 생각지 않을 수 없고
해마다 이월이면 생각 더욱 곱으로.

小喜 작은 기쁨

萻芽小喜信繁生　　㚇盛肅冬環圞物
炑染愛悲識落程　　有䙴混扗再來萌 4338. 11. 11 庚韻

봄 싹은 작은 기쁨 무성해지는 생물임을
가을 단풍 애저린 슬픔 추락하는 과정임을
무성한 여름 정숙한 겨울 만물은 순환한데
유무는 혼돈에 섞여 다시 싹으로 오리니.

言必稱叓正立 말인즉 역사 정립이라 핑계

平生未驗異端崇　　口善爬沙身直視
不識剞刪曰可蒙　　愚民惑世止狂風 4338. 12 東韻

평생 경험 못한 이단 승상하다
가르고 깎되 모르고 덮씌워 왈가왈부
구두선 모래바가지를 몸소 직시하여
우민 혹세의 광풍 그치기를.

亂世 어지러운 세태

禮不權懼怖亂軍　　牆鄰計寸忘稱號
財貪祈鬼破魔羣　　子子生地染毒醺 4338. 12 文韻

례는 권세 두렵지 않으나 군란이 두렵고
재물 탐하여 귀신에게 빌면 마귀떼 파괴
담 사이 이웃과의 호칭 계촌을 망각함
자자손손 살 땅을 독 흔적으로 물들인다.

傴僂松 등 굽은 솔

欲松竦立久偏風　　巖壁著根形矮小
曲脊傴僂速似翁　　人心殘忍好奇訌 4339. 1. 14 東韻

솔은 솟고자 하나 오래도록 치우친 바람에
등 굽은 곱사등이로 빨리 늙는 듯
암벽에 뿌리내려 왜소한 꼴을
잔인한 인심 기이함을 좋아한다.

土壤流失大禍 토양유실 큰 재화

億屬季間壞造風　　限期私占加裁害
獸人微物僭生宮　　竝公根源考大洪 4339. 7. 20 東韻

억만년 동안 풍화로 된 토양
금수 인류 미물이 집으로 빌려 산다
한정된 기한에 점유하고 재해를 더하니
근원과 함께 떠나는 큰물만 살핀다.

霖歇炑風嶺 장마 개인 추풍령

霖歇照强野色濃　　煒然一染炑風嶺
揷田白鷺待蛙鋒　　夢裏通過舊不逢 4339. 8. 3 冬韻

장마 개니 강한 햇살 짙은 들빛
논에 백로 꽂혀 개구리 쪼기 기다림
한 물색 위연한 추풍령을
꿈속에 지나도 옛 모습은 없네.

野畀盆樹 들과 화분의 나무

不揀野盆長木苗　　遮窗外氣艱辛耐
四時寒暖熟萼條　　短縮天常示後周 4339. 10. 初 蕭韻

들과 화분 가리지 않고 나무는 자라
춘하추동 추위더위에도 가지 꽂은 피어
외기를 창문이 가려 간난신고하며
천수를 단축해도 뒷날 두루 보인다.

過寒露 한로 절기 지나며

萅來緩緩澗畔松　　載少厭炎炑退竟
夓公夭夭若木濃　　望稀惡霿斅迫冬 4339. 10. 12 冬韻

산골 물 언덕 솔에 느긋이 봄이 오더니
질던 젊은 나무 요요하던 여름도 떠나
폭염 싫다 조금 싣던 가을 끝내 물러가
드문 악설을 바라보며 닥친 겨울 싫어.

老巨樹 늙은 큰 나무

嚼葶羽虫一朔**望**　　聯聯被害千季樹
專行不有百季**狀**　　老巨糵量畜授**粱** 4339. 11 **陽韻**

풀을 씹는 곤충은 한 달을 살고
함부로 사는 사람 꼴 백년도 있지 못해
잇단 피해에도 나무는 천년을 살면서
한량없이 늙고 크며 먹이 주어 기른다.

歸鄕 귀향

多變故鄕面老**秊**　　往來看景基心裏
海瀕依舊識韓**煙**　　人手必移逆自**然** 4339. 12. 8 **先韻**

많이도 바뀐 고향 늘그막에 보니
의구한 바닷가 아침안개만 면식인데
오가며 바라보는 마음속 터 자리는
사람 손이 다 바뀌 자연을 역행한다.

獨斷 독단

千言閼話易恖㞢　　太極天倫方斷截
我執趨時縛自**私**　　意圖專制錯如**慈** 4340. 1 **支韻**

천 마디 말 만 마디 대화 역지사지하라
아집을 좇는 때면 저절로 사리에 얽히느니
혼돈시의 천륜을 곧 끊고 자르며
의도적 전제를 자애같이 착각한다.

混沌 혼돈

精行儉德習齊家　　掌握今時凡世界
易地思止格禮茶　　敎宗僻理寸前遮 4340. 1 麻韻

정행검덕으로 제가를 익히고
역지사지로 禮茶례다를 품격한다
손바닥으로 세계를 다루는 지금에
교종편향 리치는 한치 앞을 가린다.

隤甲起心 껍질 깨고 이는 마음

已衰隤甲醜雖形　　友茗家常淸世濊
不朽靈淵解內扃　　分毫授意公徐零 4340. 2. 6 靑韻

시든 껍질 깨면 비록 형체 추해도
썩지 않는 마음속 빗장을 풀어라
집에 늘 茶를 벗하여 세상 때를 맑히며
적으나마 주는 뜻으로 천천히 영락해 가라.

再登場 다시 등장

植民忠犬再登場　　奪志甘言因洗惱
權力改編治僞裝　　國家傳統至存亡 4340. 2. 20 陽韻

식민의 충견들이 다시 등장하여
권력을 개편하고 위장해 다스리다
의지 빼앗는 감언으로 세뇌함으로
국가 전통은 존망지추에 이른다.

晩霪 늦은 눈

奉天居處樂安貧　　風霪歲時糭差別
月洞卑稱又住民　　霏霏晩節有芳晉 4340. 3. 5 眞韻

봉천동 거처하며 안빈을 즐기거늘
달동네라 낮추며 또한 주민까지
세시의 풍설은 차별이 없는지
때늦은 눈발이 방춘에 내린다.

剃後進 移秧 앞뒤로 가는 모내기

手式移秧謂俗謠　　舊風湮逥苗機械
剃山漸遠後岡邀　　故逆今先正疾杓 4340. 5. 3 蕭韻

손모내기 하던 농요에 이르기를
앞산은 점점 멀어가고 뒷산은 가까워
옛 풍속 사라지고 기계로 심으니
옛 방식 바뀌어 앞으로 질주한다.

歲暮 세밑

著驛初昃步廣場　　霪打瓮頬鞭流歲
磬鐘救世乞呼鐺　　紅聯尾燈積滯行 4340. 12. 20 陽韻

초저녁 역에 내려 광장 걷는데
구세군 딸랑 냄비가 적선하라 호소한다
야윈 볼 때리는 눈발 가는 세월 채찍인데
붉게 꼬리 무는 등불 갈 길이 밀리누나.

動靜脈軌衵 동맥과 정맥의 흔글

正音韓契胤東夷　　顯祖而今遷故地
文脈血流嗣盛衰　　悠長不變守根基 4341. 1. 6 支韻

정음과 옛 한글은 동이의 전윤함이요
문맥의 피 흐름은 성쇠를 잇는다
지금껏 조상은 옛터를 옮기면서도
오래오래 변함없이 근기 지켰거니.

江南居 서울 江南에 살다

勤務書開越漢江　　奉天同域卑汚里
住居南北定貧厖　　丘老佛耶問賢意 4341. 1. 26 江韻

주간에 근무하고 한강을 넘는데
남과 북이 빈곤 풍성을 정한단다
봉천동 강남인데 더럽고 비천한 동네라면
공자 로자 불타 예수께 귀천을 묻소.

龍山古家 龍山의 옛집

半破甎墻內古家　　自然原貌風光化
一時生迹悴枯苴　　行者不知養夢葩 4341. 1. 26 麻韻

반이나 헐린 벽돌 담장 옛집 안은
한때 살던 흔적 시들어 깡마른 풀
자연의 원 모습은 풍광에 바뀌었으나
행인은 알지 못해도 꽃피울 꿈 기르니.

上下靡休 오르고 내리며 쉼 없음

上昇流下造常**程**　　遠力求心中軸日
靡作不休化自**營**　　受光天地理空**盈** 4341. 1. 27 **庚韻**

오르고 흘러내리는 상도의 조화
짓지 않아도 쉼 없는 자영의 변화
원심력과 구심력의 해는 중추에
빛 받는 천지 공중 가득한 리치.

松頭鶴唳 솔 끝 우는 학

老鶴松頭負白**雲**　　北江南海東流氣
下泉經谷避多**岔**　　時雨適來遠戾**羣** 4341. 1. 31 **文韻**

늙은 학은 솔 끝에 흰 구름 지고
내리는 샘골 지나며 많은 언덕 벗어난다
북쪽 강물 남쪽 바다 기류는 동으로
때 맞춰 비 내리니 뭇 어긋남이 멀다.

謹肅泰山 삼가 태산의 숙연

泰山單見願平生　　麓麓邱邱奇曲曲
電視觀光坐就**成**　　崇嚴謹肅止描**情** 4341. 2. 1 **庚韻**

태산을 한번 보기 평생 소원인데
텔레비전 관광으로 앉아 성취한다
자락마다 언덕마다 굽이굽이 기이하여
숭엄함에 삼가 그릴 마음 그만둔다.

昨今過朔望 작금 초하루 보름

雲曖昨昏降雨鞘　　江冰北地來梅信
京中榎塞下連翹　　正月朔望厺不招 4341. 2. 23 蕭韻

어제 노을 구름에 가리더니 아침 비 내린다
서울은 꽉 막혔는데 남쪽엔 개나리 피어
북쪽 강은 얼어도 木母목모 핀 소식 오는
정월 초하루 보름 부르지 않아도 오가는가.

山勢人世 山 형세와 사람 세상

雪山豐夓養河周　　潤壤毛根生枝葉
濕土良田産盛秌　　梢萌降雨似看流 4341. 2. 24 尤韻

설산에 풍요로운 여름이 주변 강을 길러
땅 적신 좋은 들판 가을이 풍성하다
젖은 흙에 털뿌리는 가지와 잎을 기르고
나무 싹에 내리는 비는 江을 보는 듯하다.

南行 남쪽 나들이

微雨大田歷永同　　小川漁獵飛歸鷺
野山園景靜霦風　　滿虆薔籬艷艷豐 4341. 6. 5 東韻

가랑비 오는 대전과 영동을 지나니
야산 과수원은 바람 자고 고요하다
작은 시내에 고기 잡던 백로는 날아가고
덩굴 가득 울타리 장미 풍성히 곱다.

自誠 스스로 다함

自制修身律一生　　賢於財閥行勤儉
寸陰爲寶洗虛**情**　　最惡遺愚富不**誠** 4341. 7. 3 **庚韻**

자제로 수신하여 일생을 자율하고
촌음을 보배삼아 잡념을 씻는다
재벌보다 귀중한 근검 실천할지니
최악은 어리석은 유산 불성실한 부자.

人物 인물

胃小大腸膽有**恒**　　肺心脾腎肝五臟
膀胱三焦六腑**常**　　頭體四肢表不**當** 4341. 7. 24 **陽韻**

위 소장 대장 담 항상 있고
방광 삼초 육부는 떳떳하다
폐 심 비 신 간의 오장에
머리 몸 팔다리 부당한 껍질.

冠嶽副峯 관악산 부봉

朝夕四時臥泰**然**　　痊瘉暑感逍門外
長霖冠嶽斂雲**煙**　　三雨二晴謝惠**天** 4341. 8. 12 **先韻**

아침저녁 춘하추동 태연히 누워 있는
관악산이 장마 안개와 구름을 걷고
지병 나아 더위 느끼며 문밖을 거닐며
사흘 비 이틀 맑은 하늘에 감사드린다.

九潭千里 日往復 구담리 천리 하루에 다녀옴

曉出子還惠氣晴　　疾中疲睡全僚醉
九潭千里往來平　　七盌孤醒守老情 4341. 8. 31 庚韻

새벽에 떠나 자정에 돌아오니 갠 날씨 덕
구담리 천릿길을 편안히 다녀왔다
질주 중에 지친 졸음 동료는 다 취했는데
일곱 주발 茶로 홀로 깨어 늙은 정 지킨다.

共生態構組 생태 함께하는 구조

已循長續不休今　　腐蝕黴菌滲透壓
生死變模有限侵　　管湫因綠組陽陰 4341. 9. 24 侵韻

이미 오래 잇는 순환 지금도 쉬지 않고
생사 변화의 모양 침범에 한계 있어
부식과 미균과 삼투압은
대롱다발 올라 푸른 음양의 짜임.

夓色冬候 여름빛 겨울 기후

屛山輭霧上味雲　　夓厺冬來替氣候
鶯熟稻田下雀羣　　風流攝理斂功耘 4341. 10. 2 文韻

둘린 산 열은 안개 구름 되어 오르고
꾀꼬리 빛 볏논엔 참새떼 내린다
여름 가고 오는 겨울 기후 갈마들고
바람결 섭리의 농사 지은 공을 거둔다.

晩秌 韓初日 其一(平起式 作詩題) **늦가을** 한글날 기1

染楓先熟野葡**桃**　　百果饒疇田溢穀
天蔘內甘綠外**褒**　　大豐窮乏弗波**高** 4341. 10. 9 **豪**韻

단풍 들기에 앞서 산머루 익고
속 달큼한 다래 겉껍질은 푸르다
백과 넉넉한 밭 오곡 일렁이는 논
대풍에 궁핍한 달러 높은 파동.

晩秌 其二(仄起式 作詩題) **늦가을** 기2

先熟染黃野黑**桃**　　饒疇百果盈田穀
內甘天蔘綠皮**褒**　　窮乏大豐弗慾**高** 4341. 10. 9 **豪**韻

단풍 들기에 앞서 산머루 익고
속 달큼 다래 겉껍질은 푸르다
밭에는 백과 넉넉 논곡식 영일한
대풍에 궁핍한 달러 욕심 파고.

晩秌 其三 **늦가을** 기3

賞楓秌色昉悤**昌**　　月日時光千萬世
煯裏谷田節綠**黃**　　共榮人物亂興**亡** 4341. 10. 16 **陽**韻

가을 단풍 감상하다 마침 곱다는 생각
안개 속 산골 밭은 울긋불긋 절경이라
한 달 하루 한 시 태양빛 천만세에
함께 영화롭던 인물 흥망의 어지러움.

白夢 한낮 꿈

長閱古書意茗湯　　開門確認暫飄襲
上頭窗外亂楓翔　　嚮憶新梢露剎光 4341. 11. 16 陽韻

고서를 오래 보다 茶 달일 생각에
머리 드니 창밖 단풍 날아 어지럽다
문 열고 보니 회오리바람 잠시 엄습해
엊그제 새싹도 이슬 빛도 찰나려니.

綠自然 초록빛 자연

天地化光綠自然　　父靑黃母傳相半
有機生命岦幽玄　　弘益保全永世躔 4341. 12. 23 先韻

천지의 광화로 자연은 초록
유기체 생명의 푸나무 유현
아비는 靑(하늘) 어미는 黃(땅) 서로 반씩 전한
홍익인간 보전하여 전도의 세계는 영원하리.

戊子晦日 무자년 그믐날

晦霻霏霏躾日光　　奔忙戊子循來裔
松風室內起茶湯　　己丑恩情配屬方 4342. 1. 25 陽韻

韓紀9206載. 倍達5906載. 檀紀4342載 (西元2009秊)

그믐날 눈 펄펄 내리며 햇빛 반사하고
방안에선 솔바람이 茶 탕에서 인다
분망했던 무자년은 후손에게 돌리고
기축년 은혜의 정을 만방에 나누자

立萅所懷 립춘 감회

歲寒松柏慘加新　　洛水橫流同舊歷
濃霧蔽天撫立萅　　低空飛雁落江瀕 4342. 2. 5 眞韻

한겨울 솔 잣나무는 새 아픔을 더한데
짙은 안개 하늘 가리고 입춘을 어루만진다
락동강 가로질러 옛 歷史력사 함께하고
낮은 하늘 날아 기러기 강가에 앉는다.

觀過公而寢 謝晝閒顯化 과거 정관 잠들고 주간 현화 감사

枕前嚴肅索銀河　　醒夢成機湊謝顯
幾億光年想太咊　　綮元歸日始緣過 4342. 2. 6 歌韻

잠들기 전 엄숙히 은하를 살피고
몇 억 광년의 태화를 상상한다
잠깨면 기관 성취의 현화에 심사해
원소로 돌아가는 날 연기 비롯하리.

電映機 觀光 텔레비전 관광

巖壁寄生幾百秊　　女蘿苔葛錢松柏
雨風霜雪熱寒暑　　萬古今來或有愆 4342. 2. 11 先韻

바위벽 붙살이 몇 백 년인가
비바람 눈서리 더위 추위에도
겨우살이 이끼 칡 녹전 솔 잣
만고 지금껏 혹 허물이 있던가?

異候顯徵 이상기후 드러난 징상

異天多烖自恖㞢　　私慾溢流看世態
居逸四端茗飯情　　臨終共向不歸行 4342. 2. 26 青韻

이상기후 많은 재앙 몸소 살기 생각
사단에 숨어 거처 茶 밥에 정붙이고
사욕이 넘쳐흐른 세상 꼴 보노라면
임종 함께 향하나 가고 오지 않으리.

旾庭 봄뜰

防齌南向歛屛風　　吾里奉天瞻巷路
君子蘭開對老翁　　茱櫻木白岸塡充 4342. 4. 9 東韻

남쪽에 추위 가렸던 병풍을 걷으니
군자란 피어 늙은이를 마주한다
우리 마을 봉천동의 골목길 내다보면
수유 벚지 목련이 가득 핀 언덕이다.

韓水 한강 물

鷺梁韓水下霖休　　木覔陽邱英樹冠
依舊遠光不改流　　杜雩如瓣競娟裒 4342. 4. 18 尤韻

鷺梁津 로량진 한강물은 쉼 없이 내리고
예대로 먼 풍광 바뀌지 않고 흘러
목멱산 양지쪽엔 나무갓 꽃부리와
외씨 같은 팔배 꽃이 함께 고움 겨룬다.

嶺南道 四季 령남도 사시

替杪競粤始樹宗　　　烌風四節恒名嶺
㛐林豐盛助經**農**　　　冬霻歲齋秀翠**松** 4342. 5. 12 冬韻

봄 가지 꽃 겨루기 큰 나무 비롯하여
여름 숲이 풍성해야 농사일도 돕는다
사시 가을바람 불어 이름하여 추풍령
겨울 눈 한추위에도 푸른 솔은 수려하다.

讚獨身 독신 찬미

禁后獨孤本性**人**　　　闔金家貯遺憂患
有孫傳胤態生**呻**　　　單口命精可義**仁** 4342. 5. 20 眞韻

후계 없는 독고자 천성 善 근본인데
자손에게 혈통 이을 삶은 고달프다
만금을 집에 쌓아 우환을 남길 건가
한 입의 성 명 정은 인 의로울 만하다.

溽暑粤 蕣粤 무더위 꽃 무궁화

未俟南風發裸**枝**　　　濜衰薔栗遺眞綠
杜鵑櫻類競替**時**　　　長㛐濜烌娱短**籬** 4342. 6. 10 支韻

남풍 기다리지 못해 벗은 채 피는
진달래 벗지 꽃무리 봄을 겨루다가
장미 밤꽃 다 시들고 진초록 남았는데
여름가을 지나도록 낮은 울타리에 곱다.

南行踏査 其一 螒天 大陸公程 **남행 유적답사** 기1 아침 날씨

洗氣涼風緩白雲　　雨休韓水潺潺公
街頭振振樹陰文　　江畔柳枝送動裙 4342. 6. 14 文韻
社 國語古典文化院 南行踏査 一宿二日

씻긴 하늘 시원한 바람에 백운 더디고
길가엔 넉넉한 나무그늘 얼룩지고
비 개인 한강수 잔잔히 가자 하며
江 언덕 버들가지 치맛자락 흔든다.

南行踏査 其二 大興寺 **남행 유적답사** 기2 한듬 절

三災彼岸大屯寺　　纛數戰時遺巨刹
賢品鄙山不破寄　　訪昏鄉老接非忌 4342. 6. 14 支韻

삼재에서 벗어난 한듬 절에
서산대사 유품 不破地불파지라 맡기셨네
무수한 전쟁 소용돌이에도 거찰로 남아
저물녘 고향 늙은이를 꺼림 없이 맞누나.

南行踏査 其三 纛染池 **남행 유적답사** 기3 무염지

鄙國島夷貪覇權　　天民本性池纛染
我螒侵掠數多悁　　互惠相生樣自然 4342. 6. 14 先韻

중원과 일본의 패권 다툼으로
우리 조정 침략 그 많던 근심에도
천손의 본성으로 더럽힘 없는 못
상생 호혜의 자연스런 모습이네.

南行踏査 其四 挽日庵阯 老巨樹 **남행 유적답사** 기4 만일암터 늙은 나무

山鳥寺賓競巧**歌**　　初成古刹盈燸霧
薄燸間視下弦**娥**　　湮洄千季獨守**伽** 4342. 6. 14 **歌**韻

산새 절새 교묘한 가락 겨루고
엷은 안개 새로 뵈는 예쁜 하현달
초창한 고찰 만일암은 안개만 가득한데
가버린 천년 동안 홀로 절을 지키누나.

南行踏査 其五 一枝庵 **남행 유적답사** 기5 일지암

四千三百十三**季**　　荂客滿房蘇住職
重建蓴庵意保**全**　　下山昏路吮脣**連** 4342. 6. 14 **先**韻

기원 4천 3백 13(서력 1980)년에
초암초의의 뜻 보전하자 중건했는데
꽃놀이 객 가득한 방에 주지승은 없어
저문 하산 길에 연신 입술을 빤다.

南行踏査 其六 憶古賢 **남행 유적답사** 기6 고현을 기림

洗然亭上下觀**池**　　腰曲腕松依水面
俗聞妓裳遞影**枝**　　島山强樹茁交**滋** 4342. 6. 14 **支**韻

세연정 위에서 연못 내려다보니
속설의 기녀 치마인가 가지만 비춰
허리 굽은 소나무 팔 수면에 의지하고
섬 山 씩씩하던 나무 풀만 무성히 번져.

南行踏查 其七 朋僚漁父詞齊詠 **남행 유적답사** 기7 붕료 어부사시사 제창

甫吉芙蓉日往**還**　學生男女高雅唱
渡盡瀛面剖潺**潺**　海路長途瞬息**扳** 4342. 6. 14 刪韻

보길도 부용동을 하루 만에 다녀오며
나루 떠나 바닷물 잔잔히 가르네
학생 남녀 고아한 노래 소리에
바닷길 장도가 순식간에 당긴다.

南行踏查 其八 美黃寺 **남행 유적답사** 기8 미황사

達麻山麓美黃**堂**　經典不攤空即答
增築壁圍柱聯**章**　友朋嚴肅上人**量** 4342. 6. 14 陽韻

달마산 산자락의 미황사에
증축하는 벽 둘레 주련 글
경전을 펴지 않아도 空공 즉답하니
붕우들 주지스님 도량에 숙연구나!

南行踏查 其九 無爲寺 **남행 유적답사** 기9 무위사

散生茶迹覆新**工**　觀客出來千百倍
後壁烏圖舊大**雄**　佛心民性阖季**同** 4342. 6. 14 東韻

산재하던 茶나무 흔적 집짓느라 덮이고
뒷벽 오도자 그림만 옛 대웅전이네
관람객 나며 들며 천배 백배로
불심이 민심 되어 길이 함께하소서.

南行踏査 其十 歸路 남행 유적답사 기10 귀환 길

中途處處訪抛知　　多幸日間還瑞蔚
競衆舟人百里差　　三南箇箇電安出 4342. 6. 14 支韻

중도에 여러 곳 친지 방문 포기했는데
뱃사공이 많아 백리를 그르쳤다
다행히 오늘 중에 서울에 돌아오니
삼남에서 개개인이 편히 갔다고 전화한다.

擺開 大陸公程32 열고 열리다

擺道光風撼葉捼　　流橫直照調天地
密陰微拂厷紆回　　攝受容身落自開 4342. 7. 28 灰韻

빛 바람 길 여느라 잎 비비며 흔드니
남몰래 그늘 살짝 흔들며 굽어 돌아간다
가로 흐르고 곧게 비친 천지의 조화
담긴 몸 받아들여 절로 피고 절로 진다.

必亡歷史 大陸公程34 필망의 력사

强盛必亡滿史題　　延秊壽樹禽蟲併
永崇賢聖共東局　　鵰虎殺生短世悽 4342. 7. 29 齊韻

강성대국은 반드시 망한다는 사적이 가득한데
길이 숭상하는 현성은 동서양이 함께한다
오래 사는 나무는 날짐승 곤충과 함께하나
독수리 범은 살생하며 처연히 짧게 산다.

霖霽舊鄕 장마 갠 옛 시골

炎㬅霖霽旣莽繁　　陸田鋤婦鳴蛙復
壯夫除蕳引牛昏　　飯後平牀臥祖孫 4342. 8. 1 元韻

한여름 장마 개면 이미 잡초 무성한데
농부는 김매다 석양이면 소 끌어 돌아온다
언덕 밭 매던 아낙은 개구리 소리에 돌아와선
저녁밥 먹고 평상에 눕는 할아버지와 손자.

謝灸醫金先生 뜸 의원 김선생 감사

難治不關忍霪瓣　　洋醫信望依天命
四時靑順似風蘭　　仁術復生總力丹 4342. 8. 21 瓣韻

난치환자 탓하지 않고 눈보라 참아내며
춘하추동 푸르른 順性순성 풍란과 같아
양의만 신망하여 천명을 의탁하는데
인술로 다시 살리려 온힘 쏟는 일편단심.

風蘭與士心 其一 풍란과 선비 마음 기1

風霪忍咊遂自開　　士心蘭葉姿相似
著根幽谷節不衰　　榻上石閒態異挨 4342. 8. 21 灰韻

눈바람을 인내하며 스스로 피어
깊은 골짝 뿌리 내려 시들지 않는 절개라
선비 마음 란초 잎같이 서로 닮은 자태로
책상 위 바위틈에 비비기 다른 모습이네.

風蘭與士心 其二 풍란과 선비 마음 기2

蘭志不知輭石間　　綠陰炎孁辭陽照
四時風霆舞猶閑　　落木蘼天馥滿山 4342. 8. 21 刪韻

돌 틈에 가녀린 란초의 뜻 알 수 없어
춘하추동 눈바람에도 오히려 한가히 춤추고
한여름 그늘에서도 햇빛을 사양하고
앙상한 가지뿐인 온 산에 향기 날린다.

處暑候 처서 기후

連日暴炎處暑剸　　忽然脛骨知涼覺
出門鳴蟀告烌延　　脫稿遲遲又不瞑 4342. 8. 21 先韻

날마다 찌는 더위 처서 앞인데
문 나서자 귀뚜라미 울어 가을을 알린다
홀연히 정강이뼈 싸늘함 느껴오니
탈고 못해 다시 밤잠 설치겠지.

蟬唱蟋泣 매미 노래 귀뚜라미 울음

至夕王蟬唱似仙　　俗廳過客何通夜
五叓孤蟀泣夥瞑　　晩始行途未免然 4342. 8. 21 先韻

저물도록 왕매미는 신선처럼 노래한데
밤새워 외로운 귀뚜라미 잠 못 이루고 운다
속세 지나는 객은 어찌하여 밤 새는가?
늦게 떠난 길을 그만두지 못해서라.

啓示 大陸公程56 빠짐없이 보임

時空啓示六光氳　　結實劀勞風不歷
生物自然竝育雲　　穄開荏菡殆怺分 4342. 9. 8 文韻

시공을 계시하며 따스한 六각 태양
자연계 생물을 구름이 병육하거늘
결실 앞서 수고로운 바람 겪지 않아
들깨 꽃망울 열지 않는 두려운 추분.

竹葉 大陸公程66 댓잎

根藏營養吐旬筍　　風霾忍冬澅液澅
新葉嬰怺固質辛　　竹筒多用洹程眞 4342. 9. 19 眞韻

뿌리 저장한 영양 열흘을 토해낸 죽순
새잎 나 여름 가을 어렵게 살 굳혔네
겨우내 눈바람 참느라 진액 다 탕진해
대통은 많이 쓰이되 바른 도정 모른다.

感天恩地 大陸公程81 하늘과 땅에 감은

感天棲息涽包含　　酵母知歸味萬物
恩地攝生動竝參　　滿空流合不新探 4342. 10. 15 覃韻

하늘에 감사하며 포함 서식하는 삶이요
땅의 은혜 함께 참여 섭생하며 일한다
효모로 돌아갈 줄 알고 만물과 동화하니
하늘 가득 함께 흐르며 새로이 찾지 말자.

松子舁松葉 大陸公程212 **솔방울과 솔잎**

松杪筍頭著粉雩　　經季半長烌成熟
炎天幼實貫寒**撾**　　幷葉落歸順待**葩** 4343. 6. 16 **麻**韻

소나무 순 머리에 꽃가루 착생했나
한여름 어린 열매 매질 추위 뚫고
해 지나 거의 자라 가을에 익으면
잎과 함께 떨어져 흙기 기다리는 순리.

茶子舁茶雩 上次韻 **茶씨와 茶꽃** 위에 차운함

松子落時發茗雩　　人收雀舌增然後
萎英結裏忍寒**撾**　　俯孰歸陰退遞**葩** 4343. 6. 17 **麻**韻

솔방울 떨어질 때 茶꽃 피어선
시든 꽃잎 속에 맺혀 매질 추위 견디고
사람이 작설을 거두면 그 후에 몸 불려
구부리고 익어 그늘로 가며 꽃 갈마드는.

霽霖噪囋 大陸公程229 **장맛비 개면 아이들 조잘거리는**

兒童噪囋霽霖**淸**　　母子談游風閒歇
庭靜扣窗賞霤**聲**　　安家綮儉欲心**明** 4343. 7. 26 **庚**韻

장맛비가 깨끗이 개는지 아이들 조잘댄다
창문 두드리는 빗소리 즐기면 마당은 조용
어머니들 담소하고 자식들 놀며 간헐 바람
평안한 집 소박 검약하게 맘 밝게 살고자.

'善風同通'文 十五首中 其一 颱風 大陸公程241

풍동통자를 좋아함 기1 태풍

自淨呼吸顯颱**風**　　生者適應傳旣往
千古以來歷大**同**　　先知對處慧亨**通** 4343. 8. 12 **東韻**

스스로 맑히는 호흡 바람으로 드러나
천고 이래로 대동소이하게 겪으며
앞선 이 이미 지난 일 전해 적응하며
먼저 알아 대처하니 형통한 지혜였네.

'風同通'文 十五首中 其二 風媒 大陸公程242

풍동통자 기2 바람의 중매

水波梢葉役媒**風**　　人本主觀孵舊殼
呼吸獸禽態大**同**　　生存要素善融**通** 4343. 8. 12 **東韻**

물결과 나무 끝 잎 바람 불어 역할 해
호흡하는 금수와 대동소이한 생태려니
사람 근본 주관하는 묵은 껍질 깨면
살아남을 원소들이 융통을 잘 하리라.

'風同通'文 十五首中 其三 地水火風 大陸公程243

풍동통자 기3 땅 물 불 바람

地水常存役火**風**　　眞空棄物生何卦
遠求心力缺恒**同**　　理化新神具自**通** 4343. 8. 12 **東韻**

땅과 물 항상 있어 불 바람을 부리되
원심 구심력 항상 같이하다 어긋날 적
진공에 버린 물건일 제 어느 괘로 살랴
리치의 새 혼금 저절로 통해 갖추리라.

'風同通'文 十五首中 其四 太陽㞢慈悲 大陸公程244

풍동통자 기4 태양의 자비

太陽溫度起消**風**　　單世未知㑣冒險
放置慈悲傲大**同**　　人爲注入誘神**通** 4343. 8. 12 **東韻**

태양 뜨겁기 바람을 일게도 자게도
자비를 방치하는 대동소이한 오만
한 세상을 모르면서 모험을 좋아해
인위적 주입으로 신통이라 유혹한다.

'風同通'文 十五首中 其五 好戰與利權 大陸公程 245

풍동통자 기5 싸움과 리권을 좋아해

對戰交流國際**風**　　守錢常套過猶不
利權陰事背相**同**　　四海單邨導新**通** 4343. 8. 12 **東韻**

맞서 싸우는 교류의 국제간 바람은
리권의 음사가 서로 같은 배후라서
상투적인 수전노의 과유불급이려니
온 지구 한마을에 새 통로가 이끌리.

'風同通'文 十五首中 其六 流風公程 大陸公程 246

풍동통자 기6 류풍은 공변된 법도

清水濁泥動有**風**　　而今概念公程理
基層酵母保㞢**同**　　正道江流路開**通** 4343. 8. 12 **東韻**

맑은 물 탁한 진흙 바람 있어 움직이면
기층의 뜸팡이 어미가 함께 삶 보호하리
지금껏 개념에서 리치 공변의 법도면
정도가 강 흐르듯 길을 열어 통하리라.

'風同通'文 十五首中 其七 化育天風 大陸公程 247

풍동통자 기7 변화 육성하는 하늘 바람

均光育化謝天**風** 善惡人情眞易地

强弱辯論命共**同** 萬季男女脫變**通** 4343. 8. 12 **東韻**

고른 빛 조화육성 천풍에 감사하며
강약을 따지지 말라 공동 운명에서
선악도 인정도 역지사지하는 진실로
만년 동안 남녀간의 변통을 벗어나리.

'風同通'文 十五首中 其八 三慾食性 大陸公程 248

풍동통자 기8 식성의 세 허물

食性三慾有惡**風** 籯金未及經遺子

鹹甘急嚥母味**同** 富侈亡材遠不**通** 4343. 8. 12 **東韻**

식성에 세 가지 허물의 악풍이 있으니
짜고 달고 급히 삼킴 모친과의 동화라
황금 바구니 미치지 못할 자식에게 줄 경전
부와 사치 패망 재료는 오래 통하지 못하리.

'風同通'文 十五首中 其九 三嗜魔性 大陸公程 249

풍동통자 기9 세 가지 즐기는 악마 성질

食料三嗜隱魔**風** 加上酒爐周累族

鹽肉白糖害共**同** 生態擅權自樂**通** 4343. 8. 12 **東韻**

음식 재료 악마풍 숨은 세 가지 기호니
소금 고기 흰 설탕은 공동을 해친다
설상가상 술 담배 주변 가족을 해치고
생태계 휘두르는 권도 제 즐김만 통해.

'風同通'文 十五首中 其十 調息止感性命精 大陸公程 250

풍동통자 기10 조식 지감 태어난 성품

調息止情始國**風** 力權家父淨眞士
相生自律仍雲**同** 性命精神賞綠**通** 4343. 8. 12 **東韻**

숨 고르며 세정 그침은 국풍으로 비롯해
상생으로 자율하면 먼 후손이 함께하리
힘과 권력의 가부도 진인도 선비도 맑히면
성품 천명의 정신에 록색 소통하며 즐기리.

'風同通'文 十五首中 其十一 都邨不揀 大陸公程 251

풍동통자 기11 도시 농촌 가리지 않음

都邨舁島吹經**風** 過海嗅鹹家惡臭
巖壁傴松公搖**同** 空中洗潔不<u>爨</u>通 4343. 8. 14 **東韻**

도시 산촌과 섬을 지나서 부는 바람
암벽의 굽은 솔을 함께 흔들고 가네
바다를 지나면 짠 냄새 인가는 악취
공중이 깨끗 씻어 통하지 않음 없네.

'風同通'文 十五首中 其十二 好憎均光 大陸公程 252

풍동통자 기12 좋고 싫고 고른 빛

好憎麗醜吹良**風** 藥毒禾芝人畜獸
均一照光不選**同** 自然<u>爨</u>作湣流**通** 4343. 8. 14 **東韻**

좋고 미움 곱고 더러워도 바람은 어질게 불고
고루 한결같이 비치는 빛 가리지 않고 함께해
약초 독초 벼와 잔디 사람 가축 짐승에게도
자연은 작위하지 않고 류통시킴에 생활한다.

善風同通文 十五首中 其十三 四時風 大陸公程 253
풍동통자 기13 춘하추동 바람

仁蒈海上起東風　　烸實百收千萬獲
炎夓裏陰動葉同　　冬藏億兆衆生通 4343. 8. 14 東韻

어진 봄이면 바닷가에서 동풍은 일고
염열의 여름 그늘 잎을 함께 흔들며
가을 열매 온갖 거둠 천만가지 수확
겨울에 간직해 억조창생 생명을 유통.

懼風同通文 十五首中 其十四 暴惡白丁風 大陸公程 254
두려운 풍동통자 기14 포악한 백정 바람

暴於狼虎白丁風　　奴隷勤勞加慰婦
不及成季拉致同　　島倭魔行恥今通 4343. 8. 14 東韻

이리와 범보다도 포악했던 백정바람이
성년도 되지 못한 소녀 함께 拉致랍치해
노예삼아 일 부리고 더구나 성위안부라니
섬 오랑캐 악마행위 지금껏 통하는 치욕.

懼風同通文 十五首中 其十五 霅加母國齌風 大陸公程 255
두려운 풍동통자 기15 설상가상 어머니 나라 찬바람

霅加歸國對齌風　　貿利天文中九十
六十季間棄置同　　意投洋狸拜倭通 4343. 8. 14 東韻

귀국하니 설상가상의 찬바람만 불어
륙십 오년간을 다 같이 버려두더이다
무역 리익 천문학적 숫자 중에 90원이라니
의기상투했던 서양 살쾡이들 왜와 통해 참배란다.

未成秊被拉 剸後史略 미성년 잡혀 끌려간 전후 략사

被拉피랍되어 끌려가서 강제 노역 輪姦륜간 劫奪겁탈을 당했던 할머니들이 들려준 日商일상 日軍일군의 禽獸性금수성 蠻行만행은 인류사의 가장 醜惡추악한 汚辱史오욕사일 것이다.
어진 바람결이 섬나라에서는 그렇게도 불어온다는 것을 글로 남겨 후손에게 경계치 않을 수 없으니 日本일본 來倭래침 勒約륵약 倂呑병탄의 100년 전 그로부터 300년 전에도 또 그로부터의 300년 전에도 惡魔風악마풍은 꼭꼭 그렇게 불었던 것을…
설상가상의 패악을 認知인지조차 못한 채 鄭聲衛樂정성위악 喜歌劇희가극 殘惡殺性잔악살성의 映像영상 權謀권모와 稺拙치졸에 陶醉도취되어 살아가는 현실이다. '公職공직 公務공무 公用공용 公金공금 公路공로 公灋공법 公正공정 公用場所공용장소' 등의 公이 '公=空'에 대한 收奪管理수탈관리와 先占 搾取性선점 착취성이 被奪피탈보다 더한 悖惡網羅패악망라가 아닌지를 自問자문한다.
搾取行政착취행정의 剸衛隊전위대에 反撥반발했던 逆風역풍은 惡風악풍으로 남아 公義공의는 埋沒매몰되고 醜風추풍은 宿痾숙아로 幻覺환각 現實현실의 鞦韆추천놀이에 魅了매료된 채 自足자족하는 因子인자가 汚血오혈로 傳胤전윤되지 않기를…

與我同生存路樹 大陸公程273 나와 함께 살아있는 가로수

與我同存路樹銀　　形模有續遺長短
往來看者抱乾坤　　今世改風處子孫 4343. 9. 9 元韻

나와 함께 살아있는 은행 가로수
왕래하며 보는 것들 하늘땅에 안겨
형체 모양 길건 짧건 이어 남아 있으려니
지금 세태 풍속 바뀌니 자식 손자 처지는?

生育 大陸公程274 낳아 기름

麼蟲繁殖適歸趨　　禽獸孶孵成保護
植物生長腐朽需　　人間母傳育敎拘 4343. 9. 9 虞韻

작은 벌레 번식에도 분수 좇아 의지한 듯
식물은 생장하되 썩은 것을 수요로 한다
금수는 새끼 낳고 알 까 보호해 성장하고
인간은 어미와 스승이 붙들고 기르며 가르치며

先知皮膚 大陸公程276 먼저 아는 살갗

時變壯季辨景觀　　氣溫朝夕微乘降
老生新節鼻膚讙　　頻發涕洟潤悴顔 4343. 9. 11 刪韻

사시 변화 젊은이는 경관으로 변별한데
로생은 새 계절을 코 살갗이 시끄럽다
기온은 조석으로 오르내리기 미소한데
자주 발하는 눈물 콧물 췌안을 적신다

個人足迹 大陸公程277 개인 발자취

善拙橆間迹個人　　杏園生計條時地
自書傳記露精純　　前道不明寸暇伸 4343. 9. 11 眞韻

좋건 졸하건 무간한 개인 발자취
자신의 전기로 정순히 드러내니
행원의 생계는 시대 처지 조건으로
앞길 밝지 못해 촌음도 다스렸네.

迭居徵候 大陸公程278 갈마드는 징후

晴降迭居不止霖　　江山亂刺汚遺産
九旬徵候戒天音　　諸祖化身送海浚 4343. 9. 12 侵韻

개다 내리다 번갈아 있는 장마 그치지 않아
90일간 조짐 기후 하늘이 경계하는 소리
강산을 란자하여 유산을 더럽히니
여러 조상 변화한 몸을 깊은 바다에 보내네.

常情烌風嶺 大陸公程281 늘 정다운 추풍령

日躔途晷永均衡　　三友肅然烌嶺對
淸月左虛伴啓明　　講中茶效起餘情 4343. 9. 16 庚韻

해 길과 땅거미의 균형은 영원
맑은 조각달이 금성과 짝하여
세 벗 숙연하게 추풍령 대하니
강의 도중 茶효 여정을 일으킨다.

祥綠園 大陸公程282 상서 록원

靑苔細菌有機相　　上下層層然適度
漳汐動波活大洋　　光風雨地綠園祥 4343. 9. 16 庚韻

푸른 이끼 세균들 서로 유기적이라
밀 썰 물 물결 일어 바다 살아나니
위에서 아래까지 층층 맞갖은 자연
빛 바람 비 땅은 상서로운 푸른 동산.

可改易心 大陸公程283 변할 수 있는 자신의 맘

衰船可改易心恖　　不義貔看憧隱德
查正𩛫爲換普施　　自佗眉宇異隨時 4343. 9. 19 支韻

몸 쇠해도 고칠 수 있는 맘 바꾸기
사정하지 말고 베풂으로 바꾸라
불의 보지 말고 숨은 덕 동경할지니
나와 남의 용모란 때에 따라 다르니라.

兒童游場 大陸公程286 아이들 놀이터

孫兒引出姥鞦韆　　童輩側來看異戲
目語相通擠綫汕　　訥言連發揷同喧 4343. 9. 25 先韻

손자아이 끌고 나와 그네 태우는 할머니
눈짓으로 서로 통해 천천히 줄을 민다
소년무리 곁에 와서 다른 놀이를 보더니
얼버무린 말 연발하며 함께 떠들썩 낀다.

風流自落 大陸公程287 세월 따라 피고 지고

風流自落蕣離蜂　　飛雁散陳貔綫燕
冬柏結葩待鳥逢　　低溫障害傒初冬 4343. 9. 28 冬韻

바람결에 자개자락 벌들 荼꽃 떠나니
동백 꽃봉오리는 새 만나기 기다려
날던 기러기 앉는데 전선 제비 없고
저온으로 곡식과일 장해 될 초겨울 날씨.

往來不一 大陸公程290 가고 오기 하나같지 않음

四時來往貫季中　　芽綠出家歸熟野
朙暗每回不一同　　彩萼窗外復看楓 4343. 10. 7 東韻

춘하추동 오고 가기 년중 일관인데
밝다 어둡다 매양 하나같지 않아
싹 푸른 집 나서 익은 들 돌아오고
채색 꽃 방 밖을 단풍 보며 돌아온다.

力不足人挑戰 大陸公程290 힘 부친 사람 전쟁 부추김

總力平咊力不人　　利求商術交眞價
語稱挑戰託何神　　賢聖古今報蹂轔 4343. 10. 7 眞韻

온 힘으로 평화 한데도 힘 부치는 사람
말끝마다 도전이라 어느 신께 청탁인가?
貪利商術탐리상술을 진리 가치와 바꾸어
고금의 현인 성인을 짓밟아 갚으려는가?

古今老境 其一 大陸公程365 고금의 늘그막 기1

兩老生存忛互先　　耈婆今日求相壽
子孫誠養有猶便　　伴失羇依獨可憐 4344. 3. 20 先韻

두 로친 생존 서로 먼저 죽어요 했다는 건
자손이 정성 봉양하는 오히려 편리했음이라
영감 할멈 오늘날은 서로 장수를 구하느니
반려 잃으면 의지할 데 없어 홀로 가련해.

古今老境 其二 大陸公程366 고금의 늘그막 기2

夫妻一子似王公　　碩博成婚遺住宅
愛犬親居九族**懵**　　糶料電動徧日**終** 4344 3 20 東韻

부부가 한 자식을 왕자나 공주같이
개 사랑 친히 살며 구족은 멍텅구리
석 박사에 혼인 주택까지 물려주고
무료 전철로 종일토록 돌아다닌다.

古今老境 其三 大陸公程367 고금의 늘그막 기3

古人敎國㓞經**文**　　佗畀自言因兩訥
今者腹中美語**云**　　邯鄲亍彳傲糶**分** 4344. 3. 20 文韻

옛사람 나라 글과 경문을 가르치고
오늘 사람 뱃속에다 영어로 말하다
타국어와 자국 언어 둘 다 더듬거려
한단학보로 쩔뚝 짤뚝 분수없이 오만.

古今老境 其四 大陸公程368 고금의 늘그막 기4

一理單宗治國**家**　　人同獨占稱政黨
大量傷殺覇權**斜**　　加勢電言藥毒**邪** 4344. 3. 20 麻韻

한 리념 한 종교로 국가를 다스려
대량 살상으로 기울 패권인데
사람도 같은 독점 정당이라 칭하고
전파 언론 가세하여 독을 속여 약이라.

雩姤晩霿 大陸公程369 꽃샘 늦 눈보라

霏霏晩霿降門剃　　雩姤霙飛舊不至
鋪道融流洗汚賢　　盛開茱萸故鄕傳 4344. 3. 25 先韻

비비로운 늦눈이 문밖에 내리며
포도에 녹아 더러움 어질게 씻어 흐른다
꽃샘 진눈개비 난다 하여 봄 오지 않으랴
수유 꽃 한창이라며 고향에서 전하느니.

古今老境 其五 大陸公程370 고금의 늘그막 기5

古今居地異人情　　農本壤崇來厺土
自律同民協相生　　石脂依宅害經營 4344. 3. 28 庚韻

고금의 사는 처지와 인정이 다르니
백성 함께 자율 상생으로 협조하며
농본으로 흙을 숭상 흙에서 와 흙으로 갔는데
돌과 기름과 집에 의탁 경영을 해치느니.

裁斷人間 大陸公程372 마름질한 인간

經驗不要現代模　　禽籠獸獄裁人技
囚箱育畜似馴逋　　上下縱橫斷絶俱 4344. 3. 30 虞韻

경험이 필요치 않는 거푸집 현대
상자에 가둬 짐승 기르기 사로잡아 길들이는 듯
날짐승 바구니 긴짐승 감옥 사람은 기술을 마름해
위아래 종횡으로 모두를 단절했으니.

英狂虐絞 大陸公程373 영광의 학교

秀才助長逼徐生　　血胤遺傳因父祖
絶統英狂捨道程　　工科總掌惱誰烹 4344. 4. 11 庚韻

영재 조장에 더딘 생도 죄어치니
전통 끊고 영어 광기 갈길 버렸네
혈윤의 유전은 조상 부모 인자인데
공과를 손아귀로 다 뉘 골 삶는고?

柳芽濃霧 大陸公程374 버들 싹에 짙은 안개

艾島垂楊軟綠芽　　霧中木覓微陵綫
濃霧抱撫已時華　　南地大邱滿聖葩 4344. 4. 11 麻韻

쑥섬 수양버들 연록색 싹을
짙은 안개 안아 만지는 꽃시절
안개 속 목멱산은 릉선만 희미해
남지의 대구는 온갖 꽃이 한창.

灌木性五毒 大陸公程375 떨기나무 성질의 오독

賤根如灌醜風痾　　性善東方洋被占
五毒運戲食覽歌　　古除私慾陋新科 4344. 4. 11 歌韻

천한 근성 떨기나무이듯 고질 풍속 추태
다섯 독성 운전 희학 탐식 관람 가요라
천성 선한 동방이 서양에 점령당해
옛 제거한 사욕의 새 과목 더러움이어!

今日修身 大陸公程376 오늘날의 수신제가

肥大肉身攝最**先**　　內庭安定從佗事
豈舩未治率家**連**　　可哿初心始哥**傳** 4344. 4. 11 先韻

육신이 비대하면 최우선 섭생이니
어찌 몸 다스리지 못하고 가정 이어 거느리랴?
집안 안정하고 다른 일 종사할지니
아름다움 가능 초심이니 좋은 성씨 전함이 시작.

寄地祈仰天 大陸公程377 땅에 부쳐 살며 하늘 우러러 비는

育壤依生欲外**需**　　太陽同化仁靡限
仰天朝夕祈多**求**　　地母圓融踏綠**球** 4344. 4. 11 尤韻

흙이 길러 의지해 살며 밖에서 구하고자
하늘 우러러 조석으로 많이 구해 비나
태양의 동화는 어질기 한이 없고
땅 어머니는 원융하여 푸른 구슬 밟고서.

第 五篇 五言長篇

綠色 生命 大陸公程 26 록색 생명

本色青黃炎	본색은 青청 黃황 炎적이오
綠閒生命**根**	록은 간색으로 생명의 근원
四時由蒿綠	사시는 초록으로 연유하여
萬物養柔**捫**	만물이 유문하여 양육된다
萅至知芽茁	봄이 오면 싹 날 줄 알고
開雩結實**番**	꽃피어 차례로 결실한다
夓光風調受	여름 빛 바람결 조화롭게 받아
炭綮合成**繁**	광합성 작용으로 번무한다
烌實藏移體	가을 열매에 몸 옮겨 저장하니
殺身完後**媛**	살신성인 완성 후에 곱다
冬齌遮墜落	겨울이면 추위를 추락하여 가리는
聖綠護斯**坤**	성스러운 綠록은 이 땅을 보호한다
爲綠來光遠	綠을 위해 빛은 멀리서 오고
綠要風吹**翻**	綠이 불러 바람은 번드치며 부느니
綠球騰水氣	綠이 지구의 물기를 올려서
需綠潤零**恩**	綠이 구해 은혜로이 비 내려 적신다
均給江川巛	고루 공급하는 강과 내와 도랑
地中流脈**源**	땅속엔 샘 줄기 흐르니
大洋因綠活	대양은 綠으로 인하여 살고
大氣綠球**樊**	대기는 綠구를 둘리었도다
默綠人蟲獸	綠은 침묵으로 인 충 금수에게
獻躬千歲**存**	몸 주며 천만년을 생존한다

美粤於育綠　　꽃은 綠이 길러 아름답고
離綠醜萼邨　　綠이 떠난 꽃동네는 추하도다
粤色雖千萬　　꽃빛이 비록 천만가지이나
美包於綠袢　　綠의 속옷에 싸여서만 곱네
國粤誇萬國　　국화를 만국이 자랑하나
離綠難爲尊　　綠이 떠나면 귀하지 못해
綠水靑山裏　　綠수란 청산 깊숙이에서
森林送洗屯　　삼림이 씻어 모아 보냈는데
經人汚下口　　사람 거친 하구는 더러우니
綠上下人渾　　綠은 상사 사람은 혼탁 하인
樓屋洋灰室　　아파트 시멘트의 베란다에도
幾叢有綠盆　　몇 그루 綠색 화분은 놓인다
朝雲爲谷綠　　아침 구름 산골 綠림이 만들어
風使陸瀛圇　　바람 사신 대륙 대해를 둥글린다
鹽海若無綠　　소금바다 만일 綠이 없으면
藻魚鹼毒餐　　바닷말 물고기 짠 독을 먹으리라
梅霖三四日　　장마 비 사나흘 지나면
濯綠冀掀掀　　씻긴 산綠 쳐들기를 바라고
十日晴天氣　　열흘을 맑은 날씨면
綠峯掛黑褌　　綠봉은 검은 잠방이 걸친다
衣裳千萬色　　의상이 천만가지 빛깔인데
無有不由爰　　綠에서 연유하지 않음 없네
歆食多無數　　음식이 세일 수 없이 많으나
綠榮多嚼孫　　綠을 많이 씹는 자손만 영화로워
殷人旗白色　　은인은 백색 깃발을 들고

周族炎旗混　　주인은 붉은 깃발의 匈夷서이
勿勿會雙半　　반반 나뉜 깃발일랑 물물이 모여
三千祀殖怨　　삼천년을 원수만 늘렸네
文明剃鬱綠　　문명 이전에 綠은 울창했는데
伐綠化沙謢　　綠을 벌채 사막으로 바꿈도 잊고
沙或蜃樓抂　　사막에 혹 신기루 있다한들
綠霖敗夙苊　　綠 없으면 채소조차 패사한다
舜量持寶貨　　보화를 가지려 헤아리지 말라
霖綠不呼吞　　綠 없이는 숨 쉴 수가 없으니
萅播農人信　　봄에 씨 뿌리며 농인은 믿느니
炑登正道侖　　가을에 익는 순서의 정도를
桓桓檀朴綠　　한인 환웅 단군 박혁거세 綠인데
非綠高金軏　　綠이 아닌 고씨와 김씨는 병거였네
地上始生態　　땅위에 생태가 시작되고
此中有史元　　이중에 역사 기원 있었네
聖賢天極樂　　성현도 천당 극락도
除綠曷安魂　　綠 제하고 어찌 영혼 안주하랴?
太古綠錢衣　　푸른 돈 무늬는 태고를 입고
綠波魚湣黿　　푸른 물결은 물고기와 자라들 활기
鶯兒棲綠柳　　꾀꼬리와 새끼는 푸른 버들에 살며
綠竹士操蘓　　푸른 대는 선비의 향기로운 절조라
綠嶼霖人作　　푸른 섬은 사람 없이 된 작품이며
록지구폐蒪　　푸른 못은 황폐의 구제라
綠荷徵淨化　　푸른 연잎은 정화의 징험이며
綠野治生噴　　푸른 들은 삶을 다스려 뿜어냄

綠畦畓田防　　푸른 두둑은 논밭의 방벽이요
綠肥天作**論**　　푸른 퇴비는 하늘 조리의 작농
綠珠榮夓協　　푸른 구슬은 여름 협동의 영화요
綠茗伴醒**惛**　　푸른 茶는 어두움 깨는 동반자라
綠滿窗荊葶　　푸르게 가득 자란 창밖 풀과
綠蘿互惠**藩**　　푸른 겨우살이는 호혜의 울타리
綠莎守失壤　　푸른 방동사니는 토양 유실의 수비대
綠舜寘櫐**掄**　　푸른 茶는 가림 없이 두어라

君何願　　그대는 무엇을 바라는가
限賜恒茶飯　　한정하여 내리신 항다반사의
煇煌燦爛**門**　　휘황찬란한 문벌이던가

又君何厺　　또한 그대는 어디로 가려는가
永生非視綠　　綠이 보이지 않아도 영생인가?
吾願綠肥**園**　　**나의** 바람은 綠 동산에 비료이기를!

4342. 7. 15 五言長律 **元**韻

根 捫 番 繁 媛 坤 **翻** 恩 源 樊 存 邨 袢 尊 屯 渾 盆 圇 飧 掀
褌 爰 孫 混 怨 諼 芚 呑 侖 軘 元 魂 黿 藩 蓀 蓴 噴 論 惛 掄
門 園　　22韻

第 六篇 七言長篇

天地萬物天下母 大陸公程190 천지만물 천하의 어미

天地萬物育酵母	천지만물을 효모가 양육하느니
單性無所不扗宁	단성으로 무소부재로 쌓여서
生殖資料造基肥	생식 자료로 기비를 조성하는
黴霉菌微生物且	곰팡이 균 미생물 공경할 만해
有酉無孝爲狂藥	술이 있되 효 없으면 광약 되나
溫慈有孝竝養萸	자애로운 효 있으면 아름다운 병육
歷代王政始宮治	력대 왕정과 왕궁 다스림 비롯한데
國母兼全制宮鼠	국모가 겸전하여 궁서를 제재함이요
歲寒木母發三中	세한에 매화는 세 벗 중에 피어나고
私家傳胤聘母簇	사가의 혈통은 장모님 밥 바구니
出家侍媤始新接	출가해 시모 모시고 신접살림 시작
茶母加役食母苣	차모에 식모살이 더하며 불 지피네
親母哺乳拒獸乳	친어미 젖 먹이며 짐승 젖을 거부해
澳母濯衣哲母諝	표모로 옷을 빨고 철모로 지혜로워라
賢母學紉治家內	어진 어미 글 배워 집안을 다스리셔
韌天下母似灌楮	천하 어미 질기기는 닥나무떨기 같아.

吾等母親 餘恨歌 우리들 어머니의 한 맺힌 노래

班家衰落誕長女	쇠락하던 량반 집에 맏딸로 태어나서
端正順良習行挑	단정하고 순량하게 말과 행실 익히고
多事宗家印宗婦	일 많은 종가의 종부로 락인했던가
破瓜芳季命姻侶	열일곱 꽃다운 나이 운명의 반려 되셨네

二或三朞育七子　두살 혹 세살 터울 일곱 자식 기르시며
過時逾晦生忘公　때 가고 해 지나도 세월 잊고 사셨네!
菅烁養蠶採棉緝　봄가을 누에 치고 목화 따서 길쌈하고
耕豆腐豉酵漿醎　콩 갈아 두부 쑤고 메주 띄워 장담그고
蹬柿摘乾淹菜菹　땡감 따 곶감 말려 채소 절여 김치 담고
胡朴葑串餘裕茹　호박고지 무고지 넉넉하고 먹음직
魚肉脯油蜜果酒　어포에 육포에 유밀과에 과주에
精潔貯藏高樓處　정결하게 수장하여 다락높이 저장하고
蒸稉釀造淡黃熟　찹쌀 쪄서 술을 담가 노릇하게 익으면
第一封祭揷涤筥　제일 먼저 용수박아 제주 떠 봉하고
次媤父酥挹飯酒　다음은 시아버지 반주로 떠놓고서
淸水灌攪醨醪舉　청수 붓고 섞어 막걸리로 걸러내어
三月耕畓系苗播　三月 논갈이 이은 못자리 파종할 적
耕耨畟畓饋於墅　여름 논 김맬 때 농막에서 내어 보내며
時糟設甗藏燒酒　때론 전국 시루 걸고 소주 내려 두었다가
農閑來賓供淸語　농한기 오신 손께 청담토록 이바지했지
役牛山陰瞰綠野　부리던 소 산그늘에서 초록 들 굽어보면
五六月二勿耨圗　오뉴월 옥살이 같은 두 물 김매기
炎爇下咽盈呼吸　뙤약볕 아래 가쁜 숨 목에 컥컥 차고
犢鼻褌縣檐端梠　쇠코잠방이 평고대 처마 끝에 매달면
捨鉏戴屎盆越坡　호미 놓고 오줌동이 이고 재를 넘어
速歸飯牀刪糙麩　돌아와 메조미 보리밥상 따로 차리시고
播水畬鉏拔母親　물 뿌려 땅 적셔 새발 매던 어머님!
於目廣大以手敍　눈으로는 광대하나 손으로써 차례차례
點後再事復酉時　점심 뒤 다시 그 일 유시에 돌아올 제

食料戴擡腰不抒　먹을거리 이고 들고 허리 펼 짬 없었네
麥碓濕潤賚媤母　보리방아 물 축이기 시어머님 꾸지람에
壬午癸未旱魃暑　임오년 계미년의 그 덥던 가뭄이여!
田畓穮涸重麥嶺　전답은 메말랐는데 보릿고개 겹쳐서
八歲妹采乾艾咀　여덟 살 누이가 마른 쑥 따다 먹이고
時誕六次泣哺乳　때마침 태어난 여섯째는 젖 물고 울어대
海淖爭收窺淖潡　물 나면 다투어 거두기 갯가를 엿보았지
庶幾菜飯二三饋　거의 다 채소밥 두세 번씩 들밥 내다가
晚夕洗器纔方禦　늦은 저녁 설거지를 가까스로 감당하니
疲體潤絮重千斤　지친 몸은 젖은 솜 천근이나 무거웠고
先菖長夜紡車粤　동지섣달 긴긴 밤을 물레와 함께할 제
經絲設機齊黏塗　베틀에 날줄 걸고 풀 발라 골라 가며
太息襆淚織緯杼　한숨에 눈물 섞어 씨줄을 북질해 짰지
三日一疋解棉續　사흘이면 한 필의 무명베를 풀어내어
味灰淥水如霎煮　잿물 걸러 백설같이 삶아다가
瀴白光照反幾次　햇빛에 누이기를 몇 차례나 반복하며
伸欠一番忍不許　한숨 하품 한 번도 허낙 않고 참았네
赤油楪子點索炷　콩기름 접시에 심지 꼬아 켜놓고서
嬰作麻菖緝績紵　여름에 삼베 농사 봄에 모시베 길쌈
人情授受相慰勞　품앗이하면 서로서로 위로하려니와
獨守空房截絲齰　독수공방하며 이 어긋 맞춰 실 끊으며
母親母親吾母親　엄마 엄마 우리 엄마-!
何生我舍高官巨　어이하여 날 낳아서 고관대작 두고서
遲遲貧家此苦嫁　지지리 가난한 집 시집 보내 이 고생을
風紙音合奏泣鋙　문풍지 소리 합주하며 불안해 흐느꼈지

翢滅鐙火穿絲鍼 가물거린 등잔불 바늘귀에 실 꿰어
夜浚組韈縫索所 밤 깊도록 터진 버선 곳곳 찾아 꿰맸지
罵情鍼末剌爪底 매정한 바늘 끝에 손톱 밑을 찔리면
魂飛魄散睡離予 오던 잠 혼비백산 나를 떠나고
指頭鮮血涌滴滴 손끝에선 방울방울 솟는 선혈
子息納衣足概紓 자식 해진 옷은 대강 느슨 되련만
媤父衣服鈍手伎 시아버님 의복은 손재주가 둔하여
工誠裁作洽庸詎 정성 공력 말아 짓기 어찌 흡족하랴
胡茮唐茮加苦味 호초 당초에 쓴맛은 더해 가서
夜浚眼毥捻瞰佇 밤 깊어 눈 비비며 우두커니 굽어보면
門內滿房混被子 문안엔 방 가득히 이불 자식 뒤섞이어
引被覆子寢家旅 이불 끌어 군사 가족 덮어 주고
季子攤抱堊屎缸 막내 녀석 끌어 안아 요강에 앉히면
排屎太息合奏胥 오줌과 한숨이 서로 합주했었네
舍廊賓客連四時 사랑에는 빈객이 사철을 연잇고
四代奉祀十餘序 사대봉제사 십여 차례에
歲首齋食歷端午 설 차례 한식 차례 단오차례 지나면
秌夕重九茶禮俎 추석 차례 중구 차례 제기 손질할 적이면
何成童穉雖衆多 언제 자라랴? 어린 것들 비록 많으나
助力一手媤母楚 돕는 손은 가시 같은 시어머님
苦楚唐茮爲辛辣 고초당초 맵고 짜다 하건만
媤家嚴酷益脫膂 시집살이 엄독해 등골 빠질 줄이야
一二子婚或減苦 한두 자식 혼인하면 혹 고통 덜어줄까
此體白骨苦解緖 이 몸 백골 되어 고난 실마리 풀릴까
若是餘苦持來生 이같이 남은 고생 저승까지 가져가랴

肥何生道似囹圉　어찌하여 사는 길이 옥살이 같을꼬

若兎子成齋間愛　토끼 같은 자식들 사랑할 사이 없이 자라

何間及長伴各胠　어느 짬에 자랐는지 짝지어 각기 출발

如雙山鳩殘令監　산비둘기 한 쌍같이 영감과 남으면

痒背相把終願阻　가려운 등 서로 긁어 주며 기댈까 했는데

苦心八字是不易　맘고생이 팔자려니 이도 쉽지 않았네

竟獨留令監默詛　끝내 홀로 남아 영감 말없이 원망하며

以後孤驗痛薶胸　이후에 홀로 겪은 아픔 가슴에 묻고

次子依支獨納褚　둘째에 의지하여 누더기 솜옷으로

四時耨芋慰勞苦　춘하추동 김을 매며 괴로움 달랬네

閨室舍廊大廳虛　안채 사랑 대청은 비어 가고

於旱萌尗來尋孫　가뭄에 콩 나듯이 손자들 찾아오면

幼時子樣複寫汝　어렸을 적 자식 모양 너도 쏙 빼닮아

名節舁慶弔當事　명절이나 조사 경사 당하여

幼孫先頭二三距　어린 손자 앞서 둘셋씩 오면

若寺廖家生笑咢　절 같이 쓸쓸한 집 웃음꽃 피우고

一二日泊歸齋趄　하루 이틀이면 주저 없이 돌아갈 적

蔬菜乾采漿調味　푸나물 마른 채소 간장 양념에

具備盡授限扞拒　갖추갖추 다 줘도 제지함이 한이라

手爪足爪齋間長　손톱 발톱이 자랄 짬조차 없이

百骨不舒屈膂呂　백골을 펴지 못해 등뼈가 굽으셨네

長子請奉居瑞蔚　큰애가 모시려고 서울에 사시기

兩月不忍下冒岠　두 달도 참지 못해 시골 가 머무시니

回甲送夫公一壻　60에 남편 보내시고 맏사위 떠나고

古稀長壻忽離齟　70에 맏사위가 홀연 차례 어겨 이별

八旬長孫女別卻	80에 장손녀를 슬하에서 영별하고
延壽過分自嘆瘋	너무 오래 과분하다며 자탄의 속병
文盲新婚覺不便	문맹으로 시집 오셔 불편함 깨달아
歸寧稱託往親鉏	귀녕 핑계삼아 어긋나게 친정 가셔
一夜學習悟正音	하룻밤 배워 익혀 모음 자음 깨우치니
十役披獨讀冊貯	열 사람 몫 홀로 하며 있는 책 탐독했지
八旬頤下憶幼十	여든 살 턱 밑 열 살 어릴 적 기억하니
遠近農家夕舂杵	멀리 가까이 농가에선 저녁 지을 절구질
昏背鳴梁歸引牛	황혼은 명량해협 지고 소 끌고 돌아가면
落照扃空燦淳渚	지는 해 서쪽 하늘 조숫가에 찬란했지
途中山田母後樣	도중 산밭에 어머님 뒷모습은
潤汗肩間盡液湑	땀에 젖은 어깨 사이가 진액의 거름
初六光復盛扨房	초교 6학년 광복되자 글방 성했는데
麵事母親棉麻莒	어머님은 무명 삼 모시 길쌈에 묻히고
父親下敎檢字典	아버님께 가르침 받은 자전 검자법으로
自習效母學漸鉅	자습하시던 어머님 본받아 배움 점차 키워
千難萬苦經激動	온갖 어려움 온갖 고통 격동기 지날 때
襍穀盈陶記粟秬	질그릇에 잡곡 채워 좁쌀 찰기장 쓰신
不肖日記連六旬	불초자식 일기 쓰기를 60년간 이어오며
七旬攝生忌食敌	칠순엔 섭생 시작 꺼린 음식 금지하옵고
已今惠禧還社會	지금껏 은혜로운 복을 사회에 돌리며
自然原種堅持稆	자연 속 원종인 돌벼 굳게 지녀 가렵니다
七十慰又攅吸煙	70년간 위로의 벗 흡연 습관이셨는데
長女難請一口齗	맏딸의 어려운 청 치아 걱정 한마디에
九十禁煙耽軌扨	90에 담배 끊고 한글 책 탐독하시다

老患逝剃改祭糈　로환으로 가시기 전 제사차림 바꾸시되

世態參酌浸合祭　세태 참작 합제토록 결정해 주시고

僧侶牧師迎不沮　장례에 스님 목사님 제지 말고 맞아라

臥病數日知行休　와병 며칠에 쉬러 가실 줄 아셨는지

窮命粤路傍父陼　명 다해 아버님곁 꽃길 가기 원하셨는데

九十有七考終命　97세 어쩌면 고종명이셨는지

乘輓歌哭喪輿[illegible]　만가 곡소리에 오색 상여 비탈길 타시고

閹坐登路冬柏發　동백꽃 만발한 만대산길 오르셔서

瞰倭戰野分語弆　정유란 격전지 보며 숨은 얘기 나누신지

惟惜老境[illegible]叱子　오직 애석 로경엔 자식 꾸지람 없으셔

不孝長子仰墓峿　불효한 장자는 비탈 묘소만 우러르고

六世小婦等媤母　6세 소종부도 시어머님과 같았건만

滿身創痍鬪病[illegible]　만신창이 병마와 싸우다 기도하다

遑遑死境六秊强　사경을 헤맨 지 6년 남짓 지났건만

戰戰兢兢攝糙黍　전전긍긍하며 현미 잡곡 섭생하며

育養兩孫雖難事　두 손자 양육 비록 어려운 일이었으나

長女胸墓爲腫岨　큰딸 가슴에 묻고 돌산 종양이랍니다

嗟輒長男八旬閾　아! 문득 장남도 80의 문턱에서

已今不知母役憷　지금껏 알지 못했던 아픔의 어머니 역할

一四援侵齌酷毒　중공 침략 1·4 후퇴의 혹독한 추위에

壯丁行步釜山臚　장정들 산천에 빌며 걸어 부산 갈 적

凍饑死者途連出　굶고 얼어 죽는 자 도중 속출한데

改命歸家氣濜礎　개명 귀가 기진맥진 대문 주추에 오니

還子目迎相過眾　온 자식 눈짓만 지나는 군중 상대

配分湯水僚珍嶼　진도 동료에게 탕수를 배분하시던

動員三女手苦母	세 딸 동원 손수 로고하시던 어머님!
傳胤長孫爲將駏	핏줄의 장손 버새 탄 장성 되었나이다
停戰不拘家勢極	정전에도 불구하고 가세 더욱 극빈하여
衵納於僧縺棉苧	승복보다 더 누빈 속옷 면 모시로 기워
毋捨謹懷藏子婦	못 버리고 회고하며 며느리 간직하니
靡干衣食菜猶粔	의식주 무간해 나물도 외려 과자요
天地自然拄依舊	천지 자연이 예와 같이 있듯이
稱郡守母子胸欅	군수 어머님! 제 가슴 느티나무이십니다.

98%의 실상과 2%의 상징 생존시 어머님 별호는 郡守이셨다.

4343(2010). 5. 8

七言古體長篇 語韻

宁 且 苴 鼠 ⿱竹旅 炬 諝 醑 女 挑 侶 厺 醧 茹 處 筥 擧 墅 語 圄 梠
麮 敍 抒 暑 咀 漵 禦 舁 杼 煮 許 紵 齬 巨 鋙 所 予 紓 詎 佇 旅
胥 序 俎 楚 膂 緒 圉 胠 阻 詛 褚 虛 汝 距 趄 拒 呂 岠 齟 癙 鉏
貯 杵 渚 湑 莒 鉅 秬 敔 稆 齗 糈 沮 陼 藇 弆 峿 䝪 黍 岨 憷 祣
礎 嶼 駏 苧 粔 欅

90韻

第七篇 漁父四時詞 賡歌引文

기원 4341년 3월 族雲孫족운손 **庚爀**경혁 **공경과 두려움으로 짓다**

• 원문과 韓詩韻句한시운구의 음은 切韻절운을 근거하여 당시의
원문 음을 기준하였다.

• 四聲사성 표시는 ‘ ’→ **평성** 낮고 짧게
‘2’→ **상성** 높고 길게
‘3’→ **거성** 높고 멀게
‘4’→ **입성** 높고 짧게

• 四聲音과 句尾의 拍子는
短音 平入聲 → ‘0이-라’ 半拍(2拍)
長音 上去聲 → ‘2-3-이라’ 1拍(3拍)
半音→ ‘수-’ 半拍(1拍)
‘쥬유혜쥬유혜’ 의 경우 各半拍
○○○○○○ 반복이 3拍

2 3 3 4
[漁父四時詞] 第 一 萅辭
어 부 ᄉᆞ 시 ᄉᆞ 제 일 츈 사

3 3 4 3 2
㈠ 削海斂煙日映後山이라
젼 해 렴 연 일 영 후 산
압개예 안개것고 뒷뫼희 ᄒᆡ 비췬다

舟觥兮舟觥兮
쥬유혜 쥬유혜
ᄇᆡ떠라 ᄇᆡ떠라

3 3 3 3
夜淖庶退晝推來顔이-라
야 조 셔 퇴 쥬 츄 래 안
밤믈은 거의 디고 낫믈이 미러온다

3 4 3 4 3
至匊悤至匊悤於恖臥
지 국 총 지 국 총 어 사 와
지 국 총 지 국 총 어 사 와

4 2 2
江邨百處佳加遠이 로-다
강 촌 백 쳐 가 가 원
강촌江邨 온갓고지 먼 비치 더옥 됴타

4 2 2 3
㈢ 日暑乎水上浮魚班이 -라
일 셔 호 슈 샹 부 어 반
날이 덥도다 믈우희 고기 뻣다

3 3
揭錨兮 揭錨兮
게묘혜 게묘혜
닷드러라 닷드러라

4 4 3 4 3
白鷗或二或三來厺하도 -다
백 구 혹 이 혹 삼 래 거
ᄀᆞᆯ며긔 둘식 셋식 오락가락 ᄒᆞᄂᆞ고야

3 4 3 4 3
至匊悤至匊悤於思臥
지 국 총 지 국 총 어 사 와
지 국 총 지 국 총 어 사 와

3 2 4 3
釣竿有握醪瓶載扳는 -냐
됴 간 유 악 로 병 재 반
낫대ᄂᆞᆫ 쥐여잇다 탁주병濁酒瓶 시럿ᄂᆞ냐

　　　　4 3　　2 2
㊂ 東風颰吹波靜起이라
　　동 풍 헐 취 파 정 기
동풍東風이 건듯 부니 믈결이 고이 닌다

　3　　　3
挂帆兮 挂颿兮
괘범혜　괘범혜
돗ᄃᆞ라라　돗ᄃᆞ라라

　　　3 3　　　3
東湖顧見蜀湖厺還하 -자
　동 호 고 견 셔 호 거 환
동호東湖롤 도라보며 셔호蜀湖로 가쟈스라

　3 4　3 4　　　3
至匊悤至匊悤於恖臥
지 국 총 지 국 총 어 사 와
지 국 총　지 국 총　어 사 와

　　　2　　2　　　3
前山已過後山來迓이 -라
　젼 산 이 과 후 산 래 아
압뫼히 디나가고 뒷뫼히 나아온다

　　2 3 4 4 3
四　鳴者布穀綠柳林斑인 -가
　　명 쟈 포 곡 록 류 림 반
우는거시 벅구기가 프른거시 버돌숩가

　2　　2
邐唉兮　邐唉兮
리애혜　리애혜
이어라　이어라

　　3　　　2 4 4
漁邨幾家煙裏出洹이로 -라
어 촌 기 가 연 리 츌 몰
어촌漁邨 두어 집이 닛속의 나락 들락

3 4　3 4　　3
至匊悤至匊悤於恖臥
지 국 총 지 국 총 어 사 와
지 국 총　지 국 총　어 사 와

　2　　2 4
清冷深沼百魚跳般이로 -다
청 랭 심 죠 백 어 도 반
말가ᄒᆞᆫ 기픈 소희 온갓 고기 뛰노ᄂᆞ다

3　　2 3　　2
㈤ 豔陽照似油水波이 -라
염 양 죠 사 유 슈 파
고은 벼티 뙤얀ᄂᆞᆫᄃᆡ 믈결이 기름갓다

3　　3
繼唉兮 繼唉兮
계애혜　계애혜
이어라　이어라

2 2 3　3 3
以網授留置釣緡關일 -가
이 망 슈 류　치 됴 민 관
그믈을 주어두랴 낙시ᄅᆞᆯ 노ᄒᆞᆯ 일가

3 4　3 4　　3
至匊悤至匊悤於恖臥
지 국 총 지 국 총 어 사 와
지 국 총　지 국 총　어 사 와

4 2　2 3　　3
濯纓歌涌興忘魚釣 로라
착　영 가 용 흥 망 어 됴
착영가濯纓歌의 흥이 나니 고기도 니즐로라

4 2 3
因 夕陽斜柯止厺環하 -자
셕 양 사 가 지 거 환

셕양夕陽이 빗겨시니 그만ᄒᆞ야 도라가쟈

2 3
捨帆兮 下颿兮
사범혜 하범혜

돗디여라 돗디여라

3 2 4 4
岸柳汀䔢新曲曲이 -라
안 류 뎡 화 신 곡 곡

안류뎡화岸柳汀䔢는 고븨고븨 새롭고야

3 4 3 4 3
至匊悤至匊悤於思臥
지 국 총 지 국 총 어 사 와

지 국 총 지 국 총 어 사 와

2 4 3 3 3
豈不羡三公萬事思鰥이-랴
기 불 션 삼 공 만 사 사 환

삼공을 블리소냐 만ᄉᆞ萬事를 ᄉᆡᆼ각ᄒᆞ랴

3 2 2 2

㈦ 觀望芳草採蘭芷하 -자

관 망 방 초 채 란 지

방초芳草를 볼와보며 난지蘭止도 쁘더보쟈

2 3 4

止舟兮 碇宿兮

지쥬혜 뎡슉혜

빅셰여라 빅셰여라

4 4 3 3 2

一葉扁舟載者何徧인 -가

일 엽 편 쥬 재 쟈 하 반

일엽편쥬一葉扁舟에 시른거시 므스것고

3 4 3 4 3

至匊悤至匊悤於悤臥

지 국 총 지 국 총 어 사 와

지 국 총 지 국 총 어 사 와

2 3 4

往時惟霧來時月이 로-다

왕 시 유 무 래 시 월

갈제는 뇌분이오 올제는 돌이로다

3 3 3 3 2 2

四 醉氣暫臥下灘底灣이려 -다

취 기 잠 와 하 탄 뎌 만

취ᄒᆞ야 누엇다가 여흘아래 ᄂᆞ리려다

3

繫舟兮 撐舟兮

계쥬혜 규쥬혜

ᄇᆡ ᄆᆡ여라 ᄇᆡ ᄆᆡ여라

4 3 2

落紅流至桃源近이 로-라

락 홍 류 지 도 원 근

락홍落紅이 흘러오니 도원桃源이 갓갑도다

3 4 3 4 3

至匊悤至匊悤於思臥

지 국 총 지 국 총 어 사 와

지 국 총 지 국 총 어 사 와

3 2

人世紅塵豈遮擐하 -니

인 세 홍 진 기 챠 환

인세홍진人世紅塵가 엇메나 ᄀᆞ렷ᄂᆞ니

3　　　3 2　4
㈨ 釣綸收實牖望月하 -자
듀 륜 슈 치 유 망 월
낙싯줄 거더노코 봉창蓬窗의 돌을 보쟈

3　　3 4
下錨兮 碇泊兮
하묘혜　명박혜
닷디여라　닷디여라

3 4
夜忽深乎淸鵑瘝한다
야 홀 심 호 청 견 환
ᄒᆞ마 밤들거냐 자규소ᄅᆡ 몱게 ᄂᆞᆫ다

3 4　3 4　　　3
至匊悤至匊悤於思臥
지 국 총 지 국 총 어 사 와
지 국 총　지 국 총　어 사 와

3　　　　2 3
殘興霖窮忘往路라네
잔 흥 무 궁 망 왕 로
나믄 흥興이 무궁霖窮ᄒᆞ니 갈길흘 니젓닷다

2 4 3

⊞ 又䕷來日藚夜頒이 -라

우 무 래 일 춘 야 반

ᄅᆡ일來日이 또 업스랴 봄밤이 몃덛새리

4 4

接舟兮 著舟兮

졉쥬혜 착쥬혜

ᄇᆡ브터라 ᄇᆡ브터라

3 2 3

釣竿爲杖擅柴扉하자

됴 간 위 쟝 탐 싀 비

낫대로 막대삼고 ᄉᆡ비柴扉ᄅᆞᆯ ᄎᆞ자보쟈

3 4 3 4 3

至匊悤至匊悤於恖臥

지 국 총 지 국 총 어 사 와

지 국 총 지 국 총 어 사 와

2 2

漁甫生涯斯彼胖이 로라

어 보 생 애 사 피 반

어부ᄉᆡᆼ애漁父生涯ᄂᆞᆫ 이렁구렁 디낼로다

2 3 3 3 3
[漁父四時詞] 第 二 夓詞
어 부 사 시 사 제 이 하 사

2 2 3 2
㈡ 陰雨漸霽爲泚谿이 -라
음 우 점 제 위 차 계

구즌비 머저가고 시냇믈이 몱아온다

舟艕兮舟艕兮
쥬유혜 쥬유혜

빅떠라 빅떠라

3 2 2 3
釣竿擧荷興嶚擠로 -다
됴 간 거 하 흥 무 제

낫대롤 두러메니 기픈흥興을 금禁못홀돠

3 4 3 4 3
至匊悤至匊悤於悤臥
지 국 총 지 국 총 어 사 와

지 국 총 지 국 총 어 사 와

4 3 4 3
煙江疊嶂孰描寫련 -가
연 강 텹 쟝 슉 묘 샤

연강텹장煙江疊嶂은 뉘라셔 그려낸고

4 2 2 3

㊂ 荷葉包飯膳具隄하라

하 엽 포 반 션 구 뎨

년닙희 밥빠두고 반찬으란 장만 마라

3 3

揭錨兮 揭錨兮

게묘혜 게묘혜

닷드러라 닷드러라

4 4 4 4 4

靑蒻笠著綠蓑衣執乎이 -냐

청 약 립 착 록 사 의 집 호

청약립靑蒻笠은 써잇노라 록사의綠蓑衣 가져오냐

3 4 3 4 3

至匊悤至匊悤於思臥

지 국 총 지 국 총 어 사 와

지 국 총 지 국 총 어 사 와

4 2 4 4

无心白鷗我逐逐驚는 -가

무 심 백 구 아 축 축 예

무심ᄒᆞᆫ ᄇᆡᆨ구白鷗는 내존는가 제존는가

4 2 2
㊂ 蔆葉起風爽蓬窗하 -다
릉 엽 기 풍 상 봉 창

마람닙희 ᄇᆞ람나니 봉창蓬窗이 서놀코야

3 3
挂帆兮 挂颿兮
괘범혜 괘범혜

돗ᄃᆞ라라 돗ᄃᆞ라라

3 3 3 3
㚑風何定任舟公提여라
하 풍 하 뎡 임 쥬 거 뎨

녀름ᄇᆞ람 뎡홀소냐 가는대로 ᄇᆡ시겨라

3 4 3 4 3
至匊悤至匊悤於悤臥
지 국 총 지 국 총 어 사 와

지 국 총 지 국 총 어 사 와

4 2 4 2
北浦南江何不好려 -니
븍 포 남 강 하 불 호

븍포남강北浦南江이 어ᄃᆡ아니 됴흘러니

3 4 4 4

四 波浪濁兮濯足亥하 -랴

파 랑 탁 혜 탁 쪽 해

믈겨리 흐리거든 발을 싯다 엇더ᄒᆞ리

2 2

邐唉兮 邐唉兮

리 애 혜 리 애 혜

이어라 이어라

4 3 3

欲厺淞千季怒濤悲兮로 -라

욕 거 숑 쳔 년 노 도 비 혜

오강吳江의 가쟈ᄒᆞ니 쳔년노도千季怒濤 슬플로다

3 4 3 4 3

至匊悤至匊悤於恖臥

지 국 총 지 국 총 어 사 와

지국총 지국총 어사와

4 3 4 4 3

欲厺屈潭魚腹忠魂釣嘑세라

욕 거 굴 담 어 복 츙 혼 됴 뎨

초강楚江의 가쟈ᄒᆞ니 어복츙혼魚腹忠魂 낫글세라

　3 2 4　　　2 4 3　　　　4

国 萬柳綠陰巠處一片苔磯奇特하다

만 류 록 음 슈 쳐 일 편 태 긔 기 특

만류록음萬柳綠陰 어린고ᄃᆡ 일편ᄐᆡ긔一片苔磯 긔특奇特ᄒᆞ다

3　　3

繼唉兮 繼唉兮

계 애 혜 계 애 혜

이어라　이어라

4 3　　　　3 4

及渡漁人爭渡勿譏睇하 -라

급 도 어 인 쟁 도 물 긔 톄

ᄃᆞ리예 다ᄃᆞᆺ거든 어인ᄌᆡᆼ도漁人爭渡허을마라

3 4　3 4　　　3

至匊悤至匊悤於恖臥

지 국 총 지 국 총 어 사 와

지국총 지국총 어사와

3 4 4　　　4 3　　　3 4

遇鶴髮翁靁澤讓居爲效則하자

우 학 발 옹 뢰 택 양 거 위 효 즉

학발로옹鶴髮老翁 만나거든 뢰ᄐᆡᆨ양거靁澤讓居효즉效則ᄒᆞ쟈

4 2 4 3

因 長日已昏迴興迷도 -다

장 일 이 혼 몰 흥 미

긴 날이 져므는줄 흥興의 미쳐 모르도다

2 3

捨帆兮 下颿兮

샤범혜 하범혜

돗디여라 돗디여라

2 3 2

以帆舷敲敲唱水調歌하자

이 범 현 교 교 챵 슈 됴 가

빗대를 두드리고 슈됴가水調歌를 블러보쟈

3 4 3 4 3

至匊悤至匊悤於思臥

지 국 총 지 국 총 어 사 와

지 국 총 지 국 총 어 사 와

2 2 3 2

欸乃聲中萬古心誰知齊인가

애 내 셩 즁 만 고 심 슈 지 졔

애애셩즁欸乃聲中에 만고심萬古心을 긔뉘 알고

4 2 2 2
㊆ 夕陽美只黃昏近이렸 -다
석 양 미 지 황 혼 근

셕양夕陽이 됴타마는 황혼黃昏이 갓갑거다

2 3 4
止舟兮 碇宿兮
지쥬혜 뎡슉혜

빅셰여라 빅셰여라

3 2 3 2
巖上枉路松下斜蹊이라
암 샹 왕 로 숑 하 샤 혜

바회우희에 구븐 길 솔아래 빗겨잇다

3 4 3 4 3
至匊悤至匊悤於思臥
지 국 총 지 국 총 어 사 와

지 국 총 지 국 총 어 사 와

4 3 3 2 2
碧樹鶯聲聞處處로 -다
벽 슈 앵 셩 문 쳐 쳐

벽슈잉셩碧樹鶯聲이 곳고디 들리ᄂᆞ다

3 22 23
四 沙上攤網藁簾下臥褆하자
사 샹 탄 망 고 렴 하 와 뎨
몰래우희 그물널고 둠미틔 누어 쉬쟈

3
繫舟兮 摎舟兮-
계쥬혜 규쥬혜
빅믜여라 빅믜여라

3 2
蚊羣厭乎偕舁蒼蠅이뇨
문 군 염 호 해 여 창 승
모괴롤 뮙다ᄒᆞ랴 창승과 엇더ᄒᆞ니

34 34 3
至匊悤至匊悤於悤臥
지 국 총 지 국 총 어 사 와
지 국 총 지 국 총 어 사 와

34 3
但一慬心聽桑大夫窐일 -까
단 일 근 심 청 상 대 부 규
다만ᄒᆞᆫ 근심은 상대부桑大夫 드르려다

3　　3　3 4
㊈ 夜間風浪何豫測하리 -오
야 간 풍 랑 하 예 측

밤ᄉᆞ이 풍랑風浪을 미리어이 짐작ᄒᆞ리

3　　3 4
下錨兮 碇泊兮
하묘혜 뎡박혜

닷디여라　닷디여라

2 3　　　3
野渡橫舟誰謂栖는가
야 도 횡 쥬 슈 위 셔

야도횡쥬野渡橫舟를 뉘라셔 닐럿ᄂᆞᆫ고

3 4 3 4　　3
至匊悤至匊悤於恖臥
지 국 총 지 국 총 어 사 와

지국총 지국총 어사와

3　　2　2
澗邊幽草眞美麗하다
간 변 유 초 진 미 려

간변유초澗邊幽草도 진실로 어엿브다

4 3 4 2

⊞ 蝸室瞻望白雲繞霓하다

와 실 쳠 망 백 운 요 예

와실蝸室을 ᄇᆞ라보니 ᄇᆡᆨ운白雲이 둘러있다

4 4

接舟兮 著舟兮

졉 쥬 혜 챡 쥬 혜

ᄇᆡ브텨라 ᄇᆡ브텨라

3 4 4 3

蒲扇換執登石徑하 -자

포 션 환 집 등 셕 경

부들부체 ᄀᆞᄅᆞ쥐고 셕경石徑으로 올라가쟈

3 4 3 4 3

至匊悤至匊悤於思臥

지 국 총 지 국 총 어 사 와

지국총 지국총 어사와

3 2 4

漁翁閑暇斯口實齎이라

어 옹 한 가 사 구 실 제

어옹漁翁이 한가閑暇터냐 이거시 구시리라

2 3 3
[漁父四時詞] 第 三 秌詞
어 부 사 시 사 제 삼 츄 사

4 3 2 3 2
㈢ 物外好事非乎漁甫生涯吾러 -냐
물 외 호 사 비 호 어 부 생 애 오
물외物外예 조흔 일이 어보싱애漁甫生涯 아니러냐

舟艕兮 舟艕兮
쥬유혜 쥬유혜
빅떠라 빅떠라

4 3 3 2
䱎笑漁翁畫每圖이 려니
막 소 어 옹 화 매 도
어옹漁翁을 웃디마라 그림마다 그렷더라

3 4 3 4 3
至匊悤至匊悤於悤臥
지 국 총 지 국 총 어 사 와
지 국 총 지 국 총 어 사 와

3 3 3
四時同興秌江勝이리 -라
사 시 동 흥 츄 강 승
ᄉ시흥四時興이 ᄒ가지나 츄강秌江이 읏듬이라

2 4 4 2

(三) 水國入秋每魚腴이 -라

슈 국 입 츄 매 어 유

슈국水國의 ᄀᆞ올이 드니 고기마다 ᄉᆞᆯ져잇다

3 3

揭錨兮 揭錨兮

게묘혜 게묘혜

닻드러라 닻드러라

3 2 3 3 3

萬頃澄波厭飫容與하 -자

만 경 징 파 염 어 용 흥

만경징파萬頃澄波의 슬ᄏᆞ지 용여容與ᄒᆞ쟈

3 4 3 4 3

至匊悤至匊悤於思臥

지 국 총 지 국 총 어 사 와

지 국 총 지 국 총 어 사 와

3 2 4

人間回顧加好邈徂로다

인 간 회 고 가 호 막 조

인간人間을 도라보니 머도록 더옥 됴타

4 3 3 2

㊂ 白雲起蒸搖樹杪이라

백 운 기 증 요 슈 묘

빅운白雲이 니러나고 나모긋티 흐느긴다

3 3

挂帆兮 挂颿兮

괘범혜 괘범혜

돗ᄃ라라 돗ᄃ라라

4 3

漳時扁湖汐公東湖하 -자

죠 시 셔 호 셕 거 동 호

밀믈의 셔호扁湖ㅡ오 혈믈의 동호東湖가쟈

3 4 3 4 3

至匊悤至匊悤於思臥

지 국 총 지 국 총 어 사 와

지 국 총 지 국 총 어 사 와

4 2 2 2 2

白蘋紅蓼處處景이 로다

백 빈 홍 료 쳐 쳐 경

빅빈홍료白蘋紅蓼는 곳마다 경景이로다

3 3 3

四 浮鷗於外視未看嵎구 -나

부 구 어 외 시 미 간 우

그러기 뼛는밧긔 못보던 뫼 뵈ᄂᆞ고야

2 2

邐唉兮 邐唉兮

리애혜 리애혜

이어라 이어라

3 2 2 2 3

魚釣爲而好取是興이-라

어 됴 위 이 호 츄 시 흥

낙시질도 ᄒᆞ려니와 츄取한 거시 이 흥興이라

3 4 3 4 3

至匊悤至匊悤於思臥

지 국 총 지 국 총 어 사 와

지 국 총 지 국 총 어 사 와

4 3 3 2 3

夕陽映躲千山錦繡徒로 -다

석 양 영 샤 쳔 산 금 슈 도

4 4 3 4
国 銀脣玉尺幾俘獲이랴
은 슌 옥 쳑 기 부 획
은슌옥쳑銀脣玉尺이 몃치나 걸렷나니

3 3
繼唉兮 繼唉兮
계 애 혜 계 애 혜
이어라 이어라

3 2 4
蘆粤吹火炙淹醝塗하-고
로 화 취 화 적 엄 차 도
로화蘆粤의 블부러 굴히야 구어노코

3 4 3 4 3
至匊悤至匊悤於思臥
지 국 총 지 국 총 어 사 와
지 국 총 지 국 총 어 사 와

2 4 2 3
傾於瓦瓶瓢杓擧注貽하 -오
경 어 와 병 표 쟉 거 쥬 이
딜병을 거후리혀 박구기예 브어다고

2 3 3 2
因 橫風靜吹卦帆返途이 -라
횡 풍 정 츄ㅣ 괘 범 반 도

녑ᄇᆞ람이 고이부니 ᄃᆞ론돗긔 도라와다

2 3
捨帆兮 下驫兮
사범혜 하범혜

돗디여라 돗디여라

4 3 3 2 2
暝色進來淸興拄遠이로 -다
명 색 진 래 청 흥 재 원

명ᄉᆡᆨ暝色은 나아오ᄃᆡ 쳥흥淸興은 머러잇다

3 4 3 4 3
至匊悤至匊悤於思臥
지 국 총 지 국 총 어 사 와

지 국 총 지 국 총 어 사 와

3 3 3
紅樹淸江否惡迂하-다
홍 슈 청 강 부 오 우

홍슈쳥강紅樹淸江이 슬믜디도 아니ᄒᆞᆫ다

4 3 3 4 4

㊆ 白露付光暝月出來이 -라

백 로 부 광 명 월 츌 래

흰 이슬 빗견ᄂᆞᆫᄃᆡ 볼근ᄃᆞᆯ 도다 온다

2 3 4

止舟兮 碇宿兮

지쥬혜 명슉혜

ᄇᆡ세여라 ᄇᆡ세여라

3 2

鳳凰樓渺然淸光誰輸할 -가

봉 황 루 묘 연 청 광 슈 슈

봉황루鳳凰樓 묘연渺然ᄒᆞ니 청광淸光을 누ᄅᆞᆯ 줄고

3 4 3 4 3

至匊悤至匊悤於思臥

지 국 총 지 국 총 어 사 와

지 국 총 지 국 총 어 사 와

4 3 4 4 4 4

玉兎舂藥豪客欲食하 고-자

옥 토 용 약 호 객 욕 식

옥토玉兎의 씻ᄂᆞᆫ 약藥을 호ᄀᆡᆨ豪客을 머기고쟈

4 2 2
四 乾坤其各此處何殊이뇨
간 곤 기 각 차 쳐 하 슈

건곤乾坤이 제곰인가 이거시 어드메오

3
繫舟兮 撈舟兮-
계 쥬 혜 규 쥬 혜

빅밋여라 빅밋여라

3 4 3
蜀風麈未及搧何事하며
셔 풍 진 미 급 션 하 사

셔풍진蜀風麈 몯미츠니 부체ᄒᆞ야 머엇ᄒᆞ리

3 4 3 4 3
至匊悤至匊悤於悤臥
지 국 총 지 국 총 어 사 와

지 국 총 지 국 총 어 사 와

3 2 2 4 2
聞語以爲何滌耳汚하 -리
문 어 이 무 위 하 텩 이 오

3 3 4 4

九 衣上降霜[illegible]不覺이-라

의 샹 강 상 한 불 각

옷우희 서리오ᄃᆡ 치운줄을 모롤로다

3 3 4

下錨兮 碇泊兮

하묘혜 명박혜

닷디여라 닷디여라

3 3 3

釣船爲陋何浮世模하 -니

됴 션 위 루 하 부 세 모

됴션釣船이 좁다ᄒᆞ나 부세浮世과 엇더ᄒᆞ니

3 4 3 4 3

至匊悤至匊悤於恖臥

지 국 총 지 국 총 어 사 와

지 국 총 지 국 총 어 사 와

4 3 2 2

來日是然朙後爲此하 -자

래 일 시 연 명 후 위 차

래일도 이리 ᄒᆞ고 모릐도 이리 ᄒᆞ자

4 4 3 2 4

⊞ 松間石室往觀曉月愉하 -니

숑 간 셕 실 왕 관 효 월 유

숑간셕실松間石室의가 효월曉月을 보쟈ᄒᆞ니

4 4

接舟兮 著舟兮

졉쥬혜 챡쥬혜

ᄇᆡ브텨라 ᄇᆡ브텨라

4 4 3 2 3

空山落葉路豈尋公이-라

공 산 락 엽 로 긔 심 거

공산락엽空山落葉의 길흘 엇디 아라볼고

3 4 3 4 3

至匊悤至匊悤於思臥

지 국 총 지 국 총 어 사 와

지 국 총 지 국 총 어 사 와

4 4 2 2

白雲逐來女蘿衣重愈구 -나

백 운 츅 래 녀 라 의 중 유

ᄇᆡᆨ운白雲이 조차오니 녀라의女蘿衣 무겁고야

2 3　　　3 3

[漁父四時詞] 第 四 冬詞

어부 사시사　제 사 동사

2　2 2 3

㊀ 雲斂然後厚照陽이 구나

운 렴 연 후 후 죠 양

구룸 거든 후의 ᄒᆡᆺ빗치 두텁거다

舟艕兮 舟艕兮

쥬유혜 쥬유혜

ᄇᆡ떠라　ᄇᆡ떠라

3 3 4　3

天地閉塞依舊洋하다

텬 지 폐 색 의 구 양

텬디폐ᄉᆡᆨ天地閉塞호ᄃᆡ 바다흔 의구依舊ᄒᆞ다

3 4　3 4　　3

至匊悤至匊悤於恖臥

지 국 총 지 국 총 어 사 와

지 국 총 지 국 총 어 사 와

2　2 2　3

橆邉水波扗羽如佈로다

무 변 슈 파 재 우 여 포

ᄀᆞ업슨 믈결이 깁편 ᄃᆞᆺ ᄒᆞ여잇다

3 3 2 4
㊂ 治釣綸竿板龜揷良이 -냐
치 됴 륜 간 판 균 삽 량
주대 다ᄉᆞ리고 뱃밥을 바갓ᄂᆞ냐

3 3
揭錨兮 揭錨兮
게묘혜 게묘혜

닷드러라 닷드러라

2 2
瀟湘洞庭以冰網이 려니
쇼 샹 동 뎡 이 빙 망
쇼샹동뎡瀟湘洞庭은 그믈이 언다ᄒᆞᆫ다

3 4 3 4 3
至匊悤至匊悤於恖臥
지 국 총 지 국 총 어 사 와

지 국 총 지 국 총 어 사 와

2 3
此時魚釣橆斯場이 로다
차 시 어 됴 무 사 쟝
이때예 어됴魚釣ᄒᆞ기 이만ᄒᆞᆫ듸 업도다

2 2 3 2 3
三 淺海魚羣厺遠澳하느 -니
쳔 해 어 군 거 원 오
여튼 갯고기들히 먼 소희 다 갓ᄂᆞ니

3 3
挂帆兮 挂颿兮
괘범혜 괘범혜
돗ᄃᆞ라라 돗ᄃᆞ라라

3 4 2
暫時如晴出廣央하 -자
잠 시 여 청 출 광 앙
져근덧 날됴흔제 바탕의 나가보쟈

3 4 3 4 3
至匊悤至匊悤於思臥
지 국 총 지 국 총 어 사 와
지 국 총 지 국 총 어 사 와

3 2 3 4
釣餌薞奢大魚䂾이란 -다
됴 이 화 샤 대 어 얼
믯기 곳다오면 굴근 고기 믄다 한다

4 3 4 2 2 2 4
四 昨夜晴霽後改景物方이 -라
작 야 쳥 셜 후 개 경 물 방

간밤의 눈 갠 후에 경물景物이 달랏고야

2 2
邐唉兮 邐唉兮
리 애 혜 리 애 혜

이어라 이어라

3 2 2 4 4
於剸屬頃琉璃後千疊玉山이라
어 젼 만 경 류 리 후 쳔 텹 옥 산

아피는 만경류리屬頃琉璃 뒤희는 쳔텹옥산千疊玉山

3 4 3 4 3
至匊悤至匊悤於思臥
지 국 총 지 국 총 어 사 와

지 국 총 지 국 총 어 사 와

3 4 3
仙界佛界非人間闖이로 -다
션 계 불 계 비 인 간 창

션계ㄴ仙界가 불계ㄴ佛界가 인간이 아니로다

3 2 3 3 2 4
㈤ 釣網放置欸乃拍舷한 -다
됴 망 방 치 애 내 박 현
그을낙시 니저두고 빗젼을 두드린다

3 3
繼唉兮 繼唉兮
계 애 혜 계 애 혜
이어라 이어라

2 4 3 2
揃海欲渡幾番量인고
젼 해 욕 도 긔 번 량
압개롤 건고쟈 몃번이나 혜여본고

3 4 3 4 3
至匊悤至匊悤於思臥
지 국 총 지 국 총 어 사 와
지 국 총 지 국 총 어 사 와

4 4 4
無端颲風或來颮일 -까
무 단 렬 풍 혹 래 홀
무단無端ᄒᆞᆫ 된ᄇᆞ람이 힝여 아니 부러올가

3 3
因 栖烏視二三行蹡이 거니
셔 오 시 이 삼 행 창
자라가는 가마괴 몃나치 디나거니

2 3
捨帆兮 下颿兮
사범혜 하범혜
돗디여라 돗디여라

3 3 3 4
前途暗澹頻暮靄이라
젼 도 암 담 빈 모 셜
압길히 어두우니 모셜暮靄이 자자뎟다

3 4 3 4 3
至匊悤至匊悤於思臥
지 국 총 지 국 총 어 사 와
지 국 총 지 국 총 어 사 와

4 4 4 2 4
鵝鴨池誰擊濯兮草木瘡일 -까
아 압 지 슈 격 착 혜 초 목 창
아압지鵝鴨池롤 뉘 텨셔 초목참草木瘡을 신돗던고

3 4 2 3
㈦ 丹崖翠壁繞如畫屛인 -데
단 애 취 벽 요 여 화 병
단익취벽丹岸翠壁이 화병畫屛ᄀᆞᆺ티 둘럿ᄂᆞᆫᄃᆡ

2 3 4
止舟兮 碇宿兮
지쥬혜 뎡슉혜
ᄇᆡ세여라 ᄇᆡ세여라

2 2 3 3 4 3
巨口細鱗釣不釣卬일 -까
거 구 세 린 됴 불 됴 앙
거구세린巨口細鱗을 낫그나 못낫그나

3 4 3 4 3
至匊悤至匊悤於思臥
지 국 총 지 국 총 어 사 와
지 국 총 지 국 총 어 사 와

4 3 3
孤舟蓑笠贏興坐兮로 -라
고 쥬 사 립 영 흥 좌 혜
고쥬사립孤舟簑笠에 흥興계워 안잣노라

2 2 4 3
四 水渚孤松獨何壯强한 -고
슈 져 고 숑 독 하 장 강
믈ᄀᆞ의 외로온 솔 혼자 어이 싁싁ᄒᆞᆫ고

3
繫舟兮 摎舟兮
계쥬혜 규쥬혜
ᄇᆡᄆᆡ여라 ᄇᆡᄆᆡ여라

2 4 2 3 3
險雲勿恨遮世上한 -다
험 운 물 한 챠 셰 샹
머흔 구룸 ᄒᆞᆫ恨티 마라 셰샹世上을 ᄀᆞ리온다

3 4 3 4 3
至匊悤至匊悤於思臥
지 국 총 지 국 총 어 사 와
지 국 총 지 국 총 어 사 와

3 4 3
波浪聲厭塵喧防이라
파 랑 셩 막 염 진 훤 방
파랑셩波浪聲을 염厭티마라 진훤塵喧을 막는도다

2 2 3 2
㈨ 滄洲吾道謂自古러 -라
창 쥬 오 도 위 자 고
창쥬오도滄洲吾道롤 녜브터 닐럿더라

3 3 4
下錨兮 碇泊兮
하묘혜 뎡박혜
닷ᄃᆡ여라 닷ᄃᆡ여라

4 2 3
七里灘釣何羊皮衣裳이 런고
칠 리 탄 됴 하 양 피 의 상
칠리七里여흘 양피羊皮오슨 긔 엇더ᄒᆞ니런고

3 4 3 4 3
至匊悤至匊悤於思臥
지 국 총 지 국 총 어 사 와
지 국 총 지 국 총 어 사 와

4 4 3 3 4 2
三千六百釣事屈指何時런 -고
삼 쳔 륙 백 됴 사 굴 지 하 시
삼쳔륙빅三千六百낙시질은 손고븐제 엇더턴고

3 3 4 3 4

⊞ 於臥暮色宴息當하도 -다

어 와 모 색 연 식 당

어와 져므러간다 연식宴息이 맛당토다

4 4

接舟兮 著舟兮

졉쥬혜 챡쥬혜

빅브텨라 빅브텨라

3 4 3 3 2 3 3 3

霰霎播路散紅雩興趣步하 -여

션 셜 파 로 산 홍 화 흥 쥬 보

ᄀᆞᄂᆞᆫ눈쁘린길 블근곳 흣더딘ᄃᆡ 흥치며 걸어가셔

3 4 3 4 3

至匊悤至匊悤於悤臥

지 국 총 지 국 총 어 사 와

지 국 총 지 국 총 어 사 와

4 4 3 4 2

霎月至越扃峰松窗拄憑搶하 -자

셜 월 지 월 셔 봉 숑 창 재 빙 창

셜월霎月이 셔봉扃峰의 넘도록 숑창松窗을 비겨잇쟈

漁甫詞餘音
어 부 사 여 음

　　223　　　　　34　　　24
江山好只臥吾分이라 聖澤而今知誘掖이 니이 -다
강산호지와오분　　셩택이금지유액

강산이 됴타훈돌 내분으로 누엇나냐 님군 은혜를 이제 더옥 아노이다

43　　43
欲報心恩塞事勤이 -네
욕보심은색사근

아무리 갑고쟈 ᄒ야도 히올 일이 업세라

4341년 3월 70韻歌 終

漁父四時詞 箋

고기잡이 사내 춘하추동 옛 시 풀이

原文中 四字格詩 四十, 四字古體 一旨

萅詞 봄노래

압개예 앞바다에

뒷뫼희 뒷 山에

ᄇᆡᄠᅥ라 배 띄워라

밤믈 밤물, 밤 밀물

디고 지고, 물러감

낫믈 낮 물

지국총 지국총 어사와 노를 저어 나가는 배의 뱃전에 닿는 물결소리(擬聲語)

온갓고지 온갖 곳이

믈우희 물 위에

ᄀᆞᆯ며기 갈매기

ᄒᆞᄂᆞ고야 하는구나

낫대ᄂᆞᆫ 쥐여잇다 낚싯대는 쥐어 있다

건듯 잠간

믈결 물결

가쟈스라 가자꾸나

ᄂᆡᆺ속 안개 속

말가ᄒᆞᆫ 맑은

압뫼히 앞山이

기픈소희 깊은 소沼에

벼티ᄢᅱ얀ᄂᆞᆫᄃᆡ 볕이 쬐었는데

그믈을 주어두라 그물을 넣어 두랴

노흘일가 놓을 일가

탁영濯纓 갓끈을 씻음 세속을 떠남

니즐로라 잊겠도다

빗겨시니 비꼈으니

돗디여라 돛 지어라 돛 내려라

안류뎡화岸柳汀花 안뎡류화岸汀柳花, 물가 언덕의 갯버들 꽃(버들개지)의 평측조어平仄組語

삼공三公**을 블리소냐** 정승을 부러워 할 소냐?

삼공만사三公萬事 세 정승과 온갖 일

방초란지芳草蘭芷(芝) 꽃과 향초

ᄇᆞᆯ와보며 밟아보며(바라보며?)

ᄇᆡ셰여라 배 세워라

일엽편쥬一葉扁舟 一葉片舟의 평측 조어

ᄂᆡ 안개

여흘 여울

락홍落紅 떨어진 꽃잎

도원桃源 신선神仙의 유처幽處

락홍도원落紅桃源 (紅은 仄聲)

인셰홍진人世紅塵 속세의 티끌

언메나 ᄀᆞ렷ᄂᆞ니 얼마나 가려졌나

ᄒᆞ마 벌써

밤들거냐 밤들었나

자규子規 소쩍새

니젓닷다 이젔단다

몃던시리 벌써 새리

ᄇᆡ브텨라 배 붙여라

어부ᄉᆡᆼ애漁父生涯 고기잡이의 평생. '父'는 본음이 부이다

이렁굴어 이럭저럭

夏詞 여름노래

ᄇᆡ떠라 배 띄워라

금禁**못ᄒᆞᆯ돠** 그치지 못하겠다

연강텹쟝煙江疊嶂 안개낀 강과 겹친 산

년닙희 연(荷) 잎에

밥ᄲᆞ두고 밥 싸두고

쳥약립靑蒻笠 대껍질로 짠 삿갓

록사의綠蓑衣 도롱이

내존ᄂᆞᆫ가 제존ᄂᆞᆫ가 내가 좇는가? 제가 좇는가?

마람닙희 마름 잎에

ᄇᆡ시겨라 배 맡겨라

븍포남강北浦南江 북쪽 포구와 남쪽 강

어듸아니 됴흘러니 어디 아니 좋겠는가?

발을싯다 엇더ᄒᆞ리 굴원屈原 창랑가滄浪歌 인용 (-滄浪[illegible]水濯兮 可以濯吾足)

오강吳江**쳔년노도**千秊怒濤 오원伍員(子胥) 춘추 고사

어복츙혼魚腹忠魂 屈原의 춘추고사

만류록음萬柳綠陰 갯버들 가득 우거진 록음

일편티긔一片苔磯 이끼낀 조약돌

어인ᄌᆡᆼ도漁人爭渡 나루에서 다투는 어부들

학발로옹鶴髮老翁 머리 센 늙은이

뢰ᄐᆡᆨ양거靁澤讓居 순제舜帝의 고사

간변유초澗邊幽草 산골 물가의 우거진 풀

와실ᄇᆡᆨ운蝸室白雲 비좁은 집과 흰 구름 겸칭

어옹한가漁翁閑暇 (格詩語)

秋詞 가을노래

수국水國 호수 늪 내 섬 따위가 많은 땅

웃디마라 웃지 마라

만경징파萬頃澄波 끝없이 넓은 맑은 파도

용여容與 여유있게 완만하게

나못긑 나무끝

흐느긴다 흔들린다

혈믈 썰물

ᄇᆡᆨ빈홍료白蘋紅蓼 흰 마름꽃 붉은 여뀌 꽃

그러기 기러기

ᄠᅥᆺᄂᆞᆫ밧긔 떠있는 밖에

ᄇᆡᄋᆡ니 비치니

쳔산금슈千山錦繡 온 산이 수놓은 비단 같음

은슌옥쳑銀脣玉尺 한 자쯤 큰 물고기

ᄀᆞᆯ히야 가려서

블블어 불붙여

딜병 질병

거후리혀 기울여

박구기 박 구기 종굴 바가지 표주박

효즉效則 법받다 본받음

만고심萬古心 오랜 정취
벽슈앵셩碧樹鶯聲 푸른 숲에서 나는 꾀꼬리 소리
됴타마ᄂᆞᆫ 좋다마는
옷우희 옷 위에
모ᄅᆡ 모래
셔풍진西風塵 늦바람이 일으키는 먼지
돗디어라 닻 내려라
됴션부세釣船浮世 낚싯배와 속세
숑간셕실松間石室 솔밭 사이 자신의 집
ᄇᆡ브텨라 배 붙여라
공산낙엽空山落葉 빈 山에 진 나뭇잎
길흘 길을
녀라의女蘿衣 소나무 겨우살이(女蘿)
녑바람 옆바람
ᄃᆞ론돋긔 달아맨 돛
명색瞑色 어두움
명색청흥瞑色淸興(平聲) 어둠과 맑은 홍취
슬믜디도 슬밉지도
빗견ᄂᆞᆫᄃᆡ 비꼈는데
ᄇᆡ셰여라 배 세워라
봉황루鳳凰樓 궁전宮殿의 이칭
묘연渺然 아득히 멂
우애셩즁欸乃聲中 애애성중 뱃노래
누를 눌을, 누구를
호ᄀᆡᆨ豪客 호기豪氣 있는 사람
제곰 제각기
ᄃᆞ론말이 들은 말이
업서시니 없었으니
귀시서 머엇ᄒᆞ리 귀 씻어 무엇 하리

冬詞 겨울노래

ᄒᆡᆺ빗치 햇빛이
ᄇᆡ떠라 배 띄워라
믈결 물결
깁편ᄃᆞᆺ 깁(生명주生明紬)을 편 듯
바다ᄒᆞᆫ 바다는
의구依舊; 옛과 같음
주대 낚싯줄과 낚싯대
ᄇᆡᆺ밥 뱃밥 배 틈에 박아 메우는 물건 대개 솔 껍질을 다져 메움
바갓ᄂᆞ냐 메웠느냐
쇼샹동뎡瀟湘洞庭(去聲) 소수瀟水 상수湘水 瀟水는 湘水의 지류로 동정호로 흘러듦. 매우 맑고 경관 좋은 瀟湘八景
먼 소희 먼 소(물이 깊은 곳)에
져근덛 져근덧 잠깐
날됴흔제 날씨가 좋을 때
곳다오면 꽃다웁다 좋다
아ᄑᆡ 앞에
뒤희 뒤에
만경류리萬頃琉璃 끝없이 넓은 유리 같은 바다
쳔텹옥산千疊玉山 천 겹의 옥 같은 산
무단無端**ᄒᆞᆫ** 까닭 없이
니저두고 잊어 두고
무단ᄒᆞᆫ 된ᄇᆞ람 까닭 없는 된 바람

빗젼 뱃젼 배의 가장자리가 약간 넓게 내민 곳

아압鵝鴨 거위와 오리

초목참草木慚 부끄러움(草薙禽獮?) 草木瘡은 用韻

신돗던고 씻었던고

단익취벽丹崖翠壁 단풍든 벼랑과 푸른 암벽

화병畫屛 그림 병풍

거구세린巨口細鱗 입이 크고 비늘이 작은 물고기

고쥬사립孤舟簑笠 고주에 도롱이와 삿갓

흥興**계워** 흥에 겨워

안잣노라 앉았노라

진훤塵喧 속세의 시끄러움

창쥬오도滄洲吾道 창주滄洲에 내 도道가 있음

싁싁ᄒᆞ고 씩씩한가

머흔구름 험한 구름

ᄒᆞᆫ恨**티마라** 원망치 마라

ᄀᆞ리온다 가리운다

염厭**티마라** 싫어 마라

진훤塵喧 속세의 시끄러움

막ᄂᆞᆫ도다 막는도다

닷ᄃᆞ| 여라 닻 내려라

칠리여흘 七里灘 절강성 엄릉산嚴陵山蜀, 물살이 빠른 계곡으로 배젓기가 어려움

칠리양피七里羊皮 엄릉산嚴陵山 七里灘 에서 양피羊皮옷을 입고 낚시하던 엄광嚴光 양구수조羊裘垂釣(은자隱者의 용자容姿)

삼쳔륙백三千六百 十秊 동안

어와 아!

져므러간다 날이 저묾

연식宴息**이 맛당토다** 쉬는 것이 마땅함

블근곳 흣더딘ᄃᆡ 붉은 꽃 흩어진데

셜월雪月 눈 위에 비친 달빛

숑창松窗 소나무 아래 봉창 솔 그림 자가 비친 봉창

셜월셔봉雪月蜀峯 눈 쌓인 밤의 달과 서쪽 산봉우리

비겨잇쟈 기대어 있자

漁父四時詞跋 어부사시사 발문

四時回轉古今同　　師傅生涯世久豐
至匊悤 於思臥

誰曰海懼終槈芓　　謀使惜受自漁翁
至匊悤 於思臥

太公歲釣擇鄗伯　　直諫孤山捨主從
至匊悤 於思臥

高氣一松三百載　　如今冷待益欽崇
至匊悤 於思臥

4339. 8. 17 東冬韻

사시절 회전은 고금이 같은데
사부 생애 오래고 풍요로운 세태
지국총 지국총 어사와!

누군가 바다는 끝내 농사보다 두렵다고 했지
무리 계략 어옹 스스로 받은 애석이어!
지국총 지국총 어사와!

태공은 세월을 낚아 서이 상보 피택사
고산은 직간하며 주군이 버렸으니
지국총 지국총 어사와!

한 솔 높은 기상 삼백여 년에
지금도 같은 냉대 더욱 흠숭하옴
지국총 지국총 어사와!